V&R

Dieses Buch möchte ich meinen Geschwistern widmen und all denen, die ich in ihrer schwierigen Lebenssituation kennenlernen und begleiten durfte.
Im Besonderen Sabine, Carsten, Michelle, Pascal, Lara, Nils, Mareike, Lotta, Luca, Viktoria, Aziz, Jacob, Luisa, Marcel, Niklas, Anna, Sarah, Leni, Karl, Anton, Philip, Lotti, Mika, Stella und Daria.

Stephanie Witt-Loers

Hallo, ich lebe noch!

Trauernde Geschwister begleiten

Vandenhoeck & Ruprecht

Bibliografische Information der Deutschen Nationalbibliothek:
Die Deutsche Nationalbibliothek verzeichnet diese Publikation in der Deutschen Nationalbibliografie; detaillierte bibliografische Daten sind im Internet über https://dnb.de abrufbar.

Umschlagabbildung: pip/photocase.de

Satz: SchwabScantechnik, Göttingen
Druck und Bindung: ⊕ Hubert und Co. BuchPartner, Göttingen
Printed in the EU

Vandenhoeck & Ruprecht Verlage | www.vandenhoeck-ruprecht-verlage.com

ISBN 978-3-525-40530-7

Inhalt

Für meinen Bruder

Du wirst immer bei mir sein,
ganz nah,
auch wenn du fern bist.
Ich trage dich in meinem Herzen
wie eine Wunde
und wie ein Geschenk.
Du bist mein Beschützer,
mein Ratgeber, mein Verbündeter
und manchmal der unsterbliche Held,
der mir die Luft zum Atmen nimmt.
Zu kurz gab es dich in meinem Leben
und dennoch:
lebenslang!

Vorwort

Liebe Leserinnen und Leser,

dieses Buch ist mir persönlich wie fachlich ein ganz besonderes Anliegen. Familiensysteme, bestehend aus Eltern, Geschwistern über Großeltern bis hin zu anderen Verwandten und Menschen des sozialen Umfelds werden durch den Tod eines Kindes massiv erschüttert. Die komplexen Auswirkungen, denen Familien ausgesetzt sind, fordern Anpassung an die neue Lebenssituation und prägen unter anderem Trauerprozesse und die Biografie verwaister Geschwister.

Zurückbleibende Geschwister gehören, wenn auch nicht mehr so extrem wie bis vor einigen Jahren, zu einer Gruppe Trauernder, die im privaten, psychosozialen, psychotherapeutischen und präventiven Bereich noch zu wenig in den Blick genommen wird. In unserer Trauerkultur sind »trauernde«, »verwaiste Geschwister« inzwischen zwar zu festen Begriffen geworden und es existieren in der Trauerbegleitung vielfältige qualifizierte Unterstützungsangebote. Dennoch zeigt die Erfahrung, dass die Bedürfnisse trauernder Geschwister mehr berücksichtigt werden sollten, gerade weil die Integration des Verlusts ein lebenslanger Prozess ist.

Gern möchte ich mit Ihnen deshalb das sehr komplexe Thema der Trauerprozesse von Geschwistern im Kindes- und Jugendalter eines schwerkranken und/oder gestorbenen Geschwisters angehen. Das System Familie spielt dabei eine wesentliche Rolle. Die spezifische Sicht auf trauernde Eltern oder erwachsene verwaiste Geschwister muss aufgrund ihrer Komplexität am Rande bleiben. Dennoch unterstützt und entlastet das Buch bei der reflektierenden Bearbeitung in der biografischen Rückschau auf einen Geschwisterverlust in der Kind- oder Jugendzeit. Ich wünsche mir, dass dieses Buch, auch wenn nicht alle relevanten Aspekte erläutert werden können, dazu beiträgt, die Wahrnehmung für trauernde Geschwister zu schärfen, um deren Unterstützung bedürfnisorientiert auf verschiedenen Ebenen zu verbessern.

Beleuchten möchte ich Verluste nach unterschiedlichen Todesarten wie einer lebensbedrohlichen Erkrankung, einem plötzlichen Tod, Suizid und anderen Todesursachen. Sie sollen in Bezug auf verschiedene Formen des sozialen Zusammenlebens und unterschiedlicher Einflussfaktoren auf den Trauerprozess betrachtet werden. Dabei fließen Orientierungshilfen im Umgang sowie Unterstützungsmöglichkeiten trauernder Geschwister ein. In diesem Buch finden Sie darum weiterführende Hinweise zu Literatur- oder Internettipps, Kontaktstellen, Impulsfragen oder Vorschläge zu kreativem Gestalten.

Ich schreibe dieses Buch als Trauerfachberaterin mit jahrelangen Erfahrungen in der Begleitung trauernder Geschwister und zugleich als Schwester mit meinen eigenen Kindheitserlebnissen im Kontext einer viele Jahre währenden lebensbedrohlichen Erkrankung eines Geschwisters und eines in der Schwangerschaft verstorbenen Geschwisters.

Die Lebensgeschichten, die ich Ihnen im Buch vorstelle, stammen aus der Arbeit mit trauernden Geschwistern und ihren Familien. Ich habe sie an einigen Stellen etwas verändert, um die Privatsphäre zu schützen. Andere haben mir ihr Erleben mit eigenen Worten in Text oder Interviewform zur Verfügung gestellt. Letztendlich soll das Erlebte der Betroffenen dazu beitragen, hilfreiche, konstruktive und praxisorientierte Unterstützungsmöglichkeiten transparent zu machen.

Zudem freue mich, dass viele kompetente Expertinnen und Experten dieses Buch mit ihrem Fachwissen bereichert haben. Ihre speziellen Blickwinkel tragen dazu bei, dass viele relevante Aspekte sowie umfassende Unterstützungsmöglichkeiten im Kontext von Geschwistertrauer wahrgenommen und Beachtung gefunden haben. Ihnen allen gilt mein Dank und meine Wertschätzung.

Möge das Buch eine Stütze und zugleich Ermutigung in der Begleitung trauernder Geschwister für Sie als Bezugsperson, als Therapeut, Coach, Sozialarbeiterin, Pädagogin oder Trauerfachberater sein. Ich bin überzeugt, dass im direkten und im weiteren sozialen Lebensumfeld noch viel dafür getan werden kann, damit Geschwister in ihrer ohnehin schweren Lebenssituation mehr Entlastung und Stärkung erfahren können.

Ihr eigenes Leben zu leben und zu gestalten, ist für verwaiste Geschwister keinesfalls selbstverständlich, ebenso wenig wie ihren eigenen Trauerweg zu gehen. Das sollten wir gemeinsam ermöglichen und bestmöglich fördern. Wir sind in einer besonderen Verantwortung trauernden Geschwistern gegenüber, denn unsere Achtsamkeit bestimmt mit über ihre weitere Biografie und Entwicklung. Ihnen wünsche ich Zuversicht, immer wieder Kraftquellen für das, was ansteht, und vor allem Freude am eigenen Leben.

Stephanie Witt-Loers

Gern können Sie auch mit mir Kontakt aufnehmen. Ich freue mich darauf, von Ihnen zu hören.

Institut Dellanima: Fortbildungen, Vorträge und Trauerbegleitung

info@dellanima.de
www.dellanima.de

Nachtrag im Februar 2022

Aktuell sorgen die Coronapandemie und der gerade ausgebrochene Krieg in der Ukraine für eine unfreiwillige Auseinandersetzung in unserer Gesellschaft mit tiefgreifenden Verlusten. Die mit den letzten Entwicklungen verbundenen Konsequenzen sind für uns alle noch nicht abzusehen. Vielleicht können die im Buch erarbeiteten Aspekte dazu beitragen, einen bestmöglichen Umgang mit dem Erlebten zu finden. Von Herzen wünsche ich uns allen, dass wir in Frieden leben dürfen.

1 Grundsätzliches zum System Familie

Eine lebensbedrohliche Erkrankung und/oder der Tod eines Kindes und Geschwisters bringt für das gesamte Familiensystem viel Leid, Schmerz und Belastung mit sich. Hilfreiche Begleitung innerhalb der Familie oder im Rahmen einer Profession setzt grundlegendes Wissen zu Familiensystemen und Beziehungen, zu Trauerprozessen, Traueranlässen und -reaktionen voraus. Im Folgenden soll es darum zunächst um Familiensysteme und Geschwisterrollen gehen.

1.1 Familiensysteme sind komplex

Eine Familie ist ein empfindliches, komplexes System. Die Familiendynamik ist ständig im Wandel und wird durch innere wie äußere Faktoren und Lebensereignisse beeinflusst. Diese multiplen Einflussfaktoren, die die Komplexität und zugleich Vulnerabilität des Systems deutlich machen, sind in die familiären Prozesse bei der Bearbeitung eines Verlusts eingebunden. Determiniert werden solche Prozesse beispielsweise von Rollen, Abhängigkeiten, Bindungen, der Interaktion und Kommunikation der Familienmitglieder. Zudem spielen Kultur, Religion, Erziehung, Werte, Bildung sowie personale und familiäre Ressourcen eine wichtige Rolle.

Wie Störungen und Schicksalsschläge verkraftet werden, hängt demnach von vielen unterschiedlichen Faktoren ab. Bereits kleinere Veränderungen können das System je nach Struktur, Ressourcen und Risikofaktoren aus dem Gleichgewicht bringen und sozioökonomische sowie psychosoziale Probleme nach sich ziehen. Einschneidende Veränderungen wie der Verlust ökonomischer Sicherheit, lebensbedrohliche Erkrankungen oder der Tod eines Familienmitglieds können das gesamte System Familie sowie einzelne Mitglieder existenziell bedrohen und die Familie in ihrer Grundstruktur massiv erschüttern. Systemische und individuelle Anpassungsprozesse als Konsequenz auf den oder die Verluste bedürfen enormer Anstrengungen aller Familienmitglieder.

In einer schweren Trauer- und Verlustsituation, wie sie eine lebensbedrohliche Erkrankung oder der Tod eines Kindes darstellt, können Bezugspersonen ihren Kindern nicht immer Zuversicht und Sicherheit vermitteln, da sie häufig selbst höchst belastet und überfordert sind. Dann braucht das gesamte System Familie, deren Mitglieder im Einzelnen und besonders auch Geschwister, qualifizierte Unterstützung und Schutz (Witt-Loers, 2022).

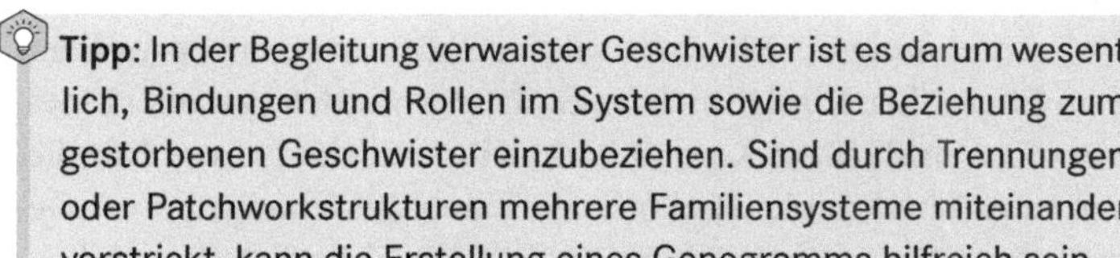

Tipp: In der Begleitung verwaister Geschwister ist es darum wesentlich, Bindungen und Rollen im System sowie die Beziehung zum gestorbenen Geschwister einzubeziehen. Sind durch Trennungen oder Patchworkstrukturen mehrere Familiensysteme miteinander verstrickt, kann die Erstellung eines Genogramms hilfreich sein.

Literaturtipp

Rechenberg-Winter, P. Fischinger, E. (2018). Kursbuch systemische Trauerbegleitung (3., vollständig überarb. und erw. Aufl.). Göttingen: Vandenhoeck & Ruprecht.

1.2 Geschwisterbeziehungen

Geschwisterbeziehungen sind vielschichtig, ambivalent und verändern sich im Laufe des Lebens. Die Beziehungsgestaltung wird durch viele unterschiedliche Faktoren geprägt, wie zum Beispiel durch genetische und familiäre Bindungen, das Teilen der Eltern und Familie, Erfahrungen, Lebenszeit und -raum und zunächst durch die Erziehung auch der gleichen Werte (Kasten, 2003).

Aus der Geschwisterforschung wissen wir, dass Geschwisterbeziehungen zudem durch die Geschwisterposition (erstgeborenes, mittleres, jüngstes Kind), den Altersunterschied, die Geschwisterzahl und Geschlechterverteilung beeinflusst werden und Geschwister sich gegenseitig in ihrer Entwicklung prägen. Hier wirken sich Rollen, die übernommen werden, sowie die grundsätzliche Haltung der Eltern (eines Elternteils), ob ein Kind vorgezogen, eher abgelehnt, einem mehr Schutzraum zugestanden wird oder die Eltern unter der Prämisse der Gleichbehandlung agieren, auf die Entwicklung der Persönlichkeit und die Geschwisterbeziehung aus.

Geschwisterbeziehungen haben in unserem Kulturkreis insbesondere im Hinblick auf Geschlecht und Alter eine Wandlung erfahren. Ältere Geschwister sind meist nicht mehr automatisch für jüngere Geschwister verantwortlich und die Rollenaufteilung hinsichtlich bestimmter Aufgaben (z. B. Haushalt) hat sich zum größten Teil aufgelöst.

Geschwisterkonkurrenz entsteht häufig, so die Erkenntnisse der Geschwisterforschung, aus dem Bedürfnis nach Aufmerksamkeit und Anerkennung der Eltern. Rivalitäten können reduziert werden, indem Eltern ihre Kinder nicht miteinander vergleichen oder eines bevorzugen und jedem Kind, individuell sowie der ganzen Familie, Zeit und Aufmerksamkeit zukommen lassen. Beziehungen unter Geschwistern gelingen eher, wenn Kinder sich in ihrer Familie gesehen, geliebt und angenommen fühlen.

Geschwisterbeziehungen an sich sind schon komplex, kommt eine schwere Erkrankung oder der Tod eines Geschwisters hinzu, bedeutet dies eine besondere Herausforderung für das gesamte Familiensystem sowie den professionell unterstützenden Kontext. Aus meiner Sicht ist daher ein ausführliches Vorgespräch obligat (siehe den Abschnitt »Erstgespräch und begleitende Elterngespräche« in Kapitel 2.4), um familiäre sowie individuelle Bedürfnisse im Trauerprozess bestmöglich begleiten zu können.

Literaturtipp

Kasten, H. (2003). Geschwister. Vorbilder, Rivalen, Vertraute. München: Reinhardt.

1.3 Geschwisterrollen

Im Verlauf der Entwicklung kommt es zu Veränderungen in der Beziehung, die durch mögliche Alters- und Geschlechtsunterschiede und damit versetzte Adoleszenzphasen sowie Peergroups entstehen. Die Geschwisterforschung belegt weiterhin, dass das Gefühl der Intimität zwischen Geschwistern in den Jahren als junge Erwachsene häufig wieder zunimmt.

Mit dem Tod eines Geschwisters verlieren Kinder einen bedeutenden Menschen aus ihrem engen Familiengeflecht. In der Begleitung kann der Blick auf mögliche Rollen nützlich sein, die eine

Geschwisterbeziehung prägen können. Reaktionen und Bedürfnisse in der Trauer können so eher verstanden und begleitet werden. Hilfreiche Fragen wären zum Beispiel: Gab es starke Rivalitäten oder besonders enge Bindungen unter den Geschwistern? Was fehlt durch den Tod des Geschwisters? Wo sind zurückbleibende Geschwister möglicherweise entlastet?

Geschwister lernen ganz pragmatisch voneinander und in der Beziehung, die sie miteinander führen. Die Entwicklung der eigenen Persönlichkeit erfährt auch durch die Geschwisterbeziehung eine individuelle Prägung.

Geschwister besetzen meist mehrere miteinander verknüpfte Rollen, zum Beispiel: Dominante, Bewunderer, Verbündete, Spielfreundin, Koalitionspartner, Vertraute, Rivale, Bedroher, Gewaltsame, Zerstörer, Neider, Überlegene, Freund, Partnerin, Solidarische, Vorbild, Humorvolle, Fürsorgender, Kritiker, Sinngeber, Schutzbedürftige, Beschützer, Seelenverwandte, Mutmacher, Zärtliche, Ratgeber oder Begleiterin.

Mit einer schweren Erkrankung verändern sich diese Rollen, kehren sich um, fallen mit dem Tod weg oder erfahren durch die fortgesetzte Bindung zum gestorbenen Geschwister neue Ausprägungen. Veränderte und verlorene Rollen können zu Verunsicherungen und Überforderung führen. Neue Rollen bringen andere Anforderungen mit sich und erfordern die Entwicklung neuer Fähigkeiten. Diese können, in einer durch die vielschichtigen Konsequenzen des Verlusts geprägten Zeit, persönlich und im Familiensystem, als belastendend und beängstigend erlebt werden. Zudem können durch die zuvor besetzten Rollen gleichzeitig wesentliche Ressourcen wegfallen, die bei der Bearbeitung eines Verlusts mit seinen Auswirkungen zentral gewesen wären.

Tipp: In der Begleitung trauernder Geschwister sollte der Blick auch auf die Geschwisterbeziehung sowie den letzten Status quo der Beziehung (letzter Streit, letzte Worte, letzte Begegnung) und die verschiedenen Rollen der Geschwister gerichtet werden, um das Ausmaß des Verlusts für ein Geschwister erfassen zu können. Diese Rollen stehen in Wechselwirkung und/oder in Konflikt mit Rollen, die verwaiste Eltern, Großeltern oder das soziale Umfeld zuweisen.

So kann das soziale Umfeld im verstorbenen Geschwister den Sonnenschein sehen, das verwaiste Geschwister jedoch eher den Konkurrenten. In der Begleitung ist es hilfreich, diese Rollen zu verdeutlichen, um so Veränderung und Distanzierung zu bestimmten Rollen zu ermöglichen. In der fortgesetzten Beziehung zum verstorbenen Geschwister können bestimmte Geschwisterrollen weitergelebt werden, determinieren, stärken oder behindern. Diese und neu eingenommene Rollen sollten reflektiert und auf mögliche Überforderung oder Entwicklungseinschränkungen überprüft werden.

2 Trauer und Verlust im Leben von Geschwistern

2.1 Lebensräume sind Trauerräume

Grundsätzlich gilt: Trauer gehört zu unserem Leben. Trauer ist schmerzhaft und entsteht, wenn Menschen etwas für sie Wichtiges verlieren. Sie ist eine natürliche Reaktion auf den Verlust einer Sache, Situation oder Person, zu der eine sinnerfüllte Beziehung bestand. Trauerprozesse sind individuell geprägte, nichtnormative Prozesse, die dem Überleben dienen, die es ermöglichen, mit dem erlittenen Verlust leben zu lernen, sich neu anzupassen, den Verlust in das aktuelle Leben zu integrieren, und dies immer wieder neu, entsprechend den Entwicklungs- und Lebensumständen. Trauer um einen geliebten Menschen kann darum lebenslang bestehen, auch wenn sie sich wandelt, verändert und zugleich ein erfülltes Leben möglich ist.

Trauertheorien im Wandel
Die Sicht auf die Funktion von Trauer hat sich in der Trauerforschung im Laufe der Zeit gewandelt; neue Aspekte wurden einbezogen und verschiedene Theorien zu Trauerverläufen entworfen, die sich heute weitgehend vermischt und gegenseitig bereichert haben. Die *Bindungstheorie* (Bowlby, 1980, dt.: 2016; 2021) ging davon aus, dass unser Bindungsverhalten als Instinkt das Überleben sichert und verschiedene Bindungsstile Einfluss auf die Verlustverarbeitung haben. *Trauerkognitive Stresstheorien* sehen die Funktion von Trauer in der Entwicklung von Bewältigungsstrategien, um mit den Folgen der Krisensituation umzugehen. Hinzu kamen *sozial-konstruktivistische Grundgedanken,* die Trauer als Prozess und Möglichkeit der Anpassung sowie den Aufbau eines neuen Sinn-Werte-Systems verstehen, in das die Verlusterfahrung integriert werden kann (Stroebe u. Schut; 2010 Worden, 2017; Neimeyer, 2011). Heute ist anstelle des Lösens der Bindung zum Verstorbenen (Freud, 1917) die Möglichkeit der *fortgeführten, gestalteten Beziehung* (*continuing bonds,* siehe Klass,

Silverman u. Nickman, 1996; Klass u. Walter, 2001) zum Verstorbenen getreten (Müller u. Willmann, 2016).

Literaturtipp

Müller, H., Willmann, H. (2016). Trauer: Forschung und Praxis verbinden: Zusammenhänge verstehen und nutzen. Göttingen: Vandenhoeck & Ruprecht.

Geschwister brauchen die Möglichkeit zu trauern

Trauer ist schmerzhaft und dennoch notwendig, um mit einem Verlust leben zu lernen. Darum stellt die Auseinandersetzung mit Verlusten einen wichtigen Teil von Entwicklungsprozessen dar. Von diesen grundlegenden Erfahrungen dürfen Kinder und Jugendliche nicht ausgeschlossen werden. Haben Eltern mit eigenen Verlustprozessen negative Erfahrungen gemacht, Unterstützung als nicht hilfreich empfunden oder sind mit alten Strukturen und Vorstellungen, wie zu trauern sei, verhaftet, geben sie ihren Kindern diese Erfahrungen häufig weiter beziehungsweise unterbinden und steuern sie die Verlusterfahrungen ihrer Kinder so, dass sie ihnen (in gutem Glauben) eine Auseinandersetzung mit ihren Verlusten vorenthalten. Dabei brauchen Heranwachsende die Chance, sich mit diesen grundlegenden Erfahrungen zu befassen, um Handlungs- und Lösungskompetenzen zu entwickeln, sich selbst zu beruhigen oder einen selbstbestimmten Umgang mit intensiven Gefühlen zu finden. Wesentlich ist die Auseinandersetzung zudem, damit in Bezugssystemen eine natürliche Kommunikation über schwere Themen ausgebildet, Unterstützung eingefordert und in Anspruch genommen werden kann. Darum sollten möglichst auch Bezugspersonen in Unterstützungsangebote involviert werden.

Traueranlässe sind individuell

Trauerprozesse sind vielschichtig und können ausgelöst werden beispielsweise durch den Verlust von Spielzeug, Freunden, dem Abschied von der Kita oder der Schulzeit, von der Zeit als Einzelkind durch die Geburt eines Geschwisters, durch Geschwister, die das Zuhause verlassen, oder den Verlust von Lebensraum (Umzug, Flucht), von Lebensträumen (eigenes Haus, Kinderwunsch, berufliches Ziel), das gestorbene Haustier, Scheidung, den Verlust von körperlichen oder geistigen Fähigkeiten (eigene oder von anderen Menschen, auch zeitweilig) und den Tod eines Menschen.

Multiple Verluste in den Blick nehmen

Mit der Erkrankung und dem Tod eines Bruders, einer Schwester werden Geschwister mit vielen unterschiedlichen Verlusten gleichzeitig konfrontiert. Bestimmte Geschwisterrollen gehen verloren und stellen einen Aspekt dieser Veränderungen dar, die Geschwister erleben, wenn eine Schwester oder ein Bruder schwer erkrankt oder gestorben ist. Um die Situation eines Geschwisters zu verstehen und hilfreich zu begleiten, ist es notwendig, diese multiplen, individuellen Verluste zu erkennen, sie anzuerkennen und die damit verbundenen Trauerreaktionen zu würdigen. Zudem sollten bereits erlebte Verluste und deren Auswirklungen mit in den Blick genommen werden.

Praxisbeispiel: Der elfjährige leukämiekranke Carlo wird bald sterben. Er trauert um sein verändertes Äußeres, um seine verlorenen körperlichen Fähigkeiten, darum, dass er seit Monaten von zu Hause weg ist, und vieles mehr. Antonia, seine jüngere Schwester, trauert ebenfalls. Sie trauert wie Carlo, um den verlorenen Alltag und die Eltern, die sich seit der Diagnose stark verändert haben. Sie sind oft weg, bei Carlo im Krankenhaus, oder müssen sich, wenn er zu Hause ist, sehr um ihn kümmern. Zudem erlebt Antonia die Angst und Trauer ihrer Eltern. Sie muss erfahren, dass sie ihren Bruder nicht, wie angenommen, beschützen können, und verliert dadurch ihre innere Sicherheit und ihr Grundvertrauen in die Welt. Antonia trauert, weil sie oft von Carlo getrennt ist und nicht mehr so mit ihm spielen kann wie früher. Wenn er gestorben ist, wird sie um ihn und um das trauern, was sie alles nicht mit ihrem Bruder hat erleben können, um verlorene Lebensperspektiven und womöglich auch um die Anerkennung, Zuneigung und Aufmerksamkeit der Eltern, die mit ihrer eigenen Trauer befasst und vielleicht überfordert sind.

Mögliche Trauerauslöser

Geschwister einer lebensbedrohlich erkrankten Schwester, eines Bruders und verwaiste Geschwister können um ihre unbeschwerte Kindheit, verlorene Sicherheit, ihren verlorenen Alltag, die elterliche Fürsorge, Zuwendung, Zeit und Zuneigung trauern. Sie können in Trauerprozesse geraten, wenn Eltern sich um ein erkranktes Geschwister kümmern müssen, sie die zeitweilige Trennung von den Eltern beziehungsweise Elternteilen erleben, um verlorene Lebensperspektiven trauern (normales Familienleben, schützende Eltern, unbeschwerte Kindheit, Glauben an die eigene Gesundheit), um ihre Freiheit oder ihre Existenz, wenn sie erleben, wie belastend die Situation sich auf ihre Eltern auswirkt. Zudem können die durch die Erkrankung oder Trauer um ein gestorbenes Geschwister eingeschränkten sozialen Kontakte der Familie Anlass zu Trauer des Geschwisters sein. Die zuvor angesprochenen Verluste, die durch veränderte und verlorene Rollen entstehen, geben zudem Anlass zu trauern.

Die Erkrankung eines Geschwisters kann Veränderungen seines Äußeren zur Folge haben sowie den Verlust von körperlichen, geistigen Fähigkeiten. Solche Veränderungen, die zudem Konsequenzen auf die Art und Gestaltung der Geschwisterbeziehung mit sich bringen, müssen auch von nichterkrankten Geschwistern betrauert werden dürfen.

Stirbt der Bruder oder die Schwester, verliert das Geschwister, in gewisser Weise, seine Eltern, denn sie sind und werden nie mehr sein wie zuvor. Kinder müssen nach dem Tod eines Geschwisters nicht nur mit verminderter Fürsorge und Liebe zurechtkommen, es können auch der Verlust von ökonomischer Sicherheit, des Zuhauses oder sozialen Umfelds damit verknüpft sein.

Aberkennen und Abwertungen

Trauer um nichtgelebte Beziehung wird in unserer Gesellschaft häufig nicht verstanden und anerkannt. In den unterschiedlichsten Facetten erleben gerade Geschwister, dass ihnen ihre Trauer aberkannt wird (*disenfranchised grief*, Doka, 2011a, 2011b). Trauer um nichtgelebte Beziehung kann entstehen, weil Geschwister ihren Bruder oder ihre Schwester nicht gekannt haben, sie beim Tod des Geschwisters noch sehr jung waren, die Todesursache mit einem gesellschaftlichen Stigma behaftet ist, sie nach der Trennung der Eltern nicht mit dem Geschwister zusammengelebt haben. Trauer um das, was nicht miteinander gelebt wurde und nicht gelebt werden wird, kann sehr schmerzhaft sein und braucht Anerkennung.

Auch Trauerprozesse und Reaktionen, die durch »sekundäre Verluste« entstehen, um das, was durch die Krankheit und den Tod für das Geschwister zusätzlich verloren gegangen ist, werden häufig nicht er- und nicht anerkannt. Geschwister ernten im sozialen Umfeld häufig Missachtung und Unverständnis. Ihre Trauer um das Verlorene wird abgewertet und das Recht, um ihre Verluste zu trauern, ihnen abgesprochen. Nicht selten hören Geschwister Kommentare wie: »Was beklagst du dich, du bist doch gesund«, »Sei du still, dir geht es doch viel besser als deinem Bruder. Der hätte einen echten Grund, traurig zu sein.«

So werden zusätzlich Schuld und Scham hervorgerufen sowie das Gefühl, die eigene Trauer sei unangebracht und falsch. Geschwister lernen daraus, sich nicht mitzuteilen, ihren Kummer für sich zu behalten, und verlieren zudem Selbstvertrauen und Selbstwertgefühl – wesentliche Ressourcen, um Trauerprozesse zu bearbeiten. Das eigene Denken, Fühlen und Handeln vertrauensvoll einschätzen zu können, ist eine zentrale Grundlage für eine selbstbestimmte Lebensgestaltung, die durch solche Erfahrungen erschüttert und zerstört werden kann.

Tipp: Geschwister brauchen Menschen, die ihre vielfältigen Verluste ehrlich anerkennen, ihre Sorgen und Nöte ernst nehmen und deren Bearbeitung unterstützen.

2.2 Trauerprozesse und Traueraufgaben

Der Tod eines Kindes und Geschwisters stellt für das weitere Überleben und Funktionieren des Familiensystems (hier möchte ich Subsysteme, wie z. B. getrennte Eltern und Patchworkfamilien einschließen) eine enorme Herausforderung dar. Um die Akzeptanz und Bearbeitung der individuellen Trauerprozesse in der Familie zu fördern, sind Grundinformationen im System notwendig. Gemeinsamkeiten und Unterschiede können so eher verstanden und respektiert werden.

Traueraufgaben in der Familie

Trauer ist der Ausdruck des Verlusts und die Fähigkeit, sich an das neu entstandene Lebensgefüge anzupassen. Trauerprozesse verlaufen nicht chronologisch nacheinander in verschiedenen Phasen. Sie werden von multiplen Faktoren (Mediatoren) determiniert wie zum Beispiel vorhandenen inneren und äußeren Ressourcen oder Risikofaktoren. Das im Folgenden dargestellte Modell beinhaltet Themen, die bei der Bearbeitung des Verlusts immer wieder vorkommen und individuell bearbeitet werden. Es ist eine Synthese der Ergebnisse verschiedener Trauerforscher (Klass, 2000; Paul, 2011; Neimeyer, 2011; Neimeyer u. Sands, 2011; Witt-Loers, 2012) und die Basis des Familienbegleitungskonzepts des Instituts Dellanima. Vor allem orientiert es sich an den von Worden (2017) entwickelten Traueraufgaben sowie am DPM (Doppeltes Prozessmodell von Stroebe und Schut, 1999) und ergänzt dieses. Zudem fließen Erkenntnisse aus der Entwicklungspsychologie und der Psychotherapie ein. Es kann Orientierung für eine hilfreiche Unterstützung trauernder Geschwister und deren Familien geben und nützlich sein, um Stolpersteine und Ressourcen im Trauerprozess zu identifizieren. Betroffenen kann das Modell helfen, um Verständnis und Respekt für sich und andere Trauernde im System zu entwickeln, zum Beispiel bei der Gestaltung wesentlicher Aufgaben im Familiensystem in Bezug auf den Verlust, eine offene Kommunikation, die Beteiligung aller im System, um Lösungen miteinander zu verhandeln und Schnittmengen zu finden, wenn es beispielsweise um die Neuverteilung von Aufgaben, den Umgang mit Erinnerungsgegenständen oder die Gestaltung des Grabs oder von besonderen Tagen (Geburtstage, Todestag, Weihnachten) geht (Witt-Loers, 2017).

Funktionieren und überleben

Kinder wie Erwachsene verschieben die eigene Bearbeitung des Verlusts häufig zugunsten des Systems. Sie schonen sich gegenseitig und funktionieren, damit das Überleben des Systems und die eigene Existenz gesichert ist. Dieses Verhalten wird oftmals fehlgedeutet. Eltern glauben beispielsweise, das Geschwisterkind sei nicht trauernd, fühlen sich entlastet und denken, es benötige keine Unterstützung nach dem Verlust des Bruders oder der Schwester. Geschwister wiederum nehmen an, dass »funktionierende« Eltern nicht oder nicht richtig um den Bruder oder die Schwester trauern. Häufig befassen sich Mitglieder des Systems erst dann intensiver mit ihrem eigenen Trauerprozess, wenn das Familiensystem wieder erkennbar stabil ist. Vielfach begreift das System und/oder das soziale Umfeld die nachgeholte Bearbeitung des Verlusts nicht als solche, erkennt sie nicht an oder bewertet sie negativ. Damit werden Trauerprozesse erschwert. Zugleich können finanzielle Nöte, Trennungen, ein notwendig gewordener Umzug, Berufstätigkeit oder psychische Belastungen die Grundversorgung von verwaisten Geschwistern nicht mehr gewährleisten und das gesamte System beziehungsweise Teile dessen in existenzielle Gefahr bringen.

Konsequenz: Wesentlich ist zu verstehen und zu würdigen, dass das innere und äußere Überleben Vorrang hat, auch für verwaiste Geschwister, und dass »funktionieren« nicht gleichzusetzen ist mit nicht trauern. Zu bedenken ist, dass Trauerprozesse verschoben sein können und Geschwister eines schwerkrankten oder gestorbenen Geschwisters zunächst die Sicherheit benötigen, dass sie (und damit dies möglich ist, das System) physisch und psychisch überleben können, um sich mit den Themen der Trauer zu befassen.

Tipp: Geschwister und ihre Familiensysteme müssen im Überleben unterstützt werden (manchmal, damit Alltag erhalten und neue Kraft gefunden werden kann, aber auch pragmatisch: Essen kochen, Fahrtdienste, Beaufsichtigung der Kinder, damit die Eltern sich ausruhen können). Existenzängste trauernder Geschwister müssen unbedingt ernst genommen werden. Jüngere Geschwister drücken ihre Existenzsorgen auf kindliche Art aus, die Erwachsene belustigen kann. Die dahinterstehende Not wird nicht erkannt. Beispiel: Die fünfjährige Lauren nach dem Tod der älteren Schwester: »Ich kann kochen und waschen, dann hast du weniger Arbeit. Du kannst mal ins Kino gehen und dich freuen oder dich ins Bett kuscheln.«

Den Verlust als Realität akzeptieren

Die Endgültigkeit des Todes und die damit verbundene neue Lebensrealität kann eher verstanden und akzeptiert werden, wenn der Tod haptisch, visuell und auditiv begreifbar ist. Das bedeutet, den Abschied vom sterbenden oder verstorbenen Geschwister zu ermöglichen. Hier sollten unbedingt vorbereitende Informationen zu Todesursachen, Todesmerkmalen, Trauerreaktionen und Bestattungsritualen in einer klaren, eindeutigen Sprache fließen. Es ist normal, dass Zusammenhänge mehrfach erklärt werden müssen, um sie zu verstehen, auch mit zeitlichem Abstand.

Konsequenz: Geschwister sollten vorbereitet, ihrer Entwicklung entsprechend in Abschiedsprozesse einbezogen werden und selbst aktiv sein dürfen. Noch etwas für den Sterbenden oder Verstorbenen zu tun (eine Kerze gestalten, ein Bild oder einen Brief mitgeben), wirkt Ohnmacht und Hilflosigkeit entgegen und kann vor einem Trauma schützen. Geschwister sind sensibel. Ihnen die Realität vorzuenthalten oder Halbwahrheiten zu vermitteln, führt zu Unsicherheit und Vertrauensverlust. Sie und oftmals ihre Bezugspersonen brauchen, um den Verlust als Realität zu verstehen, ehrliche Kommunikation und Wissen zum Themenkomplex.

Trauernde Kinder oder Jugendliche schalten häufig nach einer gewissen Zeit ab, wenn sie die Todesnachricht erfahren, weil sie überfordert sind. Sie können mit einem abruptem Themenwechsel reagieren, was für Erwachsene irritierend sein kann (»Ich gehe zu meinem Freund«, Darf ich spielen?«, »Essen wir heute Pizza?«).

Die Ängste aller im System sollten unbedingt erfragt und bearbeitet werden. Tröstliche Abschiede können so eher ermöglicht werden. Eltern und Bezugspersonen haben häufig die Sorge, etwas falsch zu machen, sind selbst belastet und müssen darum gestärkt, ermutigt, informiert und sensibilisiert werden.

Konsequenz: Nachholen von Wissen und Abschied. Fehlendes Wissen sollte unbedingt im Nachhinein vermittelt werden, damit das Erlebte eingeordnet und unnötige Ängste (»Mara ist nackt in der Holzkiste und friert« – hier fehlen wesentliche Informationen: Tote Menschen spüren nichts mehr und Verstorbene liegen nicht nackt in einer Holzkiste) abgebaut werden können, zum Beispiel zur Erkrankung, zu Todesumständen, zu Merkmalen des Todes, zu Ritualen, zur Bestattung – Sarg, Urne, Feuer-, Erdbestattung – und zu Trauerreaktionen, um sich und das Umfeld besser verstehen zu können.

Wurden Geschwister nicht beteiligt (Abschied vom Gestorbenen, Trauerfeier), sollten diese Abschiede entwicklungsentsprechend und bedürfnisorientiert nachgeholt werden. Hier ist wesentlich, zu erfahren, wo Informationslücken oder bereits Ängste vorliegen. Vielleicht gibt es von der Trauerfeier oder vom gestorbenen Geschwister Fotos, die gemeinsam angeschaut und als Gesprächsimpulse genutzt werden können.

Verwaiste Geschwister begleiten bedeutet Elternarbeit
Eltern sind oftmals besorgt, dass sie ihr Kind überfordern, oder machen sich Vorwürfe, falsch gehandelt zu haben. Entlastend kann es für Eltern sein, zu wissen, dass Geschwister auch im Nachhinein dankbar sind, wenn sie von ihren Bezugspersonen ehrlich informiert werden und Authentizität erfahren. Eltern dürfen sagen, dass sie zum Zeitpunkt des Abschieds selbst sehr mit den Ereignissen beschäftigt waren und nicht wussten, wie sie sich verhalten sollten. Sie können erklären, dass sie jetzt mehr über die Themen Krankheit, Abschied, Sterben und Tod wissen und sie deshalb gern Gespräche nachholen möchten.

Tipp: Damit solche Prozesse in Gang gebracht werden können, sollte es Vorgespräche und begleitende Elterngespräche zur Begleitung von verwaisten Geschwistern geben. Familiensitzungen bieten meiner langjährigen Erfahrung nach einen geschützten und fachlich begleiteten Rahmen, in dem auch solche Themen miteinander bearbeitet werden können, wenn Eltern sich solche Gespräche allein nicht zutrauen.

Gefühle und Gedanken ausdrücken und bearbeiten
Erwachsene, Kinder und Jugendliche erfahren nach einem Verlust unterschiedliche, intensive und auch widersprüchliche Gefühle, veränderte Gedanken und weitere Reaktionen auf den Verlust. Positive Gefühle, Gedanken und Erfahrungen gehören ebenso dazu.

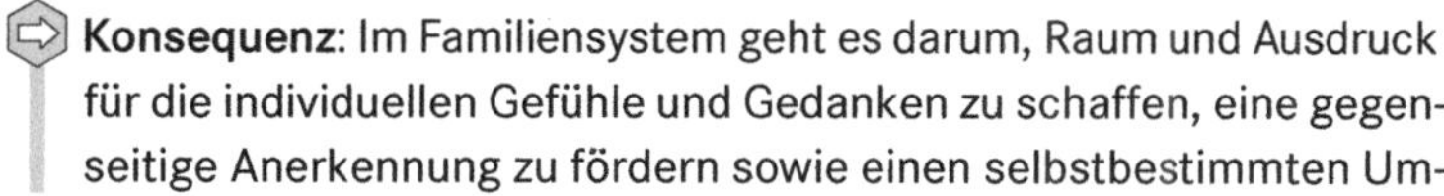
Konsequenz: Im Familiensystem geht es darum, Raum und Ausdruck für die individuellen Gefühle und Gedanken zu schaffen, eine gegenseitige Anerkennung zu fördern sowie einen selbstbestimmten Um-

gang mit den Gefühlen und Gedanken zu finden, der andere im System nicht verletzt, gefährdet und selbstschädigend ist. Besonders wichtig ist dies im Hinblick auf Aggressionen, die nicht unterbunden, sondern Ausdruck finden sollten.

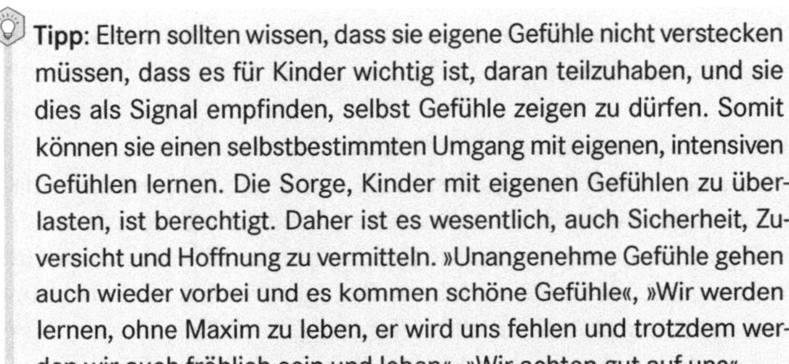

Tipp: Eltern sollten wissen, dass sie eigene Gefühle nicht verstecken müssen, dass es für Kinder wichtig ist, daran teilzuhaben, und sie dies als Signal empfinden, selbst Gefühle zeigen zu dürfen. Somit können sie einen selbstbestimmten Umgang mit eigenen, intensiven Gefühlen lernen. Die Sorge, Kinder mit eigenen Gefühlen zu überlasten, ist berechtigt. Daher ist es wesentlich, auch Sicherheit, Zuversicht und Hoffnung zu vermitteln. »Unangenehme Gefühle gehen auch wieder vorbei und es kommen schöne Gefühle«, »Wir werden lernen, ohne Maxim zu leben, er wird uns fehlen und trotzdem werden wir auch fröhlich sein und leben«, »Wir achten gut auf uns«.

Praxisbeispiel: Eine Mutter, deren Mann gestorben war, zwei Kinder, vier und sechs Jahre, funktionierte tagsüber und gab sich am Abend ihrer Trauer hin. Sie hatte das Gefühl, dass ihre Kinder ihre abendliche Trauer dennoch spürten, und fragte neulich, wann sie denn trauern dürfe.

Eltern und andere Bezugspersonen wissen oft nicht, dass Wut und aggressives Verhalten normale Trauerreaktion sind, und/oder sind mit solchem Verhalten überfordert. Wesentlich ist, dass diese Gefühle Ausdruck finden und gelebt werden dürfen. Es kann helfen, mit trauernden Geschwistern Regeln zum Umgang mit intensiven Wutgefühlen zu vereinbaren.

Wutregeln:
- Niemand darf verletzt werden: kein Mensch und kein Tier.
- Es dürfen keine Gegenstände anderer zerstört werden.
- Du darfst dich selbst nicht verletzten.

Zudem können Angebote und verschiedene Methoden der Affektregulierung zum Einsatz kommen, wie beispielsweise Sockenbomben, schreien, Kissen schlagen, Wutbälle, Wutbox, Schreieimer, Luftballonschlagen, Papierschlacht, Wutstangen oder ein Boxsack. Darüber hinaus sind gestalterische Methoden hilfreich, um die Vielfalt der Gefühle und Gedanken auch nonverbal auszudrücken. Weitere Hinweise finden sich in Kapitel 12.

Ressourcen aufdecken und aktivieren
Trauerprozesse benötigen körperliche und seelische Kraft. Eine lösungs- und ressourcenorientiert ausgerichtete Trauerarbeit ist aus meiner Sicht deshalb notwendig, um die Themen der Trauer immer wieder unter anderen Aspekten neu angehen zu können. Daher habe ich den Trauerthemen diese Aufgabe hinzugefügt (Witt-Loers, 2017). Trauernde Geschwister und ihre Familien sollten dabei unterstützt werden, persönliche sowie systemische Ressourcen aufzudecken, und Ermutigung erfahren, diese zu nutzen.

Innere und äußere Ressourcen Trauernder erfahren nicht immer Anerkennung und Legitimation durch das soziale Umfeld. Normen, Scham und ein schlechtes Gewissen können daher die Nutzung von Ressourcen behindern und Trauerprozesse erschweren. Psychoedukation zur Individualität von Ressourcen in Trauerprozessen kann für mehr Verständnis sorgen.

Konsequenz: Kraftquellen sollten genutzt und immer wieder neu gefüllt werden. Gerade in Krisenzeiten entsteht der Eindruck, dass nichts mehr trägt. Es kann schwerfallen, Ressourcen wahrzunehmen und zu nutzen. Mit verschiedenen Methoden sollte Ressourcenarbeit mit Geschwistern und deren Familien deshalb in die Trauerarbeit integriert werden.

Sich anpassen an eine Welt ohne das Verlorene
Mit dem Tod eines Kindes/Geschwisters verändern sich Beziehungen sowie familiäre und gesellschaftliche Rollen der Trauernden (z. B. verwaiste Eltern und Geschwister, Einzelkind, plötzlich ältestes oder jüngstes Kind). Meist müssen neue Fähigkeiten erlernt, Aufgaben übernommen und andere Lebensperspektiven entwickelt werden. Das erfordert Neuorientierung, Flexibilität und Anpassung.

Anpassungsprozesse sind komplex und können anstrengend sein. Kindliche Anpassungsprozesse werden oftmals nicht verstanden, nicht ernst genommen oder gar belächelt. Erwachsene reagieren irritiert oder ungehalten, wenn Kinder versuchen, sich an die neue Situation anzupassen, und von Lösungen zu ihren Sorgen erzählen: »Dann brauchen wir einen neuen Bruder«, »Dann hat Papa endlich mehr Zeit für mich«. Anpassungsprozesse werden erschwert und benötigen zusätzliche innere Kapazitäten, wenn Geschwister von ihren Eltern nicht oder mit Halbwahrheiten über die Erkrankung, das Geschehen informiert werden. Sie versuchen Informationslücken mit Konstrukten und Fantasien zu füllen, die häufig beängstigender sind als die Realität. Unsicherheit, Vertrauensverlust zu Bezugspersonen, das Gefühl, ausgeschlossen zu sein, können Folgen sein.

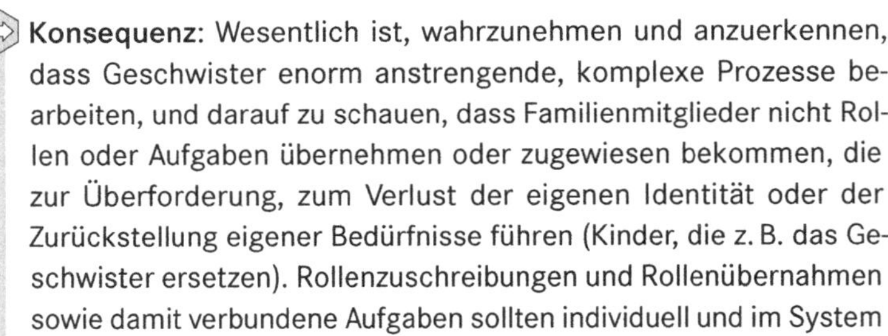

Konsequenz: Wesentlich ist, wahrzunehmen und anzuerkennen, dass Geschwister enorm anstrengende, komplexe Prozesse bearbeiten, und darauf zu schauen, dass Familienmitglieder nicht Rollen oder Aufgaben übernehmen oder zugewiesen bekommen, die zur Überforderung, zum Verlust der eigenen Identität oder der Zurückstellung eigener Bedürfnisse führen (Kinder, die z. B. das Geschwister ersetzen). Rollenzuschreibungen und Rollenübernahmen sowie damit verbundene Aufgaben sollten individuell und im System reflektiert und eventuell verändert werden.

Eine neue Verbindung zum Verstorbenen finden

Der Verstorbene oder das Verlorene muss nicht losgelassen, sondern darf in das neu entstandene Lebensgefüge integriert werden und einen neuen, tröstlichen Platz finden. Das Erlebte, die Erinnerungen und die daraus gewonnenen Erfahrungen können das weitere Leben bereichern. Diese Aufgabe kann für Geschwister besonders schwer sein, beispielsweise wenn sie beim Tod des Geschwisters noch sehr jung waren oder das Geschwister nur krank erlebt haben. Frühzeitige professionelle Unterstützung für das gesamte System kann eine gesunde Entwicklung von verwaisten Geschwistern fördern und das Familiensystem stärken.

Der Mensch ist gestorben, der Tod als Faktum wird nicht verleugnet, die Beziehung zum Verstorbenen darf jedoch weiter gestaltet werden und sich – wie die neuen Plätze auch – immer wieder verändern (das Foto darf weggeräumt, der Friedhof weniger besucht, das Zimmer verändert werden). Wesentlich ist, dass die neuen Plätze nicht als beängstigend und bedrohlich, sondern tröstlich wahrgenommen werden. Wir unterscheiden diesbezüglich drei Aspekte von neuen Plätzen:

- *Äußere Plätze:* Grab, Foto, Erinnerungsorte, Musikstücke, Gegenstände, Kleidungsstücke, Pflanzen, Texte.
- *Innere Plätze und Beziehungen:* innerer Begleiter, Ratgeber, Engel, Beschützender, Bedrohender.
- *Jenseitsvorstellungen:* Es geht um die Vorstellung, was nach dem Tod kommt. Da dies eine Glaubensfrage ist und noch niemand zurückgekommen ist, sollte jeder für sich individuelle Antworten und eigene tröstliche Jenseitsvorstellungen finden dürfen. Vorgaben können für Kinder zu unnötigen Belastungen führen (»Der Kopf von Laila wurde mit einer Motorsäge abgeschnitten, der ist jetzt im Himmel und der Rest liegt in der Erde«, »Leo ist in der Hölle, da geht es ihm nicht gut, weil er mal was Blödes gemacht hat«, »Oma hat gesagt, Mara ist im Himmel, aber sie hatte immer Angst vor hohen Sachen, bestimmt weint sie jetzt«). Selbst in Gedanken aktiv und liebevoll für das verstorbene Geschwister zu sorgen, kann Hilflosigkeit und Ohnmacht entgegenwirken.

Fortgesetzte Verbindungen zum verstorbenen Geschwister müssen sich wandeln dürfen und stellen einen wichtigen Aspekt in der Trauer dar, der sein darf und für trauernde Familien kraftspendend sein kann. In der Begleitung sollten Beziehungen besonders in den Blick genommen werden, die durch Alkohol, Gewalt oder Abhängigkeit bestimmt, die an ein Versprechen gebunden waren (»Du darfst deinen Eltern jetzt nicht auch noch Sorgen machen«, »Du bist das Einzige, das uns jetzt noch bleibt, pass bloß auf dich auf«, »Du darfst uns jetzt nicht auch verlassen«, »Du bist unsere einzige Freude«) oder die mit negativen Kognitionen verknüpft wurden (»Du wirst das nie wie dein Bruder können«, »Deine Schwester war unser Sonnenschein«, »Deine Schwester war immer die Schlauere von euch«). Hier können fortgesetzte Beziehungen negativ geprägt und belastend sein. Sie sollten professionell unterstützt und eine heilsame Sicht sollte erarbeitet werden.

Konsequenz: Der Verlust kann leichter in das neue Lebensgefüge integriert werden, wenn sich an den Verstorbenen erinnert werden darf. In der Familie sollte über das gestorbene Kind/Geschwister gesprochen und zugleich sollten *positive Sichtweisen* einbezogen werden (Dankbarkeit, Liebe). Die Bedürfnisse und der Umgang mit »neuen Plätzen« für den Verstorbenen können im Familiensystem sehr verschieden sein. Hier sollten die Bedürfnisse aller beachtet werden. Jeder muss seine eigene tröstliche Jenseitsvorstellung behalten dürfen, ohne dass diese negativ bewertet wird.

Geschwister werden nicht immer in die Zukunftsgestaltungen involviert, zu Erinnerungsgegenständen oder dazu befragt, wie das Zuhause gestaltet werden soll. Damit sie den Verlust ihres Bruders, ihrer Schwester bestmöglich bearbeiten können und mit ihren Bedürfnissen wahrgenommen werden, muss es psychoedukative Angebote für die Familie, Unterstützungsmöglichkeiten für das gesamte Familiensystem wie für jeden Einzelnen im System geben.

Sinnfindung

Nach einem Verlust erscheint das eigene Leben häufig sinnlos und leer. Lebensfreude oder der Lebenswille können verloren gehen. Das eigene Wertesystem und der Sinn des Lebens werden hinterfragt. Die Aufgabe der Sinnfindung muss jeder Trauernde aus der Familie individuell für sich lösen. Aus der Bearbeitung dieser Aufgabe sind interessanterweise viele Stiftungen, Selbsthilfegruppen und Vereine hervorgegangen. Sinnstiftende Perspektiven für das eigene Leben nach dem Tod des Geschwisters helfen einerseits zu überleben, andererseits können sie dem Tod im Nachhinein auch einen tröstlichen Sinn geben und zugleich dem gestorbenen Geschwister einen neuen würdigen Platz zuweisen.

Konsequenz: Unterstützer können bei dieser Sinnsuche bereits Bewältigtes würdigen und wertschätzend begleiten sowie Trauernde ermutigen, neue Lebensperspektiven zu entwickeln.

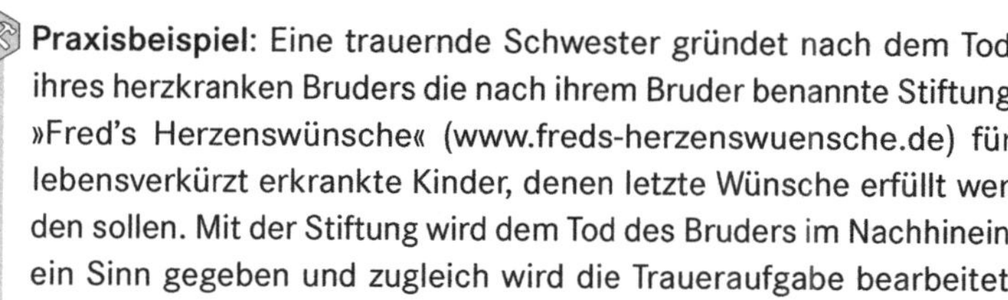

Praxisbeispiel: Eine trauernde Schwester gründet nach dem Tod ihres herzkranken Bruders die nach ihrem Bruder benannte Stiftung »Fred's Herzenswünsche« (www.freds-herzenswuensche.de) für lebensverkürzt erkrankte Kinder, denen letzte Wünsche erfüllt werden sollen. Mit der Stiftung wird dem Tod des Bruders im Nachhinein ein Sinn gegeben und zugleich wird die Traueraufgabe bearbeitet, dem Verstorbenen einen neuen Platz zu geben.

Entwicklungsaufgaben plus Traueraufgaben

Trauerprozesse sind multifaktoriell beeinflusst und überaus komplex. Verwaiste Geschwister sind nicht nur mit den Anforderungen und Konsequenzen befasst, die der Verlust für verwaiste Geschwister auf den unterschiedlichen Ebenen mit sich bringt, sondern zugleich mit ihren eigenen Entwicklungsprozessen. Verhaltensweisen, die zu einer normalen Entwicklung gehören, wie bei Kindern beispielsweise Albträume ohne klaren Inhalt, Trennungsängste, Regressionen, sozialer Rückzug oder bei Jugendlichen Probleme der Emotionsregulation, Substanzmissbrauch sowie selbstverletzendes und riskantes Verhalten (Jensen, Cohen, Jaycox u. Rosner, 2020), überschneiden sich deshalb mit solchen auf einen Verlust.

Tipp: Verunsichert, wie sie das Verhalten ihrer Kinder einordnen sollen, stellen Eltern häufig Fragen wie: »Ist das die normale Entwicklung? Ist das die Trotzphase? Ist das die Pubertät oder ist das der Trauerprozess?« Aus meiner Sicht lassen sich diese Prozesse nicht trennen, vielmehr sind beide miteinander verflochten. Verwaiste Geschwister sind mit ihren Entwicklungs- und Trauerprozessen zugleich beschäftigt und müssen darum sehr sensibel als einzigartiges Individuum wahrgenommen und ihren persönlichen Bedürfnissen entsprechend unterstützt werden. Sie benötigen viel Verständnis, Zuwendung und Geduld, die sie oftmals selbst nicht mit sich haben. Es kann ihnen daher sehr helfen, wenn ihnen informierte Bezugs- und Vertrauenspersonen aus dem Umfeld und/oder professioneller Art zur Seite stehen, die ihnen Gelassenheit und Ruhe für ihre Entwicklungen einräumen, sie mit entlastendem Wissen versorgen und bei einer individuellen Bearbeitung der Traueraufgaben Unterstützung geben.

Probleme und Belastungen, die bereits zuvor bestanden haben, sollten nicht aus dem Blickfeld geraten. Durch die Konsequenzen, die der Verlust mit sich bringt, werden belastende Themen der Vergangenheit nicht berücksichtigt oder in der Unterstützung vernachlässigt und verstärken sich (z. B. Belastungen und Konflikte in der Familie, soziale Schwierigkeiten, psychische Störungen wie ADHS, Verhaltens- oder Essstörungen).

Das DPM und der Nutzen im Familiensystem
Das Duale Prozessmodell (DPM) von Stroebe und Schut (1999) als wissenschaftlich überprüfter Ansatz heutiger Trauertheorien ist ein gutes Beispiel dafür, dass Wissensvermittlung im Trauerprozess hilfreich sein kann. Trauerarbeit ist im DPM ein dynamischer Prozess, in welchem zwei Stressoren in der Bearbeitung des Verlusts Beachtung finden: zum einen die *verlustorientierte und* zum anderen die *wiederherstellungsorientierte* Verarbeitung. In beiden Verarbeitungsprozessen kommen problemorientierte sowie emotionsfokussierte Bewältigungsstrategien zum Tragen. Bestenfalls pendeln, vereinfacht gesagt, Trauernde zwischen beiden Verarbeitungsprozessen hin und her.

Praxisbeispiel: Am Abend vor der Trauerfeier ihrer verstorbenen Schwester geht die 17-jährige Ronja mit ihren Freunden in der Stadt feiern. Ihre Eltern und das soziale Umfeld erkennen nicht, dass Ronja so Kraft für den schweren Beerdigungstag sammeln möchte, und bewerten ihr Verhalten negativ.

Gerade im Trauerprozess ist es wesentlich, persönliche Ressourcen zu nutzen, um Trauer bearbeiten zu können. Kinder und Jugendliche brauchen häufig die ausdrückliche »Erlaubnis« zu lachen, zu spielen oder sich mit Dingen zu beschäftigen, die ihnen guttun. Auch dann, wenn es anderen im Familiensystem gerade schlecht geht. Kinder und Jugendliche sorgen nach einem Verlust oftmals intuitiv für sich und stärken ihre individuellen Ressourcen. Verfügen Bezugspersonen nicht über grundlegendes Wissen zu Trauerprozessen, wird dieses Verhalten oft nicht verstanden, gebilligt oder negativ bewertet. Damit gehen wichtige Ressourcen für den Trauerprozess verloren. Vereinfacht dargestellt kann dieses Modell bei Trauernden und ihrem sozialen Umfeld zu mehr Verständnis und Akzeptanz individueller Trauerbearbeitung führen.

Konsequenz: Aus dem DPM erklärt sich, was Trauernden und ihrem Umfeld häufig zunächst unverständlich erscheint: dass spielen, lachen, feiern und trauern zusammenpassen und sein müssen. Das würde ich auch als ressourcenorientierte, das Überleben sichernde Trauerarbeit verstehen.

Mediatoren – Einflussfaktoren auf Trauerprozesse

Damit eine hilfreiche, bedürfnisorientierte Unterstützung von verwaisten Geschwistern gelingen kann, ist die Wahrnehmung der Komplexität und Individualität von Trauerprozessen wesentlich. Darum ist es sinnvoll zu schauen, welche Faktoren auf den persönlichen Trauerprozess Einfluss nehmen können. Solche Mediatoren, wie Worden (2017) sie bezeichnet und die ich hier ergänzt habe, sollten individuell sondiert und in der Begleitung beachtet werden, denn Geschwisterbegleitung hängt auch davon ab, ob wir über notwendige, individuelle Informationen im Hinblick auf die Mediatoren verfügen, denn sie bestimmen mit über die persönliche Herangehensweise des Geschwisters an die Traueraufgaben.

Praxisbeispiele: Annelies (9 Jahre) Mutter fährt mit dem Auto in die Garage. Sie war mit Annelie und ihrem Bruder Anton einkaufen. Anton ist körperlich und geistig eingeschränkt. Als die Mutter den Rollstuhl aus dem Wagen lösen möchte, kommt es zu dem Unglück. Sie rutscht ab, kann den Rollstuhl nicht halten, der aus dem Wagen rast. Annelie kann ihren Bruder noch kurz an der Hand greifen, aber nicht halten. Anton stürzt im Rollstuhl die steile Auffahrt hinunter, bis er durch ein parkendes Auto gestoppt wird und dort regungslos liegen bleibt. Die Mutter ist erstarrt. Annelie rennt ins Haus und ruft selbstständig den Notarzt an. Anton stirbt noch auf dem Weg ins Krankenhaus. Die Mutter macht sich dauerhaft große Schuldvorwürfe, der Vater schweigt. Annelie fühlt sich ebenfalls schuldig und zugleich für ihre Eltern verantwortlich.

Konstantin (14 Jahre) hat sich auf dem Dachboden erhängt. Seine jüngere Schwester Charlotte (9 Jahre) findet ihn dort. Sie kann ihre

Entdeckung nicht einordnen, holt aber nach einigen Minuten Erstarrung ihre Eltern aus dem Untergeschoss des Hauses. Sie sagen ihr, dass sie niemandem sagen soll, was sie gesehen hat.

Persönlichkeitsvariablen: individuelle entwicklungsbedingte Aspekte, emotionale und kognitive Fähigkeiten, Zeit-, Raum- und Todesverständnis, Geschlecht, Gesundheit, Persönlichkeitsmerkmale, Alter, Bindungserfahrungen (sicher, unsicher, ängstlich ambivalent, vermeidend), Denkstil, Ichstärke, Werte, Überzeugungen.

Frühere Erfahrungen: Biografie, Vorverluste, innere und äußere Ressourcen.

Qualität der Bindung zum gestorbenen Geschwister: Amibivalenz, Rollenverteilung, Abhängigkeit, Konflikte, Intensität und Sicherheit in der Beziehung.

Todesumstände: Todesart, Todesumstände (plötzlicher Tod, Gewalteinwirkung, traumatisierende Geschehnisse, ungeklärte, stigmatisierende Umstände, Erfahren der Todesnachricht (wie, wo, wann, von wem, sachliche Information, Selbstwirksamkeit in der Situation, Verhalten von Bezugspersonen).

Praxisbeispiele: Annika fühlt sich schuldig, weil sie kurz ins Haus gelaufen ist, als Konstantin im Teich ertrunken ist. Matti fragt sich, warum Papa den Leon im Flur aufgehängt hat. Max ist im Himmel gestorben, denkt Kati und weiß nicht, wie er dort hingekommen ist. Marcel ist traurig und fühlt sich zurückgesetzt, weil seine Eltern ihn für zu jung hielten und darum die älteren Geschwister zuerst vom Tod der Schwester erfahren haben. Jana hat Angst zu essen, weil ihre Schwester an einer Möhre erstickt ist. Martha weiß nicht, was wie sie sich verhalten soll, weil ihre Mutter sie ermutigt, über ihre Gefühle zu sprechen, ihr Vater jedoch findet, dass es besser ist, nach vorn zu schauen und nicht mehr über das Geschehen zu reden.

Soziale Faktoren und sekundäre Verluste: ökonomische Situation, aktuelle Familiensituation, Umgang in der Familie mit schwierigen Themen, Verhalten und Ressourcen von Bezugspersonen, soziale Rollen, Mehrfachverluste, Kultur, religiöse Normen, soziales Netz, zusätzliche und/oder dauerhafte Belastungen, Alltagskonsequenzen durch den Verlust, Wissensvermittlung, Tabuthemen in der Familie (erhöhter Alkoholkonsum, Gewalt, Schulden), Zugang und Inanspruchnahme von verständlicher und zuverlässiger Unterstützung.

Kultursensible Trauerbegleitung: Trauerprozesse sind nicht nur individuell, sondern auch kulturell, religiös geprägt. Sie werden oftmals bestimmt von spezifischen Regeln zum Umgang mit dem Gestorbenen, zur Bestattung, zum Trauerausdruck oder zu Jenseitsvorstellungen.

Nicht immer ist beispielsweise der Ausdruck von Trauer gestattet oder folgt vorgeschriebenen kulturellen, religiösen Normen. Zugleich bedeutet das nicht, dass nicht Schmerz um den Verlust empfunden wird. In unserer globalisierten Welt, in der sich ethnische Identitäten, Sprachen, kulturelle und religiöse Einflüsse miteinander vermischen, ist es darum unbedingt notwendig, die Begleitung kultursensibel auszurichten, sich über spezifische Rituale und individuelle Ausrichtungen der trauernden Familie, des verwaisten Geschwisters zu informieren und diese zu respektieren. Ich möchte darum vorschlagen, die Begleitung nach den »INIS Grundsätzen« (Witt-Loers, 2017) auszurichten. Darunter möchte ich folgende Punkte fassen:

- Individuelle, bedürfnisorientierte Wahrnehmung
- Nachfragen und Respekt – welche Handlungen/Rituale/Haltungen sind erwünscht?
- In Systemen gemeinsame Nenner finden
- Sensible, wertschätzende Kommunikation auf allen Ebenen

Literaturtipps

Urban, E. (2019). Transkulturelle Pflege am Lebensende. Umgang mit Sterbenden und Verstorbenen unterschiedlicher Religionen und Kulturen. Stuttgart: Kohlhammer.

Buess-Willi, C. (2014). Trauer und Tod in verschiedenen Kulturen. www.rosenfluh.ch/media/arsmedici/2014/10/Trauer_und_Tod_in_verschiedenen_Kulturen.pdf.

Mähr, R. (2018). Trauerrituale in verschiedenen Kulturen. www. ritualmeister.ch/download/Abschied/Trauerrituale-in-verschiedenen-Kulturen-2018.pdf.

Konsequenz: Alle genannten möglichen multiplen Faktoren machen deutlich, dass Trauerprozesse sehr unterschiedlich verlaufen. Es reicht nicht, diese Einflussfaktoren allgemein zu kennen. Sie müssen im konkreten Fall individuell herausgefiltert und in ihrer Spezifität verstanden werden. Die Kenntnis darüber ermöglicht die Unterstützung der individuellen und systemischen Bearbeitung des Verlusts, denn Trauerprozesse von Familienmitgliedern hängen wechselseitig zusammen.

2.3 Trauerreaktionen

Unterschiedlichkeiten in Reaktionen und Prozessen
Die Trauerforschung beschreibt vielfältige Reaktionen auf einen Verlust, die den ganzen Menschen erfassen und deutlich machen, dass Trauerprozesse unterschiedlich verlaufen, anstrengend und beängstigend sein können. Zudem werden die Themen der Trauer von jedem Familienmitglied anders und zu unterschiedlichen Zeiten bearbeitet. Gerade diese Unterschiedlichkeiten bringen Unverständnis, Konflikte und Missverständnisse in das System Familie. Deshalb muss es darum gehen, Verständnis und Respekt für den individuellen Trauerprozess zu schaffen und für die unterschiedlichen Bedürfnisse des Einzelnen einen bestmöglichen Konsens im System zu finden. Das erfordert Wissen, Kommunikationskompetenzen und die Fähigkeit, Lösungen zu verhandeln (Witt-Loers, 2012). Fälschlicherweise wird heute noch häufig davon ausgegangen, dass nach dem Tod eines nahestehenden Menschen die Bedürfnisse und die Bearbeitungsstrategien des Verlusts bei allen Mitgliedern im Familiensystem identisch sind. Die Erwartung, dass Verlustbearbeitung im System harmonisch verlaufen muss, erschwert Trauerprozesse unnötig.

Dimensionen des Todesverständnisses
Trauerprozesse und Trauerreaktionen von Geschwistern nach dem Tod ihres Bruders oder ihrer Schwester sind abhängig von deren kognitiver und emotionaler Entwicklung. Kleinkinder nehmen zunächst die Stimmung und den veränderten Lebensalltag in der Familie wahr und reagieren darauf mit verändertem Verhalten. Erst später verstehen Kinder die *drei Dimensionen des Todesverständnisses* (*Irreversibilität* – der Tod ist nicht rückgängig zu machen, *Kausalität* – es gibt eine sachliche Ursache für den Tod, *Universalität* – alle

Lebewesen müssen sterben; Wittkowski, 1990) und werden sich zuletzt ihrer eigenen Endlichkeit bewusst. Jugendliche verstehen den Tod mit seinen Konsequenzen und haben daher andere Bedürfnisse in der Trauer als Kinder.

Reaktionen benennen, Bewertung vermeiden

Insgesamt entlastend empfunden wird es von Geschwistern und ihren Familien, wenn sie über mögliche Trauerreaktionen informiert sind. Verurteilungen, Scham und Selbstbeschuldigungen können so vermieden und Verständnis geschaffen werden. Gerade bei Trauerreaktionen, die in unserer Gesellschaft eher tabu oder mit negativen Bewertungen verknüpft sind, wie Wut, Neid und Aggression, ist es hilfreich, Familiensysteme und ihr soziales Umfeld darüber zu informieren, dass diese zu normalen Reaktionen auf einen schweren Verlust zählen. Beispielhaft möchte ich hier mögliche Reaktionen von Geschwisterkindern und Jugendlichen auf den Verlust benennen:

- *physische Reaktionen:* Schlaf- und Konzentrationsstörungen, intensive Träume, geschwächtes Immunsystem, Kopf- oder Bauchschmerzen, Essstörungen,
- *emotionale Reaktionen:* Albernheit, Weinen, Schreien, Angst, Verlustangst, Trennungsangst, Todesangst, Aggression, Nicht-wahrhaben-Wollen, Einsamkeit, Wut, Neid, Liebe, Leere, Sehnsucht, Panik, Verzweiflung, Schmerz, Freude, Dankbarkeit, Enttäuschung, Traurigkeit, Scham, Erleichterung, das Gefühl, nicht mehr normal zu sein, Selbstzweifel, Selbstwertverlust, Unsicherheit, Hoffnungslosigkeit, Hilflosigkeit, Ohnmacht, Sinnlosigkeit,
- *Verhaltensreaktionen:* Wutanfälle, Lachen, Perfektionismus, Idealisierung des gestorbenen Geschwisters, eigene Trauer zurückstellen, selbstschädigendes oder riskantes Verhalten, Verweigerung (Kita, Schule, Ausbildung), bei Licht oder offener Tür schlafen, im Bett von Bezugspersonen schlafen, große Anhänglichkeit (Bezugspersonen sind dadurch oft überfordert oder genervt), aggressives Reagieren, wenn Bezugspersonen zu spät kommen, oft fragen, wie es geht, sich kümmern um Bezugsperson und sie versorgen wollen,
- *regressives Verhalten von Kindern:* Einnässen, Einkoten, Babysprache, Übergangsobjekt (siehe Klass, 2013, S. 116), Daumenlutschen, Nägelkauen,

- Jugendliche: *regressives Verhalten* (Einnässen, Übergangsobjekt), Entwicklung von *Sucht* (Substanzen, Medien, Spiel), Tattoos stechen lassen,
- *kognitive Reaktionen, verändertes Denken:* Grübelschleifen, Schuldgedanken, Schuldzuweisungen, Idealisierung, Suizidgedanken, Vermeidung, Verleugnung, Verwirrung, Werte und Überzeugungen in Frage stellen, Selbstzweifel, Verlust von Selbstwert, Selbstvertrauen, Selbstbewusstsein, Existenzsorgen, Sorge vor eigener Erkrankung, kreisende Gedanken nur um das verstorbene Geschwister, Verlust von Grundvertrauen in das Leben,
- *soziale Reaktionen:* Verantwortung für Angehörige übernehmen, Rolle des verstorbenen Geschwisters einnehmen, eigene Trauer zurückstellen, oppositionelles, rebellisches Verhalten, Rückzug aus sozialem Umfeld (Hobbys aufgeben, Zurückweisung von Freunden, Schulbesuch ablehnen, Verweigerung der Mitarbeit in der Schule), funktionieren, Trauerverhalten anderer nachahmen.

2.4 Erschwerte, komplizierte, pathologische Trauerprozesse

In Beziehung gehen und bedürfnisorientiert begleiten
Eine wesentliche, grundsätzliche Voraussetzung, um verwaiste Geschwister hilfreich zu unterstützen, ob im sozialen Umfeld, im beratenden oder therapeutischen Kontext, ist eine auf Vertrauen, Ehrlichkeit, Authentizität und Verlässlichkeit basierende Beziehung. Nur dann können Themen, die mit Scham und Schuld behaftet sind, oder andere beängstigende Fragen angesprochen und entlastend bearbeitet werden. Zudem sind fundierte Grundqualifikationen und eine Vernetzung mit anderen Fachbereichen Voraussetzungen, um verantwortlich zu begleiten.

Erstgespräch und begleitende Elterngespräche
Darüber hinaus ist im beratenden wie therapeutischen Kontext ein ausführliches Erstgespräch mit einem Erziehungsberechtigten ohne das Geschwister notwendige Voraussetzung, um verantwortlich zu unterstützen. So können für den Trauerprozess relevante Aspekte in

Erfahrung gebracht werden. Dazu gehört das Angebot zu begleitenden Elterngesprächen, die eine positive Entwicklung unterstützen.

Bezüglich somatischer Symptome sollte ärztlich geklärt werden, ob keine körperlichen Ursachen vorliegen. Auch eine mögliche Suizidalität ist abzuklären.

Literaturipp

Witt-Loers, S. (2017). Dellanima-Anamnesebogen für Kinder. Downloadmaterial (abrufbar im Webshop beim Buchtitel im Downloadbereich)

Erschwerte, komplizierte, pathologische Trauerprozesse

Nichterschwerte Trauerprozesse zeichnen sich durch ein Gleichgewicht von Ressourcen und Risikofaktoren aus. Der Begriff *erschwerte Trauer* (Arbeitsgruppe BVT; Paul, 2011) beschreibt ein ungünstiges Verhältnis zwischen Risikofaktoren und Ressourcen nach einem Verlust (Paul, 2011) und wird prognostisch verwendet. Um das Vorliegen von möglichen Risikofaktoren und das Vorhandensein sowie die Nutzung von Ressourcen für die Entwicklung des Trauerprozesses des Geschwisters einschätzen zu können, sollten die aus den Elterngesprächen gewonnenen Informationen berücksichtigt werden, da sich aus erschwerten Trauerprozessen nichterschwerte oder komplizierte, pathologische Trauerprozesse entwickeln können. Ein komplizierter, pathologischer Trauerprozess kann eine Gefährdung für die psychische und physische Gesundheit sowie die Entwicklung des Geschwisters mit sich bringen und muss fachlich begleitet werden.

Risikofaktoren in Bezug auf Geschwistertrauer

Die Einschätzung komplizierter, pathologischer Trauerprozesse sollte immer sehr individuell unter Berücksichtigung innerer, externer und systemischer Ressourcen sowie physischer und psychischer Reaktionen erfolgen. Risikofaktoren, die zur Entwicklung eines komplizierten oder pathologischen Trauerprozesses beitragen können, sind möglicherweise: dass das gesamte Familiensystem schon vor dem Tod durch die Zeit der Erkrankung mit dem einhergehenden veränderten Lebensalltag starken Belastungen ausgesetzt war und kaum physische wie psychische Ressourcen bestehen, nichtbearbeitete Vorverluste (Trennungen von Eltern, Elternteilen, anderen Geschwistern, Trennung vom Zuhause bei Heimkindern), Konflikte in der Familie, unangemessenes Interaktionsverhalten von Bezugspersonen/Eltern, Art der Kommunikation und Interaktion in der Familie (entwertend, verletzend, unehrlich), Ablehnung von Unterstützung, Substanzmissbrauch in der Familie, eigener Substanzmissbrauch, Gewalt in der Familie, Kriminalität sowie sexueller Missbrauch. Auch die Art des Erfahrens der Todesnachricht kann traumatisch und ein Risiko einer pathologischen Trauerprozessentwicklung sein.

Weitere Hinweise auf komplizierte Trauerprozesse sind beispielsweise:

Risikofaktoren

- Begleitumstände des Todes/Todesart (z. B. plötzlicher Tod durch Unfall, Suizid, Substanzmissbrauch und Abhängigkeit, Gewalt), ungeklärte Todesumstände, Geschwister war Zeuge des gewaltsamen Todes, z. B. bei einem Unfall, stigmatisierende Todesumstände (Drogen, Suizid, kriminelle Handlungen),
- problematische Beziehung zum Verstorbenen (ambivalent, konfliktreich, abhängig),
- Lebensgeschichte und aktuelle Lebenssituation (nichtbetrauerte Vorverluste, z. B. Trennung der Eltern, Mehrfachverluste, z. B. Umzug, Haustier, mehrere Verstorbene),
- Persönlichkeit des Trauernden,
- soziale Faktoren (fehlendes soziales Netz, starke einseitige religiöse oder kulturelle Prägungen).

Langanhaltende Trauer im Sinne des ICD-11: In die internationale Klassifikation von Erkrankungen (ICD) wurde 2021 im ICD-11 (https://icd.who.int) die langanhaltende Trauerstörung erstmalig als selbstständige Diagnose aufgenommen. Bislang war Trauer im ICD-10 kein diagnostisches Kriterium.

Die Aufnahme von Trauer in den Katalog der psychischen Störungen hat einerseits sicherlich Vorteile, andererseits ist eine Normierung eines nichtpathologischen Trauerprozesses sehr schwierig und somit schwer von einer pathologischen Form abzugrenzen. Besonders kritisch und nicht charakteristisch für alle Trauernden wird das Zeitkriterium »Trauerreaktion persistiert über einen atypisch langen Zeitraum nach dem Verlust (mehr als mindestens 6 Monate)« (ICD-11; zit. nach Wagner, 2019) von vielen Fachleuten gesehen, da Trauerverläufe individuell verlaufen und von multiplen Faktoren beeinflusst werden.

Die wenigen diagnostischen Kriterien, so Birgit Wagner (2019), werden der Realität von Trauerprozessen nicht gerecht. Es besteht die Gefahr, dass Trauernde gedrängt werden zu funktionieren, sie ihren Trauerprozess nicht durchleben können, so wie es für sie stimmig ist, und sie zudem gesellschaftliche Ausgrenzung und negative Bewertung erfahren. Zwar ergeben sich Vorteile der klinischen Diagnose wie die frühe Identifizierung von Risikogruppen und verbesserte Hilfssysteme (Psychotherapie, Selbsthilfegruppen, Anerkennung durch das Gesundheitssystem), daneben werden jedoch die individuelle Dauer sowie qualitative Unterschiede der Symptomatik einer anhaltenden Trauerstörung und der nichterschwerten Trauer (Trennungsschmerz, Sehnsucht) nicht beachtet. Darüber hinaus bestehen Schwierigkeiten, kulturelle und religiöse Abweichungen zu quantifizieren, und die Gefahr von falsch-positiven Diagnosen ist gegeben.

Literaturtipps

Wagner, B. (2019). Psychotherapie mit Trauernden. Grundlagen und therapeutische Praxis. Weinheim: Beltz.

Rosner, R., Pfoh, G., Rojas, R., Brandstätter, M., Rossi, R., Lumbeck, G., Kotoucová, M., Hagl, M., Geissner, E. (2015). Anhaltende Trauerstörung. Manuale für die Einzel- und Gruppentherapie (Therapeutische Praxis). Göttingen: Hogrefe.

Znoj, H. J. (2016). Komplizierte Trauer (2., überarb. Aufl.). Göttingen: Hogrefe.

Geschwistertrauer nicht voreilig pathologisieren: Aus meiner Sicht muss mit einer pathologischen Einordnung von Trauerprozessen verwaister Geschwister sehr vorsichtig umgegangen werden, da bestimmte Faktoren bei der Diagnosestellung nicht berücksichtigt werden. Gerade Trauerprozesse von verwaisten Geschwistern sowie Kindern und Jugendlichen generell, die häufig durch Verschiebungen zugunsten des Überlebens des Systems gekennzeichnet und die durch eine spätere Bearbeitung aufgrund emotionaler und kognitiver Entwicklungen verzögert sind, können das Zeitkriterium nicht erfüllen. Darüber hinaus sollte beachtet werden, dass sich verwaiste

Geschwister in ihrer psychischen und biologischen Entwicklung befinden und sich anstehende Entwicklungsaufgaben sowie die Bearbeitung der Traueraufgaben überschneiden (siehe S. 33).

Ein Kriterium der Diagnose sieht zudem »die Abweichung vom jeweils kulturell verbreiteten Muster« vor. Diese Abweichung, die nicht weiter definiert ist, lässt in einer globalisierten Welt, zu der die Vermischung von gesellschaftlichen Normen und kulturelle Prägungen gehört, einen großen Interpretationsspielraum, der aus meiner Sicht auch im Hinblick auf die Diagnosestellung kritisch zu betrachten ist.

Es kann daher schnell zu falschen Einschätzungen kommen, die nicht unterstützen, sondern dazu führen, dass verwaiste Geschwister in ihrem natürlichen, heilsamen Trauerprozess pathologisiert und behindert werden. Diagnosen sollten zudem nicht allein deshalb gestellt werden, damit verwaiste Geschwister präventive Unterstützung erfahren, da negative Auswirkungen auf den Selbstwert, das Selbstvertrauen, die Anerkennung und Unterstützung des Verlusts im sozialen Umfeld und somit auf die weitere psychische Entwicklung und Biografie ausgelöst werden können. Deshalb kommen aus meiner Sicht der präventiven Unterstützung zur Vermeidung psychischer Störungen, zur Aktivierung und Nutzung von Ressourcen des verwaisten Geschwisters und der Unterstützung des Familiensystems eine große Bedeutung zu.

Zugleich wird deutlich, dass die Vernetzung und Kooperation von kinder- und jugendpsychotherapeutischen sowie psychiatrischen Praxen, Trauerfachberatern und Trauerzentren notwendig sind und die Begleitung verwaister Geschwister besondere professionelle Qualifikationen, Fachwissen, Selbstreflexion, Empathie sowie eine sensible dauerhafte Wahrnehmung und Verständnis auch von Seiten des sozialen Umfelds erfordert. Wertschätzend und dankbar darf ich im Sinne betroffener trauernder Kinder und deren Familien auf die jahrelange Erfahrung hervorragender Zusammenarbeit mit unterschiedlichen Psychotherapeuten, Ärztinnen und Institutionen schauen.

Lebens- und Entwicklungsumständen entsprechende Trauerbegleitung

Die Erfahrungen meiner langjährigen Arbeit zeigen, dass verwaiste Geschwister wie auch Kinder, die einen Elternteil verloren haben, nach einer gewissen Entwicklungszeit (oder nach einem weiteren

Verlust) eine anknüpfende, weitere Trauerbegleitung in Anspruch nehmen. Mit zunehmenden emotionalen, kognitiven Fähigkeiten und rationalem Wissen sowie mit den sich verändernden Lebensumständen und Zukunftsperspektiven muss der Verlust immer wieder neu in die aktuelle Biografie eingeordnet werden. Diese Integration kostet psychische wie physische Energie und nicht immer gelingt verwaisten Geschwistern diese Trauerarbeit selbstständig. Wird erneut oder auch zum ersten Mal, Jahre nach dem Verlust, professionelle Unterstützung angenommen, kann es notwendig sein, Betroffenen das Gefühl zu nehmen, bis dato falsch getrauert zu haben, und ihnen zu erklären, dass eine verschobene erste oder erneute intensive Beschäftigung mit dem Verlust ganz natürlich ist.

Schutz vor komplizierten, pathologischen Prozessen
Die im Folgenden benannten Ressourcen (zur Verfügung stehende, aktivierte soziale, innere, äußere) sowie Schutzfaktoren zum Beispiel in Bezug auf Umwelt, Bindung und Entwicklung können, wenn sie negativ prägend erlebt wurden, zudem Risikofaktoren bedeuten, die die persönliche mögliche Belastungsgrenze verwaister Geschwister herabsetzen kann. Insofern könnte man sagen, dass, je mehr Risikofaktoren auf vielen Gebieten bestehen oder im Verlauf der individuellen Entwicklungs- und Trauerprozesse hinzukommen, Entwicklungsrisiken und Vulnerabilität für pathologische Störungen von verwaisten Geschwistern steigen.

Konsequenz: Dies bedeutet, dass verwaisten Geschwistern und ihren Familien zuverlässig während der Erkrankung und zeitnah nach dem Tod des Kindes/Geschwisters hilfreiche, professionelle Unterstützung angeboten werden muss.

2.5 Ressourcen und Schutzfaktoren

Ressourcenorientierte Begleitung: Die Resilienzforschung konnte bereits viele Aspekte aufdecken, die zeigen, dass auch schwere Schicksalsschläge unter bestimmten Umständen so verkraftet werden können, dass keine pathologischen Entwicklungen daraus folgen. Dabei spielen Schutzfaktoren eine wesentliche Rolle, die mit über die Resilienz, die psychische Widerstandskraft, beim Erleben des Verlusts bestimmen.

Die Themen, die verwaiste Geschwister im Rahmen des Verlusts und ihrer Entwicklung bearbeiten, benötigen viele innere und äußere Kraftquellen. Daher kommt der Ressourcenarbeit grundsätzlich eine große Bedeutung zu in Bezug auf Trauerprozesse. Es muss um eine ressourcenorientierte Begleitung gehen, darum, vorhandene Schutzfaktoren zu identifizieren, Ressourcen zu stärken, neue aufzudecken und zu deren Nutzung motivieren.

Schutzfaktoren: Je positiver das Klima und die Beziehungen innerhalb einer Familie sind, umso besser können Geschwister ihre individuellen Fähigkeiten, eigenen Ressourcen und Bewältigungsstrategien im Trauer- und Entwicklungsprozess entfalten. Geschwistern stehen zum Zeitpunkt des Verlusts unterschiedliche Schutzfaktoren und Ressourcen zur Verfügung, die davon abhängen, in welchem Alter sie den Verlust erleben und wie ihr Leben bis dahin verlaufen ist.

Existenzielle Faktoren können zum Beispiel sein: Ernährung, Fürsorge, Obdach, medizinische, hygienische und emotionale Zuwendung, verlässliche Bezugspersonen, Schutz und Sicherheit.

Kindheitsbezogene Faktoren können zum Beispiel sein: ein positives Familienklima, sicherer Bindungsstil, liebevolle, wertschätzende Erziehung und Interaktion, Förderung der Entwicklung, erprobte, aktive Bewältigungsstrategien, Urvertrauen, starkes Selbstwertgefühl, physische und psychische Gesundheit, soziale Kompetenzen, Selbstständigkeit, Alltagsstrukturen.

Entwicklungsbezogene Faktoren können zum Beispiel sein: emotionale, kognitive Fähigkeiten, Zeit- und Raumverständnis, Ausdrucksfähigkeit, Fähigkeit zur Selbstberuhigung, Selbstwahrnehmung und Ausdruck von Gedanken und Gefühlen, Selbstreflexion, Selbstfürsorge, Flexibilität und Anpassungsfähigkeit.

Soziale Faktoren können sein: ökonomische Sicherheit, hilfreiches soziales Netz, vertraute Beziehungen, Annahme von Unterstützung, Stabilität, Kontinuität, Kontaktangebote, kulturelle, spirituelle Ressourcen.

Zu den Ressourcen verwaister Geschwister mit direktem Bezug auf den Verlust möchte ich folgende Felder vorschlagen, die gezielt und entwicklungsentsprechend (im Hinblick auf den Status von emotionaler, kognitiver und internaler Kompetenz) unterstützt werden sollten:

- Vorbereitung und Wissen zu Veränderungsprozessen (bezüglich der Erkrankung des Geschwisters, Veränderungen in der Familie, im Alltag – dem Entwicklungsstand entsprechend, verständlich und im Fortlauf),
- zeitnahe, verständliche und fortführende Psychoedukation zu Trauer- und eigenen Entwicklungsprozessen,
- offene und ehrliche Kommunikation,
- positive Erfahrungen im Kontext von Verlust,
- Anerkennung der erlebten und aktuellen Verluste,
- Selbstwahrnehmung, Selbstwert, Selbstvertrauen,
- Reflexion vergangener Verluste (Was/wer war hilfreich? Was hat gefehlt?),
- Erleben von Selbstwirksamkeit (Achtung vor Unter- oder Überforderung),
- Flexibilität und Anpassungsfähigkeit in neuen Situationen,
- Raum und Zeit für Ausdruck, Fragen, Austausch, Gespräche,
- Beteiligung,
- Bewältigungsstrategien,
- soziales Netz, Peergroups (aktivieren, aufbauen, pflegen),
- kreatives Gestalten,
- Körperarbeit,
- Strategien zur Selbstberuhigung,
- Sicherheit,
- Anerkennung, Zuwendung, Liebe, Fürsorge,
- Respekt und Wertschätzung,
- Glaube und Spiritualität,
- fortgesetzte tröstliche Beziehung zum Verstorbenen,
- Etablierung von Ritualen, die verstanden werden und sich wandeln dürfen,
- tragende Werte,
- Humor,
- Zukunftsperspektiven,
- Fähigkeit, Unterstützung einzufordern,
- Fähigkeit, Unterstützung anzunehmen und abzulehnen,
- Austausch mit anderen betroffenen Geschwistern/Familien.

Positive Vorbilder und offene Kommunikation in der Familie: Verwaiste Geschwister adaptieren ihnen vorgelebte Bewältigungsstrategien. Erleben sie, dass Bezugspersonen über positive Bewältigungsstrategien verfügen, Hilfe einfordern und annehmen können, nutzen sie solche Strategien ebenfalls eher. Eltern, die in Krisen gut für sich sorgen (auch Grundbedürfnisse erfüllen wie Essen, Trinken, Schlafen, soziale Kontakte), sind nicht nur positive Vorbilder. Sie entlasten darüber hinaus ihre lebenden Kinder mit diesem Verhalten, denn Kinder fühlen sich durch das Erleben schwerer Verluste häufig in ihrer Existenz bedroht und sorgen sich um ihre Eltern.

Die Fähigkeit, Bedürfnisse anderer im System wahrzunehmen und sich darüber zu verständigen, ist ebenso wie eine offene, ehrliche und wertschätzende Kommunikation, insbesondere zu schweren Fragen in Bezug auf Krankheit, Sterben, Tod und Trauer, eine positive Voraussetzung, um Verluste im System bestmöglich zu bearbeiten. Damit trägt eine entwicklungsangepasste Psychoedukation der Gesamtfamilie zu Trauerprozessen und Trauerreaktionen wesentlich zu Selbstverständnis und zum Verständnis im Familiensystem bei.

Fachliche Unterstützung (Familientrauerbegleitung, Selbsthilfegruppen, Psychotherapie) können wichtige Ressourcen für das Familiensystem und damit für trauernde Geschwister sein. Bereits zuvor bestandene und im Rahmen des Verlusts hinzugekommene Missverständnisse und Konflikte in der Familie können mit Unterstützung lösungsorientiert bearbeitet und gesunde Verantwortung kann gefördert werden.

3 Geschwistertrauer im Familienkontext

Inwieweit Geschwister die Themen der Trauer bearbeiten und zugleich ihr Leben ressourcen- und zukunftsorientiert ausrichten können, hängt stark davon ab, wie Eltern mit Verlusten umgehen, welche Bindungserfahrung sie zuvor gemacht haben und inwieweit sich Geschwister in der aktuellen Situation geliebt und gesehen fühlen. Eine schwere Erkrankung und der Tod eines Familienmitglieds lösen im Familiensystem dynamische, sich wechselseitig beeinflussende Trauerprozesse aus. Deshalb sollte ein wesentlicher Teil in der langfristig, bedürfnisorientiert angelegten Begleitung von Geschwistern die Arbeit mit dem spezifischen Familiensystem sein.

Neben fundiertem Wissen ist Selbstreflexion eine wesentliche Voraussetzung, um Geschwister hilfreich zu begleiten und ihre Gesundheit zu erhalten. Persönliche Erfahrungen im Kontext Krankheit, Sterben, Tod und Trauer sollten deshalb reflektiert werden. Das gilt für Bezugspersonen ebenso wie für professionelle Beraterinnen und Therapeuten. Hilfreich ist es ebenfalls, eigene Geschwisterbeziehungen und deren Auswirkungen auf das aktuelle Geschehen zu hinterfragen. Negative Erfahrungen könnten behindernd wirken, positive zu hohe Ansprüche wecken.

Konsequenz: Hilfreiche Unterstützung braucht neben Wissen und der Bereitschaft, sich immer wieder zu reflektieren, eine Grundhaltung aus Ehrlichkeit, Empathie, Respekt, Toleranz und Verlässlichkeit.

3.1 Trauer im Familiensystem

Im Folgenden möchte ich den Blick auf das Familiensystem mit seinen intrafamilären Ressourcen, möglichen Bewältigungsstrategien sowie den multiplen Auswirkungen des Verlusts richten, die durch eine lebensverkürzende Diagnose und den Tod eines Kindes beziehungsweise Geschwisters im System entstehen können. Ziel soll eine Sensibilisierung und Orientierung sein für die Vielschichtigkeit der Einflussfaktoren, die auf den Einzelnen und das gesamte Familiensystem wirken. Zudem sollen mögliche Facetten von Trauerprozessen, Zusammenhänge im System und Verhaltensweisen des Einzelnen sowie dessen Wirken auf das System sichtbar werden und zu mehr Selbstverständnis, Verständnis im System und für die Begleitung beitragen. Wesentlich bleibt die achtsame und individuelle Sicht auf jeden trauernden Menschen im Familiensystem mit seinem persönlichen Leid, seiner einzigartigen Biografie, den einflussnehmenden Aspekten, Stolpersteinen und Ressourcen.

Mitentscheidend dafür, inwieweit es einer Familie gelingt, einen oder mehrere schwere Verluste mit ihren vielfältigen Konsequenzen bestmöglich zu bearbeiten, ist das Familienklima. Eine grundsätzliche Atmosphäre der Zusammengehörigkeit, Fürsorge, Geborgenheit und gegenseitigen Wertschätzung, geprägt von emotionaler Wärme und dem Gefühl, in der Familie angenommen zu sein, ist für alle Familienmitglieder eine wesentliche Hilfe, wenn eine schwere Erkrankung und der Tod in das Familiensystem einbricht und Familien lernen müssen, mit der veränderten Lebenswelt zurechtzukommen.

Die Mediatoren – Beziehung der Eltern untereinander, deren Persönlichkeit, Ressourcen, Bewältigungsstrategien, Wissen zum Themenkomplex und Erfahrungen im Umgang mit Verlusten – bestimmen mit darüber, wie Verluste in der Familie bearbeitet und überlebt werden können. Zudem spielen eine entwicklungsangepasste, ehrliche Kommunikation sowie der Informationsfluss innerhalb des Systems, wenn es um Veränderungen (Krankheitsverläufe, Prognosen, Todesursachen, Bestattung, Umzug, Trennung) geht, eine bedeutende Rolle. Ebenso ist ein tragfähiges soziales Netzwerk, in dem Verständnis, Akzeptanz und liebevolle Zuwendung erfahren werden, mitbestimmend dafür, wie die Familie als System und somit Geschwister bestmöglich mit dem Tod eines Kindes/Geschwisters leben lernen (Witt-Loers, 2022).

3.2 Orientierungshilfen für die ersten Stunden und Wochen

Todesnachricht erfahren
Die Umstände um das Erfahren der Todesnachricht sind, wie wir bereits gesehen haben, wesentlich. Wie, wann und von wem Geschwister die Todesnachricht erfahren, spielt für ihren Trauerprozess und die Beziehungen in der Familie eine wichtige Rolle. Eltern sind mit dieser Aufgabe oftmals überfordert, da sie mit eigenen schmerzhaften und intensiven Gefühlen konfrontiert und unsicher sind, wie sie die schlimme Nachricht vermitteln sollen, oder meinen gar, auf alle Fragen eine fertige Antwort haben zu müssen.

Es kann der Impuls hinzukommen, Geschwister vor der schrecklichen Nachricht schützen zu wollen. Dies wiederum kann zu Vermeidung, zur Vermittlung von Halbwahrheiten oder unklarer Wortwahl führen und Geschwister verunsichern. Geschwister, unabhängig vom Alter, spüren auch ohne Worte, dass etwas Schreckliches passiert ist. Sie benötigen verständliche, ihrer Entwicklung entsprechende Informationen, um zu verstehen, was geschehen ist. Es reicht Geschwistern, wenn Bezugspersonen ehrlich mitteilen, was sie oder was sie eben nicht wissen.

Zeitnahe erste Informationen und mit einfachen Worten
Grundsätzlich sollten Kinder und Jugendliche zeitnah über den Tod des Geschwisters informiert werden, damit sie die Nachricht nicht über Dritte oder in einer Situation erfahren, die sie zusätzlich belastet oder gefährdet (Witt-Loers, 2017). Zugleich signalisiert das elterliche, entwicklungsentsprechende Einbeziehen von Geschwistern, dass sie nicht vergessen sind und auch in Krisensituationen zur Familie gehören. Dies sind wesentliche, stärkende Erfahrungen, die positiv binden und hilfreich für den weiteren Trauerprozess sind.

Die Nachricht vom Tod des Geschwisters sollte in einfachen und klar verständlichen Worten übermittelt werden. Gerade wenn der Tod plötzlich eingetreten ist, sollte das Gespräch behutsam eingeleitet werden, zum Beispiel mit Worten wie: »Es ist etwas Trauriges passiert, das ich dir jetzt sagen muss.«

Möglicherweise muss das Gesagte mehrfach erklärt werden, weil zunächst nicht verstanden wird, was die Nachricht bedeutet. Um eine Überforderung zu vermeiden, sollten in einer akuten Krisensituation zudem nicht zu viele Informationen gleichzeitig vermittelt werden. Bezugspersonen sollten erklären, dass sie selbst durch diese Nachricht emotional äußerst betroffen sind.

Erfahren Geschwister die Todesnachricht, können je nach Situation sachliche Zusammenhänge nicht verstanden und/oder eigene und Reaktionen anderer Menschen nicht eingeordnet werden. Wesentlich ist darum ein Rückblick auf diese Situation. Durch die Reflexion des Erlebten können wichtige positive Aspekte (Selbstwirksamkeit, Selbstfürsorge, Verständnis) aufdeckt und neue Perspektiven erarbeitet werden, die entlasten, stärken sowie den weiteren Trauerprozess positiv fördern können.

Tipp: Eltern brauchen in Akutsituationen meist professionelle Unterstützung bei der Überbringung der Todesnachricht. Im Nachhinein sollte das Familiensystem und/oder die Einzelne Gelegenheit bekommen, die Erfahrungen mit professioneller Hilfe bearbeiten und die weiteren Trauerthemen angehen zu können. Wichtig für den weiteren Zusammenhalt der Familie ist es, Verständnis füreinander in der Ausnahmesituation zu schaffen. Geschwister benötigen fachliche Unterstützung, wenn traumatische Erfahrungen bezüglich der Todesumstände, der Todesnachricht oder gewaltsamer Todesarten gemacht wurden.

Praxisbeispiele: Finn (19 Jahre) war auf dem Weg in die Stadt. Er hatte seine Schwester Nora (18 Jahre) besucht. Sie begleitete ihn noch bis zur Straßenbahnhaltestelle. Sie winkten sich zu, bevor Finn die Schienen zum nächsten Bahnsteig überquerte. Nora hatte sich bereits umgedreht, als sie einen Schrei hörte. Sie sah verschiedene Bahnen, ihren Bruder jedoch nicht. Dennoch hatte sie ein seltsames Gefühl und ging zurück. Sie sah Finn am Boden liegend. Er hatte eine S-Bahn nicht kommen sehen.

Saskia (12 Jahre) ist zu Hause, spielt gerade am PC, als es an der Haustür klingelt. Zwei Polizisten stehen vor der Tür und möchten ihre Mutter sprechen, die gerade im Keller ist. Alle gehen ins Wohnzimmer, ihre Mutter schreit die Polizisten auf dem Weg dorthin schon an. Sie wolle wissen, was los ist. Saskia ist verwirrt, ihre Mutter ist nie so unfreundlich. Im Wohnzimmer berichten die Polizisten, dass Bruno (18 Jahre), ihr älterer Bruder, einen Autounfall hatte und tot ist. Ihre Mutter schreit noch mehr, schlägt die Polizisten, bis sie weinend auf dem Fußboden in sich zusammensinkt. Dort weint sie weiter. Saskia geht in ihr Zimmer. Eine fremde Frau kommt. Wie die ins Haus gekommen ist, weiß Saskia nicht. Immerhin spricht sie nett mit ihr, bis ihr Vater nach Hause kommt.

Plötzlicher Tod – Schock in der Familie

Stirbt ein Geschwister plötzlich durch eine Erkrankung, einen Unfall, Suizid, eine Katastrophe oder ein Verbrechen, ist die gesamte Familie unvorbereitet mit der schrecklichen Nachricht und oftmals zusätzlich mit den bedrückenden Todesumständen konfrontiert. Erschreckende und verwirrende Bilder und Fantasien zu den letzten Stunden des Lebens sowie viele quälende Fragen nach dem Warum und Wie können den Trauerprozess bestimmen. Es ist für alle schmerzlich, dass keine Zeit zum Abschiednehmen, keine Gelegenheit für letzte Worte (Dank, Versöhnung, Verzeihung, letzte Wünsche) oder Gesten blieb. Gerade dann kann der persönliche Abschied vom gestorbenen Geschwister besonders wichtig sein, um überhaupt zu verstehen, was passiert ist, sich wenigstens vom gestorbenen Bruder, der Schwester zu verabschieden und noch etwas für das gestorbene Geschwister zu tun.

Tipp: Der plötzliche Tod eines Geschwisters sollte nicht durch dramatische Schilderungen und beängstigende Bilder zusätzlich belastet werden. Das Risiko eines komplizierten Trauerprozesses ist nach einem plötzlichen Tod des Geschwisters erhöht, darum sollten sehr sorgfältig alle einflussnehmenden Faktoren auf den Trauerprozess sowie die zur Verfügung stehenden Ressourcen und Trauerreaktionen in den Blick genommen werden.

Absehbarer Tod und Todesnachricht

Ist absehbar, dass eine Schwester, ein Bruder bald sterben wird, sollte mit Geschwistern vorab überlegt werden, wie, wo, wann und von wem sie die Nachricht erfahren möchten. In meinen Begleitungen konnten durch solche zuvor getroffenen Absprachen unnötige, zusätzliche Belastungen vermieden werden. Da das Bedürfnis hierbei individuell ist, muss das Thema offen und direkt angesprochen werden. In solchen Vorgesprächen stellte sich oftmals heraus, dass Vermutungen der Eltern mit den Bedürfnissen ihrer Kinder nicht übereinstimmten.

Praxisbeispiel: In unserer Jugendtrauergruppe berichtete Jan, dass er in der Schule saß, als er eine WhatsApp-Nachricht von seiner Mutter erhielt, in der sie ihm mitteilte, dass seine Schwester nun ihren Frieden gefunden habe. Sie war seit drei Monaten lebensverkürzend erkrankt. In der Gruppe äußert er, dass ihn die Nachricht vom Tod seiner Schwester ohne Vorwarnung in einer Situation getroffen habe, in der er sich nicht aufgehoben gefühlt habe. Er war fest davon ausgegangen, dass seine Mutter oder sein Vater ihm die Nachricht selbst sagen würden, ihn von der Schule abholen oder warten würden, bis er zu Hause wäre. So habe er sich völlig allein und verzweifelt gefühlt und hatte über Wochen extreme Wut auf seine Mutter. Im weiteren Verlauf einer Familienbegleitung konnte durch den Austausch des individuellen Erlebens Verständnis füreinander geschaffen werden und Jan seiner Mutter ihr Handeln verzeihen. Die Mutter wollte ihre gerade verstorbene Tochter nicht allein lassen und gleichzeitig sollte Jan zeitnah Bescheid wissen. Sie hätte selbst Unterstützung in der Situation benötigt.

Tipp: Familien, die von einer lebensverkürzenden Diagnose betroffen sind, sollten angeregt werden, sich präventiv mit dem Thema der Todesnachricht auseinanderzusetzen. Professionelle Unterstützung kann die Kommunikation darum sowie den Prozess fördern, die verschiedenen Bedürfnisse zu ordnen und Handlungsperspektiven für den Notfall zu erarbeiten. Eltern, die spüren, dass sie den Tod des Geschwisters nicht allein mitteilen können, sollten im Vorfeld ebenso Unterstützung in Anspruch nehmen, entweder von Menschen aus ihrem Umfeld, Notfallseelsorgern Psychologinnen oder Trauerbegleiterinnen.

Praxisbeispiel: Der Tod von Milena (14 Jahre) steht bevor. In der Begleitung können wir abklären, dass Emma, ihre jüngere Schwester, sich wünscht, dass ihre Eltern sie erst darüber informieren, wenn sie aus der Schule kommt, sollte der Tod in dieser Zeit eintreten. Kevin hingegen, dessen Bruder im Sterben liegt, wünscht sich, dass jemand ihn sofort aus der Schule abholen kommt.

Ängste und Umgang mit dem Sterben ansprechen

Mit Geschwistern, die mit dem absehbaren Tod ihres Geschwisters konfrontiert sind, ist es aus meiner Erfahrung heraus ebenso wichtig, anzusprechen, welche Sorgen und Ängste sie in Bezug auf das bevorstehende Sterben haben. Eltern benötigen hierzu manchmal Informationen (Ängste, Missverständnisse und Traumata können vermieden werden, Geschwistern kann Sicherheit und Teilhabe vermittelt werden) und Ermutigung, um dieses schwere Thema vorab mit ihren Kindern zu kommunizieren. Geschwister berichten davon, dass sie Angst haben, allein zu sein, wenn die Schwester oder der Bruder stirbt, und nicht zu wissen, wie sie sich verhalten sollen.

Praxisbeispiel: Benjamin (9 Jahre) sagte bezogen auf diese Situation, er habe überlegt, dass er, wenn seine Schwester gestorben sei, den Bestatter anrufen müsse, er jedoch dessen Nummer nicht wisse. Ob ich sie ihm sagen könne. Durch offene Gespräche und Aufklärung konnten wir unnötige Belastungen für Benjamin vermeiden.

Gestorbenes Kind verabschieden – Unsicherheit der Eltern

Oftmals wissen Eltern selbst nicht, ob sie sich einen persönlichen Abschied zumuten möchten, oder sind sich als Eltern darüber uneins. Immer wieder erlebe ich Eltern mit wenig eigenen Erfahrungen und fehlendem Wissen zum Themenkomplex Sterben, Tod und Trauer. Umso unsicherer sind sie im Umgang mit ihrem gestorbenen Kind und umso schwerer fällt ihnen die Begleitung der lebenden Geschwister. Daher sollte es selbstverständlich werden, dass Eltern gut auf die Begegnung mit ihrem verstorbenen Kind vorbereitet, ihre Ängste erfragt und sie ermutigt werden, diesen letzten Abschied selbst zu gestalten. Zudem sollten sie selbstverständlich und prozessbegleitend Informationen und Orientierungshilfen zum Umgang mit trauernden Geschwistern bekommen.

Praxisbeispiel: Erst kürzlich fragte eine verzweifelte Mutter, wie sie denn dem verwaisten Geschwister (6 Jahre) überhaupt erklären könne, dass der jüngere Bruder verbrannt würde. Sie konnte sich nicht vorstellen, wie ihr Sohn diese Nachricht aufnehmen würde, und hatte unglaubliche Angst davor, ihn darüber zu informieren. Lieber wollte sie ihn nicht mit zur Trauerfeier nehmen, um ihm diese Tatsache zu ersparen.

Weitere Informationen für Geschwister sind unerlässlich
Der Entwicklung angepasste Informationen helfen, das Geschehen zu begreifen und einzuordnen. Zudem ermöglicht eine Atmosphäre der Zugewandtheit und offenen Kommunikation, dass Geschwister eines erkrankten Bruders, einer erkrankten Schwester oder verstorbenen Geschwisters Fragen stellen, wenn ihnen etwas unverständlich ist.

Wichtige Hinweise vor dem persönlichen Abschied für Geschwister können beispielsweise sein, wo das verstorbene Geschwister ist (eine kurze Beschreibung, z. B. im Bestattungshaus, zur Aufbahrung, im Sarg), dass ein Arzt den Tod (Totenschein) nach einer sehr genauen Untersuchung feststellen muss (die Frage, ob die Schwester oder der Bruder wirklich tot ist, findet so eine beruhigende Antwort), dass der Verstorbene eine blasse, wächserne Haut hat und eventuell Totenflecken zu sehen sind. Informationen zur Todesursache sind hilfreich oder auch darüber, dass Verstorbene beim Abschied berührt werden dürfen. Jüngere Kinder müssen zudem darüber informiert werden, dass tote Menschen keinen Schmerz mehr spüren, sich nicht mehr bewegen, essen, sprechen, hören, denken oder fühlen können.

Weiterhin brauchen Kinder und Jugendliche viele Erklärungen dazu, was nach dem Tod des Geschwisters mit dem Geschwister geschieht, zum Beispiel beim Bestatter, zur Bestattungsform, zur Trauerfeier oder zu Trauerreaktionen bei Kindern und Erwachsenen.

Unterstützende Materialtipps

Witt-Loers, S. (2022a). Über Tod und Trauer reden. Kindern und Jugendlichen Sterben, Tod und Bestattung erklären. Weinheim: Beltz. (Fotokartenset)

Witt-Loers, S. (2022b). Memo Sterben, Tod und Trauer. 30 Bildpaare für die therapeutische und pädagogische Arbeit mit Kindern und Jugendlichen. Weinheim: Beltz. (Memoryspiel)

Trauerspielzeug (Friedhof, Krematorium) vom Wiener Bestattungsmuseum: https://shop.bestattungsmuseum.at

Persönlich Abschied nehmen

Jeder aus der Familie sollte die Möglichkeit bekommen, sich zu verabschieden. Die Endgültigkeit des Todes kann durch einen persönlichen Abschied eher verstanden werden. Die verstorbene Schwester, den Bruder noch einmal zu sehen, zu berühren und zu erfahren, was tot sein bedeutet, lässt die neue Realität besser begreifen. Zudem müssen Geschwister sich im Trauerprozess nicht mit vielen unterschiedlichen und unter Umständen sehr beängstigenden Fantasiebildern auseinandersetzen, sondern können sich damit befassen, was sie selbst gesehen und erfahren haben. Geschwister bekommen die Gelegenheit, sich selbst zu überzeugen, dass das Geschwister wirklich tot ist und niemand anderes bestattet wird. Sie können zudem für den Bruder oder die Schwester noch liebevoll sorgen, sei es mit Blumen, Worten, einem Kuscheltier, einem Lied, einem Brief, Fotos, einem selbstgemalten Bild oder -bemalten Stein oder einer Kerze. Daraus resultierende Gefühle der Fürsorge, das Geschwister nicht allein gelassen zu haben, können entlastend, heilsam und beruhigend sein.

Tipp: Damit ein persönlicher Abschied tröstlich und nicht zu einer zusätzlichen Belastung wird, sollten Geschwister mit Ruhe und Zeit darauf vorbereitet werden. Kein Geschwister sollte zum persönlichen Abschied oder zur Teilnahme an der Trauerfeier gezwungen werden. Dennoch sollte, wenn Geschwister ablehnend reagieren, behutsam nachgefragt werden, *warum* sie dies nicht möchten. Aus meiner Erfahrung heraus stecken oftmals Ängste durch fehlende Informationen dahinter, die gut ausgeräumt werden können. Zudem sollte Geschwistern immer die Möglichkeit offengelassen werden, ob beim Abschied vom Verstorbenen oder der Teilnahme an der Trauerfeier, dass sie sich auch kurzfristig umentscheiden dürfen.

Persönlicher Abschied als Ressource
Das Abschiednehmen als wichtiger Teil im Trauerprozess kann trotz des Schmerzes als selbstwirksam und tröstlich erlebt werden. Diese wesentlichen Aspekte des eigenen Erlebens in der Krisensituation können für die zukünftige Auseinandersetzung mit dem Geschehen wertvolle Ressourcen sein. Im Nachhinein, wenn verwaiste Geschwister älter werden, schauen sie oftmals mit Dankbarkeit darauf, dass sie in den Abschied des Geschwisters einbezogen und beteiligt wurden, selbst wenn sie zum Todeszeitpunkt noch sehr jung waren.

Gemeinsam Abschied zu nehmen, kann die Familie in dieser schmerzlichen Zeit verbinden, helfen, familieninterne Rituale zu entwickeln, und damit zu einer wesentlichen systemischen Ressource nach dem Tod des Kindes, des Bruders oder der Schwester werden. Empfinden Geschwister den Abschied grundsätzlich als tröstlich, ist dies auch eine wichtige personale Ressource.

Sarg, Urne bemalen, Grabbeigaben oder Schmuck herstellen
Den Sarg oder die Urne zu bemalen, kann verstehbar machen, dass das Kind/Geschwister nicht wiederkommt. Gedanken und Gefühlen kann Ausdruck verliehen und während der Gestaltung des Sargs oder der Urne können Erinnerungen ausgetauscht, es kann geweint, gelacht, geschimpft, Musik gehört oder zwischendurch etwas gegessen und getrunken werden. Auch andere selbstwirksame Möglichkeiten (Bilder, Kerzen, Luftballons, Betonherzen, Briefe, Blumenschmuck), Grüße, Dank, Wünsche, Gedanken, Gefühle, Erinnerungen, Wertschätzung und Liebe auszudrücken, können stärkend und tröstlich erlebt werden.

Tipp: Familien sollten ermutigt werden, diese wertvolle Zeit gemeinsam und persönlich zu gestalten. Es sollte ihnen eine einfühlsame, psychoedukative und kreativ gestalterische Begleitung sowie entsprechendes Material angeboten werden.

Trauerfeier und Beisetzung
Die Teilnahme an der Trauerfeier und der Beisetzung bietet nochmals die Möglichkeit, Abschied zu nehmen und selbst aktiv zu sein (Musik aussuchen, Musik spielen, einen Text schreiben, lesen, etwas

mitgeben, Kerzen oder Grabschmuck gestalten, die Urne tragen oder ablassen). Auch hier können die eigene Beteiligung und Mitgestaltung des Abschieds (auch jüngerer Kinder), sich als Teil der Familie und Trauergemeinschaft zu erleben, heilsam und stärkend sein.

Tipp: Es kann hilfreich sein, wenn Geschwister zur Trauerfeier von einem ihnen vertrauten Menschen begleitet werden, der nicht zu den Haupttrauernden gehört. Das entlastet Eltern, die sich mehr auf sich und ihren Abschied konzentrieren können, und lässt genügend Raum für Fragen oder andere Bedürfnisse des Geschwisters (z. B. sich zu distanzieren, wenn es zu viel wird, hinauszugehen, Körperkontakt).

Wertschätzung und Würdigung
Die Familie und verwaiste Geschwister empfinden es meist als tröstlich, wenn sie den letzten Abschied möglichst persönlich, würdig und wertschätzend gestalten können und sie viel Anteilnahme erfahren. Geschwister erzählen oft sehr berührt und stolz, dass viele Menschen auf der Trauerfeier dabei waren. Sie verstehen dies als Zeichen, dass das Geschwister geschätzt und geliebt wurde. In der Begleitung und im Austausch mit anderen kann ein wertschätzender Rückblick darauf zusätzlich trösten.

3.3 Das Familiensystem nach dem Tod

Der Tod eines Kindes, der Schwester, des Bruders ist für den Einzelnen und für die Familie als Ganze ein biografischer Wendepunkt, der das Leben neu und dauerhaft prägt. Die gesamte Struktur gerät durcheinander und für trauernde Geschwister können die tiefe, intensive Trauer der Eltern und des sozialen Umfelds sowie eine möglicherweise begrenzte Kommunikation mit Bezugspersonen zum verstorbenen Geschwister zusätzlich belastend sein. Trauernde Eltern sind einem erhöhten Risiko ausgesetzt, nach dem Tod ihres Kindes von einer psychischen, physischen Erkrankung oder einer komplizierten Trauer betroffen zu sein (Wagner, 2015). Sie fühlen sich langfristig hochbelastet mit der eigenen Trauer, den Anforderungen des Alltags und schaffen es so oft nicht, sich auch noch adäquat um ihre trauernden Kinder zu kümmern. Das spüren verwaiste Geschwister intuitiv und halten zugunsten des Überlebens des Systems die eigene Trauer oftmals über Jahre zurück.

Veränderungen der Beziehungen

Neben dem Alltag nach dem Tod, oder bei einer Erkrankungszeit schon davor, verändern sich Positionen, Verantwortungen und Beziehungen innerhalb des Familiensystems. Umgestaltungen werden beispielsweise durch zusätzliche Aufgaben (die z. B. durch die Erkrankung anfallen oder nach dem Tod die Vorbereitung der Trauerfeier), neue Rollenzuweisungen sowie durch die individuellen Trauerprozesse einzelner Familienmitglieder ausgelöst. Das durcheinandergeratene, erschütterte Familiensystem muss »überleben« und dann in ein neues, gesundes Gleichgewicht finden. Dieser Prozess kann langwierig und anstrengend sein, da jeder mit seinen Traueraufgaben befasst ist und verwaiste Geschwister zusätzlich mit ihren Entwicklungsprozessen.

Tipp: Es kann hilfreich sein, präventiv Verstrickungen um Rollen und Positionen im System mit professioneller Unterstützung in den Blick zu nehmen oder um mögliche intrafamiläre, für das Familiensystem bedrohliche Konflikte zu lösen.

Strategien wertschätzen und Lob kritisch betrachten

Den schweren Verlust mit seinen vielfältigen Konsequenzen bewältigt jedes Familienmitglied anders und entwickelt seine persönlichen Überlebens- und Bewältigungsstrategien. Familien sollten hier in einer Haltung des gegenseitigen Verständnisses, der Wertschätzung und Akzeptanz gestärkt werden. Verhalten, welches die Strategien des anderen abwertet, sollte wahrgenommen und eine respektvolle Haltung erarbeitet werden, es sei denn, es handelt sich um selbst- oder fremdgefährdende Strategien.

Tipp: Um eine solche Haltung im Alltag zu leben, ist oftmals eine unterstützende Sicht im neutralen Kontext einer Begleitung hilfreich. Zudem sollten Familien darüber aufgeklärt werden, dass sich Strategien verändern und dass Lob für die Bewältigungsstrategie nicht nur positiv, sondern auch negativ wirken kann.

 **Praxisbeispiel**: Die Großeltern von Inga (13 Jahre) loben ihre Enkeltochter immer wieder dafür, dass sie sich so vorbildlich ihren trauernden Eltern gegenüber nach dem Tod ihrer jüngeren Schwester verhält und sich in der Schule besonders anstrengt. Inga hingegen fühlt sich zunehmend unter Druck, dieses Verhalten nicht aufrechterhalten zu können. Seit dem Tod ihrer Schwester unterdrückt sie eigene Gefühle und funktioniert, um ihre Eltern nicht zusätzlich zu belasten.

Verhandeln und Kompromisse finden

Trauer im Familiensystem zu bearbeiten, bedeutet nicht nur, zu akzeptieren, dass jeder anders mit dem Verlust umgeht und unterschiedliche Bedürfnisse im Trauerprozess hat, sondern auch miteinander zu verhandeln. Denn nicht immer sind sich alle im System darüber einig, wie mit verbalen und haptischen Erinnerungen (mit Gegenständen oder dem Zimmer des verstorbenen Kindes/Geschwisters, besonderen Tagen oder mit Trauerorten) umgegangen werden soll. Der eine möchte sprechen, Erinnerungen austauschen, Fotos anschauen und in das Zimmer des oder der Verstorbenen gehen. Andere meiden die Konfrontation und das Gespräch. Zudem sind nie alle gleichzeitig im System mit derselben Traueraufgabe befasst.

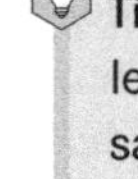 **Tipp**: Es ist eine »systemische Lernaufgabe«, neben der individuellen Bearbeitung der Traueraufgaben einen bestmöglichen gemeinsamen Umgang miteinander und zu spezifischen Angelegenheiten zu finden. Es bedeutet, sich zu schwierigen Themen auszutauschen, denn ohne miteinander zu sprechen können keine größtmöglichen Kompromisse gefunden werden. Im geführten und geschützten Rahmen der Begleitung können spielerisch Bedürfnisse, Ängste und Sorgen im System aufgedeckt und konkret ausgesprochen werden (Witt-Loers, 2014b).

Unterstützende Spielmaterialien

Trauernde Kinder Schleswig-Holstein, Choco-Hopper-Spiel: www.trauernde-kinder-sh.de/Choco-Hopper-Spiel.html.

Alefeld-Gerges, B., Schäferjohann, I. (o. J.). Das Trauerland-Spiel. Trauern? Erinnern? Leben. Bremen: Manfred Vogt Spieleverlag. www.mvsv.de/das-trauerland-spiel/

Immer noch eine Familie

Familien fühlen sich nach dem Tod eines Kindes oft nicht mehr als Familie, weil ein wichtiger Mensch fehlt. Gemeinsame Unternehmungen und Lebensfreude fehlen (»Es ist sowieso egal, alles ist kaputt«). Gefühle von Sinnlosigkeit und Resignation können vorwiegend sein und Geschwistern vermitteln, das Leben sei nicht mehr lebenswert, sie selbst nicht bedeutungsvoll.

Tipp: Mit Unterstützung sollte diese Haltung sichtbar gemacht und eine wertschätzende Sicht auf das, was noch da ist, mit der Familie erarbeitet werden (»Wir sind immer noch eine Familie, eine andere als zuvor«).

Jeder Tag ist ungewiss

»Wenn ich aus der Schule nach Hause komme, weiß ich nie, wie ich mein Zuhause antreffe. Davor habe ich jeden Tag Angst!«, sagt ein Junge in der Begleitung nach dem Suizid seines Bruders. Elternteile oder beide Eltern können durch den Tod ihres Kindes so aus der Bahn geworfen werden, dass sie nicht mehr in der Lage sind, Alltagsstrukturen und wesentliche Familienaufgaben zu bewältigen, und/oder ihren Lebenswillen verlieren und nicht mehr auf sich achten. Dieses Verhalten kann bei Geschwistern zu Existenzängsten führen und dazu, dass sie die Verantwortung für das Überleben der Familie übernehmen. Zudem kann die Verzweiflung und Überforderung auf beiden Seiten die Eskalation von Konflikten in der Familie verstärken.

Tipp: Geschwister benötigen Menschen, denen sie solche Eindrücke und Sorgen, die eventuell mit Scham besetzt sind, mitteilen und von denen sie Unterstützung erwarten können. Nicht immer können sie sich Menschen aus dem sozialen Umfeld anvertrauen oder sind an Unterstützungsangebote angebunden. Die Suche in sozialen Medien nach qualifizierter Unterstützung kann eine Möglichkeit sein, Hilfe zu finden. Zudem sollte in Schulen, Jugendzentren und an anderen Lebensorten von Kindern und Jugendlichen Informationsmaterial leicht zugänglich sein.

Tipp: Hinweise zu Trauerchats, Nummern der Telefonseelsorge sowie örtlichen Unterstützungsangeboten sollten für trauernde Kinder und Jugendliche bereitliegen. Informationen dazu finden sich am Ende des Buches (Kapitel 14.2).

Unterschiedliches Trauern der Eltern

Eltern, die um ihr gemeinsames Kind trauern, trauern dennoch unterschiedlich und individuell. Diese Unterschiede in ihrer Trauerbearbeitung können für Eltern problematisch und schwer zu akzeptieren sein. Sie machen sich gegenseitig Vorhaltungen, dass nicht richtig oder falsch getrauert würde, und bringen zurückbleibende Geschwister damit in zusätzliche Loyalitätskonflikte. Es kann zu Trennungen der Eltern kommen (siehe auch S. 110 ff.).

Tipp: Wesentlich ist Psychoedukation zu Trauerprozessen und Trauerreaktionen, um Toleranz und Akzeptanz im Familiensystem für die individuelle Trauerbearbeitung zu schaffen und trauernde Geschwister zu entlasten. Zudem müssen Geschwister in der Gewissheit gestärkt werden, dass sie keine Schuld an diesen Beziehungsentwicklungen tragen.

Nicht wissen, was guttut

In der Familie kann es als sehr bedrückend empfunden werden, nicht zu wissen, wie man anderen Familienmitgliedern oder sich selbst in der schweren Lebenssituation helfen kann. Eltern möchten ihren überlebenden Kindern und die Kinder den Eltern den Schmerz am liebsten nehmen. Nach einem schweren Lebenseinschnitt ist es zunächst normal, nicht zu wissen, was für einen selbst hilfreich und wohltuend ist. Deshalb sind gutgemeinte Fragen (»Was kann ich für dich tun?«, »Wie kann ich dir helfen?«) aus der Familie oder dem sozialen Umfeld schwer zu beantworten. Sie laufen oftmals in Leere und können zu mehr Frustration und Verzweiflung führen oder dazu, dass Trauernde sich verunsichert fühlen und glauben, sie müssten eine Antwort darauf haben.

Tipp: In der Familie sollten alle darüber informiert werden, dass jeder für sich herausfinden muss, was ihm hilft, dass es Gemeinsamkeiten geben kann, die allen guttun, und dass es richtig ist, Angebote abzulehnen, die sich nicht hilfreich anfühlen. Trauernde Eltern und Geschwister sollten ermutigt werden, keine Ratschläge anzunehmen, die sich nicht stimmig anfühlen.

Belastende Kontakte, Isolation und interfamiliärer Zusammenhalt
Gerade anfangs nach dem Tod können Kontakte außerhalb der Kernfamilie, durch Trauer, Betroffenheit und Hilflosigkeit des sozialen Umfelds, anstrengend für die trauernde Familie sein. Familien erleben Verhaltensweisen, die von Überversorgung, Neugier, Verletzungen bis zu Ignoranz reichen. Negative Erfahrungen oder zu viel Zuwendung können dazu führen, dass sich das gesamte System zurückzieht und sich vom sozialen Umfeld abschottet, auch weil keine Kapazitäten mehr für Erklärungen und Auseinandersetzungen vorhanden sind. Beklemmend kann der Kontakt zu anderen Familien erlebt werden, die als scheinbar glückliche Familie zusammenleben. Die Konfrontation mit dem »Familienglück« kann als Verstärkung des Schmerzes erlebt werden und zu Rückzug führen.

Tipp: Eltern erwarten manchmal unbewusst von verwaisten Geschwistern, dass sie diesen Rückzug unterstützen. Für Geschwister kann dies ein Signal sein, dass der Zusammenhalt der Familie über allem steht und eigene Bedürfnisse zurückgestellt werden müssen. Distanzieren sich Geschwister von diesem Rückzug, wird ihr Verhalten als unsolidarisch verurteilt. Geschwistern kann es helfen, wenn sie ausdrücklich die Erlaubnis bekommen, auf sich zu schauen und ihr Leben außerhalb der Familie zu gestalten. Zudem können Menschen aus dem sozialen Umfeld durch sensible Annäherung aus der Isolation helfen.

Gestaltung von Kontakten verbalisieren
Belastungen und Verletzungen sollten offen kommuniziert werden. Erleben Geschwister, dass ihre Eltern Gefühle und Gedanken offen mitteilen und sich selbstschützend verhalten, trauen sie sich eher, gut für sich selbst zu sorgen. Authentische Kommunikation und

die Selbstwahrnehmung eigener Bedürfnisse, auch innerhalb der Kernfamilie, helfen, Kompromisse zu finden, wenn Teile der Familie Kontakt zu bestimmten Menschen wünschen und andere ihn aufgeben möchten. Werden Gespräche und Austausch vermieden, bleiben Erklärungen und Bedürfnisse unausgesprochen, sind Geschwister allein mit dem Kontaktabbruch konfrontiert. Sie können das Geschehen nicht einordnen und fühlen sich einsam und unsicher.

Das soziale Netz ist meist offen und dankbar für Hinweise zum Umgang mit der trauernden Familie. Pragmatische Unterstützung (Fahrdienste, Kochen, Ausflüge) kann dazu beitragen, den Kontakt zur Familie zu erhalten und zugleich verwaiste Geschwister zu unterstützen, ihre Hobbys fortzuführen.

Tipp: Hilfreich für alle im System kann in diesem Zusammenhang der Austausch mit anderen Trauernden sein, um zu erfahren, dass andere Eltern wie Geschwister ähnliche Erfahrungen machen. Dies kann zudem darin bestärken, sich mitzuteilen, sich persönliche Bedürfnisse zu erlauben, sowie das unangenehme Gefühl nehmen, nicht normal zu sein. Zudem können im Setting der Trauerbegleitung und/oder therapeutischen Hilfe diese Bewältigungsstrategien sichtbar gemacht werden. Im System können andere Bewältigungsstrategien entworfen und durch Ressourcen gestärkt werden.

Großeltern und andere Familienangehörige

Selbstverständlich kann es in nahen verwandtschaftlichen Beziehungen, zum Beispiel zu Großeltern oder Onkel, Tante, Cousins, zu Enttäuschungen oder zu dem Gefühl, nicht verstanden zu werden, oder zu massiven Konflikten kommen, weil die unterschiedlichen Formen des Umgangs mit dem Verlust nicht akzeptiert werden, Überängstlichkeit oder Schuldvorwürfe im Raum stehen und Einfluss auf Beziehungen und Verhaltensweisen nehmen. Zugleich erfahren beispielsweise Großeltern durch Mehrfachverluste ebenfalls großes Leid, denn sie müssen den Schmerz ihres eigenen Kindes nach dem Tod des Enkels aushalten, erleben den Tod des Enkels und die Trauer der zurückgebliebenen Geschwister. Sie können sich überfordert, schuldig, einsam oder hilflos fühlen.

Tipp: Der Umgang miteinander nach dem Tod ist im erweiterten Familiensystem neben vielen anderen Faktoren davon abhängig, wie die Beziehungen zueinander vor dem Verlust waren. Zugleich kann der Verlust Beziehungen untereinander vertiefen, inniger und wertschätzender werden lassen. Im weiteren Familiengefüge können Beziehungen nach dem Verlust Höhen und Tiefen durchleben, bis sie wieder in ein neues Gleichgewicht finden. Es kann entlastend sein, dies zu wissen, um sich gegenseitig mehr Zeit und Verständnis und die Chance zu geben, wieder neu zusammenwachsen zu können.

Praxisbeispiel: Nach dem plötzlichen Tod der kleinen Helen ziehen sich die verwaisten Eltern sehr zurück, auch von ihren Eltern. Schmerz, Missverständnisse und Unsicherheiten belasteten die Beziehungen zusätzlich und verschlechterte sie. Die Großeltern leiden unter dem Tod von Helen, die sie zuvor wöchentlich bei sich hatten, und sind verzweifelt, weil sie glauben, auch ihre Tochter verloren zu haben. Sie suchen Unterstützung in der Trauerbegleitung. Hier können Informationen, Reflexion und neue Verhaltensweisen sowie Raum für die eigene Trauer ermöglicht werden. Nach einem langen Prozess leben die Großeltern heute mit den verwaisten Eltern in einem Mehrgenerationenhaus.

Tipp: Für die gesamte Familie kann es hilfreich sein, darüber informiert zu werden, dass es nach einem tiefen Lebenseinschnitt normal ist, dass Beziehungen überaus belastet oder zu anstrengend werden können und manchmal zeitweise oder dauerhaft Distanz benötigen. Entlastend kann es sein, mit der trauernden Familie über mögliche Ursachen für das Verhalten des sozialen Umfelds zu diskutieren, um möglicherweise Verständnis und einen neuen Umgang miteinander zu finden.

Gehen Beziehungen verloren, ist es wesentlich, deutlich zu machen, was erhalten und stabil geblieben ist. Hilfreich kann es sein, Beziehungen (Familie, Menschen aus dem sozialen Umfeld) mit Hilfe eines Schaubildes oder Figuren (Holz, Papier, Playmobil, Lego) zu visualisieren. Hierbei kann das Beziehungsgeflecht vor und nach dem

Tod in den Blick genommen werden. Oftmals wird dabei erkennbar, dass sich auch neue, tragende Beziehungen entwickelt haben.

Geschwister müssen ermutigt werden, gut für sich zu sorgen, ihre Gefühle zu äußern. Gegebenenfalls benötigen sie explizit die Erlaubnis, sich abzugrenzen.

Fehlende soziale Netze

Trennungen oder weiter entfernte berufliche Tätigkeiten bringen für Geschwister fehlende Familienbezüge mit sich. Unterstützende Großeltern stehen dadurch nicht zur Verfügung und im Krisenfall können Geschwister von schwerkranken/verstorbenen Kindern nur auf wenige Bezugspersonen zurückgreifen. Insgesamt kann verwaisten Familien eine soziale Vereinsamung drohen, wenn sie aufgrund ihrer Belastungen und Trauer selbst nicht die Kraft haben, Kontakt und Unterstützung zu suchen.

Tipp: Krankenhäuser, Hospize, Polizei, Bestatter, Notfallseelsorger, Jugendämter sowie Standesämter können viel für verwaiste Familien tun, wenn sie auf Unterstützungsmöglichkeiten aufmerksam machen und ermutigen, diese anzunehmen. Familien brauchen manchmal die direkte Ansprache darauf, dass sie Unterstützung nicht aus Scham ablehnen sollten.

Neue Kontakte können verwaiste Familien zum Beispiel in Selbsthilfegruppen (»Verwaiste Eltern und Geschwister«), Trauergruppen oder Trauerforen knüpfen. Zudem sollten sie ermutigt werden, angebotene Hilfe aus dem sozialen Umfeld anzunehmen, wenn sie sich stimmig anfühlt (hier ergeben sich oftmals neue und liebevolle Kontakte), oder alte positiv empfundene Kontakte zu aktivieren.

Strukturen erhalten und Leichtigkeit ermöglichen

Verwaiste Geschwister können nicht immer vermitteln, wie es ihnen geht. Zum einen, weil ihre verbale und kognitive Entwicklung dies vielleicht nicht zulässt, zum anderen werden möglicherweise eigene Bedürfnisse zugunsten anderer Familienmitglieder zurückgestellt und darum nicht geäußert. Deshalb benötigen sie dauerhaft eine sensible Wahrnehmung. Zudem sollten, wenn möglich, vertraute Alltagsabläufe, Rituale und Bezugspersonen erhalten bleiben.

Tipp: Weil Eltern nach dem Verlust häufig überbelastet sind, kann Unterstützung aus dem sozialen Umfeld für das gesamte System und Geschwister im Speziellen hilfreich sein. Das Erleben von unbeschwerten Zeiten und Normalität (Besuche, Grill- oder Fernsehabend, Wanderung), sich nicht nur als verwaistes Geschwister zu fühlen, kann so als wesentliche Ressourcen ermöglicht und gelebt werden.

Verlustängste und Kontrolle in der Familie

Der Tod eines Familienmitglieds führt bei Hinterbliebenen, auch aus dem erweiterten System, zu großer Sorge, dass noch jemand aus dem System sterben könnte. Solche Ängste sind verbunden mit Gedanken und Verhaltensweisen, die verhindern sollen, dass sich etwas so Schreckliches wiederholt. Befürchtungen des Einzelnen zeigen sich in unterschiedlichsten Denk- und Verhaltensweisen und werden von der Stellung im Familiensystem (Eltern, Großeltern) sowie dem Entwicklungsstand zurückbleibender Geschwister determiniert. Auffallend häufig ist starkes Kontrollverhalten wahrzunehmen. Verwaiste Geschwister stellen Fragen wie: »Wohin gehst du?«, »Wann kommst du wieder?«, »Geht es dir gut?«, »Pass auf dich auf«.

Andere Verhaltensweisen verwaister Geschwister können sein, dass sie auffallend oft die Nähe der Eltern oder anderer Geschwister suchen oder am Abend mehrfach aufstehen (»Ich kann nicht schlafen«, »Ich muss was trinken«, »Ich muss Pipi«, »Ich habe Angst«, »Ich habe Bauchschmerzen«).

Aggressives, ablehnendes Verhalten, wenn sich beispielsweise jemand beim Abholen in der Kita oder Schule verspätet, tritt auf (auch Kitakinder, die noch keine Uhr kennen, nehmen die Abholsituation in der Kita wahr und verstehen, dass ihre Bezugsperson noch nicht da ist). Panik, Existenz- und Verlustangst können durch solche Situationen ausgelöst werden oder wenn zum Beispiel jemand nicht ans Handy geht oder nicht direkt auf Nachrichten reagiert. Diese Ängste werden häufig begleitet durch Fantasien, was passiert sein könnte und/oder was geschehen würde, wenn derjenige auch gestorben wäre. Klammerndes, kontrollierendes Verhalten und Überbehütung können dazu führen, dass Beziehungen als belastend, einengend und »nervig« empfunden werden.

Tipp: Alle Familienmitglieder müssen dabei unterstützt werden, wieder zu mehr Sicherheit und Grundvertrauen zu finden. Unterstützend kann Psychoedukation für die gesamte Familie sein, damit das Verhalten nicht einseitig negativ gewertet wird und Distanz und Ablehnung schafft, sondern Verständnis füreinander in der Familie entwickelt werden kann. Es können Absprachen getroffen und neue Verhaltensweisen eingeübt werden, die Sicherheit geben und gleichzeitig Raum und Zeit für persönliche Entwicklung lassen. Bewährt haben sich in der Begleitung beispielsweise Absprachen das Zuspätkommen betreffend. Ist dies absehbar, sollten Kita, Kind/Jugendlicher oder Eltern benachrichtigt werden, dass es später wird.

Ständiges abendliches Aufstehen, zu einer Zeit, in der Eltern sich endlich mit sich oder miteinander befassen könnten, kann als sehr einengend empfunden werden und Wut auslösen. Die hinter diesem Verhalten stehenden Bedürfnisse nach Sicherheit und Kontakt sollten daher zunächst verstanden und anerkannt werden. Anschließend können Strategien erarbeitet werden, die dauerhaft entlastend wirken können.

Hilfreich kann die anfängliche Vereinbarung sein, stündlich nach dem Kind zu schauen. Diese sollte zuverlässig durchgeführt werden und später, wenn das Kind mehr Sicherheit empfindet, nach und nach gelockert werden. Zudem können »Übergangsobjekte« (z.B. Pulli, Kissen oder andere Gegenstände, die eine Bindung zu den Bezugspersonen ausdrücken oder dem Kind aus früherer Zeit wichtig waren) sowie feste, abendliche Rituale und Abläufe (kuscheln, erzählen, vorlesen, Musikstück hören) dem Kind ebenfalls neue Sicherheit vermitteln. Die Strategien sollten mit der Familie entsprechend individuell und bedürfnisorientiert erarbeitet und ausgerichtet werden.

Im Bett der Eltern

Ähnlich verhält es sich mit dem Bedürfnis, im elterlichen Bett zu schlafen. Geschwister jeden Alters können auf den Verlust des Bruders, der Schwester mit der Suche nach Nähe und Sicherheit reagieren, die sich über den Wunsch oder die Forderung ausdrückt, im

Bett der Eltern zu schlafen. Für Eltern, die selbst sehr belastet sind, kann das sehr anstrengend sein und zu ablehnenden Reaktionen führen. Ängste, dass die Paarbeziehung leidet oder das Kind das elterliche Bett am Ende nie mehr verlassen wird, können dazu beitragen, dem Kind den Wunsch nach nächtlicher Nähe zu versagen. Diese Ablehnung kann wiederum dazu führen, dass sich verwaiste Geschwister einsam, ausgeschlossen und nicht geliebt fühlen. Es kann zu eskalierenden Konflikten und Aggressionen von beiden Seiten kommen.

Tipp: Wesentlich ist, dass Eltern zunächst die Hintergründe für das Verhalten des verwaisten Geschwisters verstehen. Anschließend sollten passende Lösungsmöglichkeiten für alle Familienmitglieder gefunden werden. Das könnten zum Beispiel zunächst Vereinbarungen darüber sein, dass das Kind drei Mal pro Woche oder am Wochenende im Bett der Eltern schlafen darf. Stufenweise Veränderungen dieser Vereinbarungen haben sich erfahrungsgemäß als wirkungsvoll erwiesen. Zeiten, in denen Geschwister in ihrem eigenen Bett schlafen, sollten gewürdigt werden oder durch anfangs mit unterstützenden »Besuchen« gefestigt werden.

Eltern sollten ihren lebenden Kindern etwas zutrauen

Aus Sorge vor weiteren Schicksalsschlägen tendieren verwaiste Eltern verständlicherweise dazu, ihre lebenden Kinder zu sehr zu behüten.

Tipp: Oftmals muss in kleinen Schritten schmerzhaft geübt werden, dem Kind/den Kindern Freiräume und Entwicklungsmöglichkeiten einzuräumen. Es ist wesentlich für die weitere Entwicklung verwaister Geschwister, besonders hinsichtlich des eigenen Selbstkonzepts, des Selbstvertrauens, der Selbstständigkeit und des Selbstwerts, dass zurückbleibende Geschwister die Erfahrung machen, dass ihre Eltern ihnen etwas zutrauen, selbst nach dem schwerwiegenden Verlust des Geschwisters.

Wiederholtes Erzählen und Fragen

Geschwister und andere Familienangehörige erzählen manche Begebenheit aus dem gemeinsamen Leben mit dem verstorbenen Kind/

Geschwister, über die Todesursache oder die Todesumstände immer wieder. Zuhörende aus der Familie oder dem sozialen Umfeld sind manchmal geneigt zu sagen, dass sie diese Geschichte bereits kennen, und möchten das Erzählen stoppen. Ähnlich kann es mit Fragen sein. Sie können ebenfalls wiederholt gestellt werden, auch wenn die Antworten bekannt sind. Die Antwort zu hören, zu wiederholen, hilft, das Geschehen zu realisieren. Unbeantwortete Fragen können auf diese Weise außerdem tröstliche Antworten finden. Weiterhin kann durch das wiederholte Erzählen das Geschehen seine unterschwellige, permanente Bedrohlichkeit verlieren.

Tipp: Hilfreich ist es, wenn in verwaisten Familien (und im weiteren Umfeld) erzählt und gefragt werden darf, auch wiederholte Male und Eltern und Geschwister zuhören, ohne zu werten, denn in jedem Erzählen liegt ein Stück Trauerarbeit. Trauernde ordnen das Geschehen und integrieren es in diesen Bearbeitungsprozessen in ihre Biografie. Erzählen und fragen machen darum einen wichtigen Teil im Trauerprozess aus.

Fortgeführte Bindung positiv nutzen und kritisch betrachten

Die Zuweisung neuer Plätze und die Fortführung der Beziehung zum Verstorbenen ist im Sinne der Traueraufgaben zu sehen. Als tröstlich empfundene Bindungen, die erfahrungsgemäß viele Aspekte (vielfältige neue Plätze, siehe Kapitel 2.2, S. 30) beinhalten, können wichtige Ressourcen sein, die das weitere Leben bereichernd begleiten. Jeder aus dem System sollte seine tröstende, stärkende individuelle Bindung gestalten dürfen. Es sollte keine Bewertungen und aufoktroyierenden Vorgaben geben. Damit könnte der Aufbau einer positiv empfundenen Bindung gestört und Möglichkeiten, sich als selbstwirksam zu empfinden, könnten verloren gehen.

Tipp: Deshalb sollte kritisch reflektiert werden, ob Familienmitglieder mit ihren Bedürfnissen im neu entstandenen Familiengefüge nicht unter »aufgedrängten Plätzen des Verstorbenen« leiden, übersehen oder in ihrer persönlichen Entwicklung fortgeführter Bindungen behindert werden. Auch selbstgewählte Bindungen sollten auf ihre Wirkung hinterfragt werden. Verwaiste Geschwister benötigen oftmals vertraute und tragfähige Beziehungen mit Beratern und Therapeutinnen, in denen solche Fragen offen und ehrlich besprochen werden können, denn nicht immer möchten sie ihren Familienangehörigen ihre Fragen zumuten.

Praxisbeispiel: Julien (7 Jahre) hat seine Mutter gebeten, ihm einen Termin zur Trauerbegleitung zu machen, weil er eine dringende Sache klären wolle. Er möchte von mir wissen, wo seine verstorbene Schwester jetzt ist. Auf meine Gegenfrage, was er glaubt, wo sie jetzt sei, antwortet er, dass er nicht sicher sei. Er habe Sorge, sie könne in der Hölle sein. Auf meine Frage, ob er denke, dass es eine Hölle gibt, antworte er mit ja. Als ich nochmals nachfrage, woher er das so sicher wisse, antwortet er ganz selbstverständlich, dass er das gegoogelt habe. Dort würde stehen, dass es eine Hölle gebe, und man könne sogar Bilder sehen, wie schrecklich es dort aussehe.

Neuer Platz – Mittelpunkt

Nicht nur erkrankte Geschwister gelangen durch ihre besonderen Bedürfnisse und/oder ihr Leiden schnell in den Mittelpunkt der Familie, so dass andere des Systems mit ihren Bedürfnissen aus dem Blick geraten. Verstorbene Geschwister können ebenfalls zum Mittelpunkt des Familienlebens werden. Dahinter verbergen sich möglicherweise unbewusste Anliegen, dass das gestorbene Kind, wenn es schon nicht leben durfte, wenigstens Beachtung und Bedeutung behalten soll, oder auch die Angst, dass das verstorbene Kind/Geschwister vergessen und totgeschwiegen wird.

Tipp: Wird dem gestorbenen Kind im sozialen Umfeld wenig Beachtung geschenkt, kann es eine Strategie der Kompensation sein, das verstorbene Kind/Geschwister in der Familie in den Mittelpunkt zu stellen.

Idealisieren des gestorbenen Kindes

Eine idealisierende, unrealistisch überhöhte Sicht auf das gestorbene Kind kann verschiedene Ursachen haben. Ein Grund kann das »Sich-Schönreden« der Vergangenheit und/oder der verpassten Zukunft sein. Idealisierende Vorstellungen, dass das verstorbene Kind alles gut und richtig gemacht hat und auch weiterhin getan hätte, können zusätzlichen Schmerz nehmen. Verwaiste Eltern oder Geschwister können mit Idealisierungen vermeintlich eigenes falsches Verhalten zu Lebzeiten wiedergutmachen wollen. Schuld, Ängste oder negative Verhaltensweisen von Eltern (oder Geschwistern) oder des verstorbenen Kindes (Geschwister) sollen neutralisiert werden. Idealisierung, aus psychoanalytischer Sicht, kann zudem als Abwehr aggressiver Impulse gegen das verstorbene Kind gesehen werden.

Praxisbeispiel: Die Mutter von Nico (17 Jahre) spricht seit seinem Tod äußerst positiv von ihm. Zu Lebzeiten hatte sie sich emotional von ihm abgewendet, seit er immer wieder durch kleinkriminelle Handlungen und Drogenkonsum aufgefallen war. Mirko, der jüngere Bruder (14 Jahre), kann sich nur darüber wundern und versteht diese Wendung der Mutter nicht. In der Begleitung kommt schließlich zutage, dass die Mutter eine unglaubliche Wut auf Nico in sich trägt, der ihr Leben und das der ganzen Familie für immer zerstört hat.

Idealisierte fortgeführte Bindung

Eine Idealisierung des verstorbenen Bruders oder der Schwester vermittelt verwaisten Geschwistern den Eindruck eines perfektionistischen, idealen Menschenbildes. Die einseitige Sichtweise kann die Beziehungsfähigkeit und den Selbstwert verwaister Geschwister negativ beeinträchtigen. Konsequenz kann die Vorstellung sein, ideal und perfekt sein zu müssen, um geliebt zu werden. Das kann bedeuten, dass verwaiste Geschwister sich unglaublich anstrengen, um diesem unerreichbaren Bild gerecht zu werden. Möglicherweise zerbrechen sie daran. Zudem kann dadurch die unerfüllbare Suche nach perfekten Beziehungen (Freunden, Partnern, Kindern) ausgelöst werden, mit fatalen Folgen für das weitere Leben und die Beziehungen des verwaisten Geschwisters.

Tipp: Familien benötigen manchmal einen neutralen Blick von außen im Zuge professioneller Unterstützung, die es erlaubt, dem verstorbenen Kind/Geschwister einen würdigen, menschlichen und heilsamen neuen Platz zuzuweisen. Insgesamt sollte jeder

aus dem Familiensystem eigene äußere Plätze und innere Bindungen zum Verstorbenen wählen, die trösten und die sich verändern dürfen. Plätze und Bindungen sollten gegenseitig respektiert und Geschwistern keine Plätze vorgegeben werden, damit sie ihre Bindung selbstwirksam gestalten können.

Funktionen von Schuld – das Umfeld wird beschuldigt
Die Schuld für den Tod der Schwester, des Bruders kann das Geschwister bei sich selbst (siehe auch Kapitel 4.1, S. 112) und/oder im näheren Umfeld suchen. Schuldige können Eltern, Elternteile oder andere in das Ereignis involvierte Menschen (Rettungsdienst, Medizinerinnen, Psychologen, weitere Familie, Freunde) sein.

Es sollte sachlich, neutral unterschieden werden, ob es tatsächlich eine reale, faktische Schuld mit Verursachern (z. B. Unfall) oder Tätern (Straftat) gibt oder Schuldzuweisungen eine andere Funktion im Trauerprozess erfüllen. Ergibt eine rationale Prüfung, dass keine faktische Schuld vorliegt, sollten die Bedürfnisse bearbeitet werden, die hinter den Schuldgedanken stehen. Es kann um ungeklärte Fragen, Wünsche nach Beziehung zum verstorbenen Geschwister gehen oder auch darum, dem toten Geschwister Schuld zu nehmen.

Praxisbeispiel: Beckys Bruder Henry ist bei einem Autounfall gestorben, den er unter starkem Alkoholeinfluss verursacht hat. Mit ihm starb seine 15-jährige Freundin und der Fahrer eines anderen Wagens. Das soziale Umfeld verurteilt Henry und spricht schlecht über ihn. Mitgefühl als verwaiste Schwester erfährt Becky kaum, das gilt den anderen Verstorbenen und deren Angehörigen. In der Schule wird sie als Schwester der »dummen Verkehrssau« und des »Mörders« bezeichnet. Becky beschuldigt Lars, den Freund des Bruders, das schlimme Ereignis verursacht zu haben. Sie verbreitet, auch über die sozialen Medien, eine Kampagne, in der sie Lars als den »wahren Mörder« bezeichnet, weil er Henry Alkohol im Übermaß verabreicht habe, sodass Henry selbst keine Kontrolle mehr über seinen Konsum gehabt habe. Zu allem Überfluss habe er Henry auch noch angespornt, mit dem Auto nach Hause zu fahren.

Becky versucht die reale Schuld von ihrem geliebten Bruder zu nehmen, um ihn nach seinem Tod nicht als »Mörder« und »verantwortungslosen Menschen« erscheinen zu lassen, ihn von Schuld reinzuwaschen, indem sie die Schuld auf jemand anderen schiebt. Das ermöglicht ihr und anderen Menschen einen wertschätzenden Blick und eine liebevolle Beziehung zum verstorbenen Bruder.

Dieses Praxisbeispiel macht deutlich, dass Beschuldigungen die Beziehung zum Verstorbenen erleichtern und ein würdiges Andenken ermöglichen können. Beschuldigungen können zudem die Funktion haben, sich selbst von Schuld zu entlasten. Ein weiterer Aspekt könnte die Entlastung von Wut und Aggression durch Beschuldigungen sein.

Gegenseitige Schuldzuweisungen innerhalb der Familie oder andere Sichtweisen zu Beschuldigten können die Familie auseinanderreißen. Quälende Fragen nach der Ursache und wie der Tod hätte verhindert werden können (»Wie hätten wir/ich/du es verhindern können?«, »Warum gerade wir?«, »Du/ihr seid schuld, dass es so gekommen ist«) können zu Spaltungen führen, Geschwister in Loyalitätskonflikte bringen und eigene Schuldgefühle hervorrufen.

Tipp: Schuldgedanken und Beschuldigungen sollten auf ihre Funktion geprüft und individuell begleitet werden. Je nach Funktionalität sollten Interventionen angeboten werden, die beispielsweise zur Entlastung von unangenehmen Gefühlen oder eine liebevoll fortgesetzte Beziehung ohne Zuhilfenahme von Beschuldigungen anderer ermöglichen. Hier könnten die »Leere-Stuhl-Übung« (die direkte Zwiesprache mit dem Gestorbenen), Briefe sowie die Fokussierung auf andere Lebenszeiten mit dem Verstorbenen und Möglichkeiten, Wut, Aggression und Enttäuschung Ausdruck zu geben, hilfreich sein, um eine tröstliche Akzeptanz des Geschehens zuzulassen. Besteht eine reale Schuld, sollte eine einfühlsame, verlässliche und qualifizierte Begleitung der oft jahrelangen Untersuchungen und Prozesse angestrebt werden, die die Bearbeitung des Verlusts behindern, große Ängste auslösen und zusätzlich sehr schmerzhaft sein können (siehe Kapitel 8).

Literaturtipp

Paul, C. (2010). Schuld – Macht – Sinn. Arbeitsbuch für die Begleitung von Schuldfragen im Trauerprozess. Ein Buch für Betroffene und Begleiter. Gütersloh: Gütersloher Verlagshaus.

Das Leid der Eltern und die verlorene Omnipotenz

Eltern verändern sich durch den Tod ihres Kindes und ihre Trauer als Vater, als Mutter und als Elternpaar. Sie fühlen sich oftmals als »Versager« oder »schuldig«, weil sie den Tod ihres Kindes nicht verhindern konnten, oder glauben, nicht alles dafür getan zu haben, ihn abzuwenden. Das Leid und die wechselnden, unabsehbaren Gefühle der Eltern können Geschwister verwirren und verunsichern. Verwaiste Geschwister sehen sich, vielleicht zum ersten Mal, der Fragilität ihrer Eltern gegenübergestellt und müssen ihren bisherigen Glauben aufgeben, dass ihre Eltern die Familie vor allem schützen können. Die zuvor empfundene Omnipotenz löst sich auf, weil Eltern nicht verhindern konnten, dass das Geschwister stirbt. Diese Erkenntnis kann zu Abneigung und Wut auf die Eltern und zu Überlebensangst führen, die von Bezugspersonen oftmals falsch interpretiert und/oder bestraft wird. Die erlebte Macht- und Hilflosigkeit der Eltern kann zudem enorme Unsicherheit und Verzweiflung in das Leben von verwaisten Geschwistern bringen.

Tipp: Das Thema »Schuld« im Zusammenhang mit der Todesursache sollte mit der Familie aktiv angesprochen werden, um die Beziehungen innerhalb der Familie positiv zu gestalten und zu stärken. Ihr Sinn sollte bei Eltern hinterfragt werden (siehe S. 165 ff.). Geschwister sollten bei der Akzeptanz, dass Eltern nicht omnipotent sind, unterstützt und Eltern-Kind-Beziehungen gestärkt werden.

Stille und Schweigen

Eine Familienstrategie kann die unausgesprochene Abmachung sein, über das gestorbene Kind/Geschwister, die Todesursache und das Sterben zu schweigen. Die Angst davor, dass Gefühle nicht mehr kontrollierbar sind und die Situation eskaliert, lässt manche Familien in Stille und Schweigen verfallen, verbal und nonverbal.

Durch das Schweigen kann vieles unklar und vage bleiben. Zusammenhänge, Bedürfnisse, Gedanken und Gefühle werden interpretiert, möglicherweise auch falsch. Es kann zu Ängsten, Unverständnis und weiteren Belastungen kommen. Keine Kommunikation zum Themenkomplex kann gegenseitiges Schonen signalisieren und zugleich zu Einsamkeit wie negativen Bewertungen innerhalb und außerhalb der Familie führen. Zugleich können Familienmitglieder den starken Wunsch nach Austausch und Kommunikation empfinden und zusätzlich leiden.

Geschwister oder andere Familienmitglieder trauen sich nicht immer, auch wenn das Bedürfnis besteht, diesen Kreis des Schweigens zu durchbrechen. Sie übernehmen und akzeptieren irgendwann diese Strategien. Die individuelle Bearbeitung der Traueraufgaben kann behindert und bei zukünftigen Lebenskrisen zur Bewältigungsstrategie werden. Persönliche Trauerarbeit, Reflexion und Integrationsprozesse sowie Beziehungen können dadurch erschwert werden.

Verdrängung und Ablenkung

Die Erkrankung, der Tod des Kindes/Geschwisters kann die gesamte Familie überfordern und dazu führen, dass die Familie oder einzelne Mitglieder aufkommende Gefühle und/oder Kommunikation unterbinden und sich ablenken. Verdrängung ist nicht grundsätzlich eine negative Strategie. Sie ist als Zeit, sich von den Auswirkungen des Verlusts zu erholen und neue Kraft zu sammeln, sogar wesentlich, um Ressourcen zu aktivieren und zu nutzen. In manchen Familien werden das Verdrängen, die Vermeidung, die Ablenkung zur dauerhaften Hauptbewältigungsstrategie. Für andere Strategien ist dann kein Platz mehr und/oder sie werden vom System nicht akzeptiert. Es kann zu Unverständnis, Spaltungen und Gefühlen von Einsamkeit in der Familie kommen.

Praxisbeispiel: Seit dem Tod von Marie (4 Jahre) stellt Jonas (7 Jahre) fest, dass sie als Familie kaum noch etwas zusammen unternehmen. In der freien Zeit ist der Vater im Keller und restauriert ein altes Auto, seine Mutter befasst sich intensiv mit dem Anlegen eines neuen Gemüsegartens. Wenn alle drei zusammen sind, schauen sie meist fern.

Nicht älter werden als das Geschwister

Es kann bei Familienmitgliedern ein sehr befremdliches Gefühl auslösen, wenn ein überlebendes Geschwister älter wird, als das gestorbene Geschwister es war. Das ältere Geschwister zu überleben, zeigt den Tod in seiner Endgültigkeit noch einmal drastisch und schmerzhaft. Unbewusst reagieren Geschwister in dieser Zeit besonders sensibel, sind vielleicht schneller gereizt und dünnhäutiger. Schuldgefühle, selbst zu leben, während der Bruder, die Schwester tot ist, können das Geschwister beschäftigen und belasten. Hieraus kann sich die unbewusste Weigerung entwickeln, erwachsen zu werden, und die Tendenz, in regressive Verhaltensmuster zu verfallen.

Tipp: Es kann hilfreich sein, das Thema »Überlebensschuld« konkret in der Familie anzusprechen und darauf hinzuweisen, dass diese Trauerreaktion häufig vorkommt. Das entlastet Geschwister von Gedanken, nicht mehr normal zu sein.

Der eigene Tod rückt näher

Mit dem Tod eines Kindes/Geschwisters gehen Wünsche, Zukunftspläne und Träume verloren. Die natürliche »Sterbereihenfolge« stimmt nicht mehr. Neben tiefem Trauerschmerz können massive Ängste ausgelöst werden, selbst krank zu werden oder sterben zu müssen. Aus dieser Angst vor dem Tod entstehen manchmal bei Eltern wie Kindern Verhaltensweisen, sich selbst und andere Familienmitglieder äußerst sorgfältig zu beobachten, um das eigene Überleben zu sichern und einen weiteren Schicksalsschlag zu verhindern. Diese permanente Kontrolle kann sehr anstrengend sein und der Druck sehr belastend, nichts übersehen zu wollen. Zudem können andere Familienmitglieder das Verhalten als übergriffig und übertrieben empfinden, was wiederum zu Konflikten führen kann.

Tipp: Auch hier ist es wesentlich, das Thema direkt anzusprechen und zu erklären, dass solche Ängste zunächst zu den normalen Trauerreaktionen gehören. Hilfreich ist es, für ein Erleben von Sicherheit zu sorgen und Erlebnisse wahrzunehmen, in denen Krankheiten wieder geheilt werden konnten. Zugleich sollte ein kontrollierendes Verhalten von einer Persönlichkeits- oder Zwangsstörung abgegrenzt und gegebenenfalls fachlich abgeklärt werden.

Länger tot sein als lebendig

Familien berichten in Begleitungen über eine verstörende, besondere Zeit, wenn es um die bedrückende Schwelle geht, dass das Kind/Geschwister länger tot ist, als es gelebt hat. Diese Überschreitung der gelebten Zeit verdeutlicht noch einmal schmerzhaft, die Unumkehrbarkeit des Todes und dass das eigene Leben ohne das Kind/Geschwister weitergeht.

Tipp: Es kann entlasten, diese besondere Zeit in der Familie offen anzusprechen und nachzufragen, wie sie von anderen in der Familie erlebt wird.

Erinnerungsstücke und Erinnerungskultur

Wie jeder im Familiensystem mit Erinnerungen umgeht, ist unterschiedlich. Die Traueraufgabe, dem Verstorbenen einen neuen Platz zu geben, ist mit dem Umgang von Erinnerungen und Erinnerungsstücken verbunden. Es kann angenehme Gefühle auslösen, Erinnerungsgegenstände zu sehen und zu spüren. Sie dokumentieren, dass es diesen Bruder, diese Schwester, das Kind in der Familie gegeben hat, und können zu einem tröstlichen Begleiter werden, wobei zugleich schmerzhafte Gefühle auftreten können. Für andere im Familiensystem überwiegt der Schmerz und sie möchten sich darum nicht mit Erinnerungen umgeben und sie lieber wegräumen. Beides ist in Ordnung und darf sich mit der Zeit verändern.

Tipp: Jeder aus der Familie sollte Erinnerungsstücke (z. B. Fotos, Kleidung, Möbel, Bettwäsche, Spielzeug, Bücher, PC, Handy) des verstorbenen Kindes/Geschwisters bekommen. Geschwister müssen gefragt werden, welche Erinnerungsstücke sie sich wünschen und wie sie damit umgehen möchten (z. B. sie in einer besonderen Erinnerungstruhe aufbewahren, ein Foto aufstellen, den Pulli anziehen). Das unterstützt die Bearbeitung des Verlusts und kann den Zusammenhalt und das Verständnis in der Familie stärken.

Für Kleinkinder sollte eine Erinnerungskiste zusammengestellt werden, über die sie später selbst entscheiden dürfen. Solche Erinnerungsgegenstände unterstützen zu begreifen, dass es dieses Geschwister tatsächlich gegeben hat, und helfen, eine persönliche Bindung zu ihm aufzubauen.

Zudem müssen Geschwister (auch jüngere) einbezogen werden in Entscheidungen, ob und, wenn ja, wo und wie an gemeinschaftlichen Orten (Küche, Wohnzimmer, Flur) Erinnerungen gestaltet werden. Trauerprozesse sind dynamische Prozesse. Deshalb müssen Trauerorte sich verändern dürfen. Es dürfen nach familiären Absprachen Sachen hinzukommen oder weggeräumt werden.

Es ist wichtig, in der Familie liebe- und respektvoll über die Gestaltung von Erinnerungsorten (auch den Friedhof) und den Umgang mit Erinnerungsgegenständen zu sprechen. Weil es unterschiedliche Bedürfnisse gibt, es ist notwendig, Lösungen mit einem maximalen Konsens zu finden. Offen miteinander zu reden, ist Voraussetzung, um einen bestmöglichen tröstlichen Umgang mit Erinnerungen jeder Form in der Familie zu finden. Jedes Familienmitglied muss selbst bestimmen dürfen, was an inneren Vermächtnissen und was an äußeren Erinnerungsgegenständen vom Verstorbenen bewahrt und geschützt werden soll.

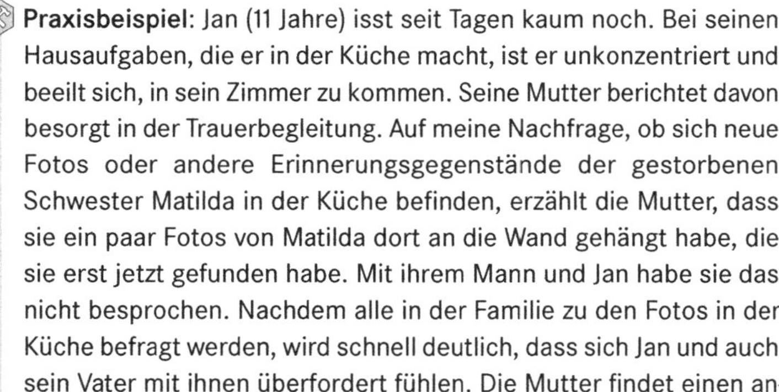

Praxisbeispiel: Jan (11 Jahre) isst seit Tagen kaum noch. Bei seinen Hausaufgaben, die er in der Küche macht, ist er unkonzentriert und beeilt sich, in sein Zimmer zu kommen. Seine Mutter berichtet davon besorgt in der Trauerbegleitung. Auf meine Nachfrage, ob sich neue Fotos oder andere Erinnerungsgegenstände der gestorbenen Schwester Matilda in der Küche befinden, erzählt die Mutter, dass sie ein paar Fotos von Matilda dort an die Wand gehängt habe, die sie erst jetzt gefunden habe. Mit ihrem Mann und Jan habe sie das nicht besprochen. Nachdem alle in der Familie zu den Fotos in der Küche befragt werden, wird schnell deutlich, dass sich Jan und auch sein Vater mit ihnen überfordert fühlen. Die Mutter findet einen anderen tröstlichen Platz für die Fotos in ihrem Büro.

Kreativtipp: Erinnerungsgegenstände können neugestaltet werden. Kleidungsstücke des Geschwisters, die nicht getragen werden, können zu Kissen, Taschen, Schlüsselanhängern oder Kuscheltieren werden. Knöpfe von Kleidungsstücken kann man zu tröstenden Lichtern umwandeln. In selbstgestalteten Erinnerungstruhen können wichtige Erinnerungsstücke, Fotos und Briefe an das gestorbene Geschwister oder Tagebücher aufbewahrt werden.

Jahrestage, Geburtstage und andere besondere Ereignisse

Der Todestag, der Geburtstag des verstorbenen Geschwisters/Kindes, eigene Geburtstage, Weihnachten in der Familie sind meist zusätzlich schwere Zeiten, weil die Erinnerung und das Fehlen des Menschen sehr intensiv und schmerzhaft wahrgenommen werden. Pauschale Antworten, wie in der Familie mit solchen Tagen umgegangen werden sollte, gibt es nicht. Hilfreich können Gespräche und gemeinsame, verbindende Rituale sein. Eltern und Bezugspersonen sollten wissen, dass Geschwister, auch wenn sie nicht darüber sprechen, solche Tage und die Zeit darum herum als anstrengend empfinden. Manchmal zeigt sich das in Bauch-, Kopfschmerzen oder der Ablehnung, zur Schule zu gehen.

Tipp: Eltern sollten für diese Zeiten und Verhaltensformen verwaister Geschwister sensibilisiert werden. In der Familie sollte zuvor gemeinsam überlegt werden, wie sich jeder diesen besonderen Tag vorstellt. Es kann Zeiten geben, in denen jeder für sich ist, und Zeiten für die ganze Familie. Auch hier sollten bei unterschiedlichen Bedürfnissen Kompromisse gefunden werden und in der Begleitung solche Prozesse unterstützt werden.

Kreativtipp: Rituale wie Seifenblasen oder Luftballons, die man steigen lässt, Papierschiffchen mit Botschaften schwimmen lassen, Kerzen gestalten oder eine Erinnerungsfeier zu veranstalten, können tröstlich sein und helfen, besondere Tage zu gestalten. Es kann hilfreich sein, sich gemeinsam Fotos oder Videos anzusehen, sich an das Geschwister zu erinnern oder Geschichten aus dem gemeinsamen Leben zu erzählen. Das Lieblingsessen des Geschwisters zu kochen, zum Lieblingsrestaurant zu gehen oder einen Ausflug zu einem Lieblingsort machen, Lieblingslieder zu hören, sich in die Jacke des Geschwisters zu kuscheln oder sich gegenseitig in den Arm zu nehmen, kann ebenso tröstlich verbinden. Einen Brief an das gestorbene Geschwister zu schreiben, einen Erinnerungsbaum zu pflanzen, eine Fotocollage oder ein Video zu machen, Kerzen oder Steine zu selbst bemalen, zu beschriften und zu gestalten, ein Graffiti zu sprühen, sich ein Tattoo stechen zu lassen, all dies kann helfen, besondere Trauerzeiten tröstlich zu gestalten.

Schöne Ereignisse

Ereignisse wie Einschulung, Schulabschluss, Führerschein oder Hochzeit des verwaisten Geschwisters können für Geschwister und Eltern schwierig sein. Einerseits wird Freude um die Lebensentwicklungen des verwaisten Geschwisters empfunden, andererseits macht gerade diese Entwicklung schmerzlich deutlich, was das gestorbene Kind/Geschwister nicht hat leben können. Insofern erleben Mitglieder aus dem Familiensystem solche Ereignisse häufig sehr ambivalent.

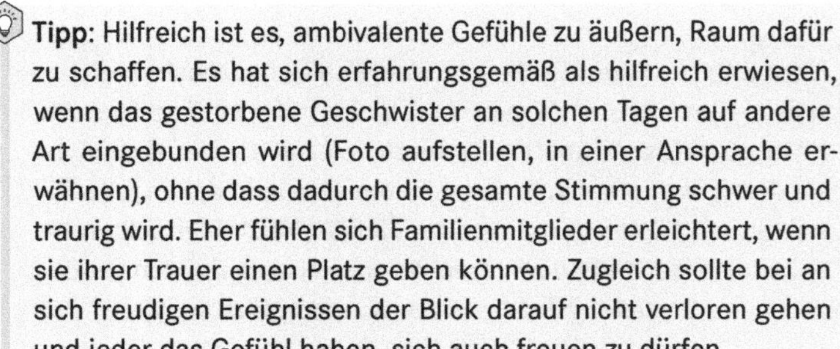

Tipp: Hilfreich ist es, ambivalente Gefühle zu äußern, Raum dafür zu schaffen. Es hat sich erfahrungsgemäß als hilfreich erwiesen, wenn das gestorbene Geschwister an solchen Tagen auf andere Art eingebunden wird (Foto aufstellen, in einer Ansprache erwähnen), ohne dass dadurch die gesamte Stimmung schwer und traurig wird. Eher fühlen sich Familienmitglieder erleichtert, wenn sie ihrer Trauer einen Platz geben können. Zugleich sollte bei an sich freudigen Ereignissen der Blick darauf nicht verloren gehen und jeder das Gefühl haben, sich auch freuen zu dürfen.

Grabbesuch

Wünsche nach Friedhofsbesuchen können in einer Familie unterschiedlich sein. Der Friedhof ist nicht für alle ein neuer, tröstlicher Ort, sondern kann noch mehr Traurigkeit und Bedrückung hervorrufen. Manchen wird dort sogar übel. Einige Geschwister sind lieber allein am Grab, andere gehen nur zu einem besonderen Anlass (Weihnachten, Todestag, Geburtstag) mit der Familie oder Freunden dorthin.

Tipp: Geschwister sollten selbst entscheiden dürfen, ob und mit wem sie zum Friedhof gehen möchten. Ihr Verhalten dazu sollte nicht bewertet werden, denn ob der Friedhof besucht wird oder nicht, sagt nichts über die Beziehung zum gestorbenen Geschwister aus.

An der Grabgestaltung sollten diejenigen aus der Familie beteiligt werden, die das möchten. Es kann tröstlich sein, Blumen hinzubringen, ein Licht anzuzünden oder etwas (bemalte Steine, Herzen, Briefe) auf das Grab zu legen. Der Wunsch, den Friedhof zu besuchen oder das Grab zu gestalten, kann sich im Laufe der Zeit verändern, weniger wichtig oder wichtiger werden.

Das falsche Kind ist tot

Praxisbeispiel: In einer Begleitung erzählte eine Mutter voller Scham, dass sie mehrfach gedacht habe, das falsche Kind sei gestorben. Insgeheim habe sie ihre Tochter mehr geliebt als ihren Sohn, der schon immer das Problemkind gewesen sei. Deshalb sei sie so dankbar für die Tochter gewesen, die sich so gut entwickelt habe. Daran habe sie festgemacht, dass sie keine schlechte Mutter sein könne. Der Tod der Tochter sei sicherlich die Strafe dafür, dass sie sie mehr geliebt habe.

Dieses Beispiel greift gleich mehrere Tabuthemen auf. Eines ist, dass ein (oder beide Eltern) eine stärkere Bindung und Liebe zum verstorbenen Kind spüren als zum lebenden. Die Entwicklung des Gefühls, das falsche Kind sei gestorben, kann durch Konflikte mit dem lebenden Kind entstehen, das »schlimme Kind« lebt, das »gute Kind« ist tot. Eltern können sich betrogen fühlen (»Jetzt ist mir nur noch Schweres geblieben«). Außerdem können Eltern das Gefühl empfinden, versagt zu haben, sowie starke Scham und Schuld. Sie behalten ihre Gedanken und Gefühle meist für sich und besprechen das Thema nicht mit dem Partner/der Partnerin. Zurückbleibende Geschwister spüren oftmals intuitiv die Last, mit der Eltern kämpfen. Das kann verstörend sein, weil sie nicht einordnen können, worum es geht, sie fühlen sich verantwortlich für das Leid ihrer Eltern oder glauben, es wäre besser, wenn sie selbst gestorben wären. Die Trauerreaktion, die ohnehin nach dem Tod eines Geschwisters auftauchen kann, zu glauben, nicht das Recht zu haben, zu leben, kann verstärkt werden.

Tipp: Druck kann abgebaut werden, wenn Eltern sich jemandem anvertrauen und aussprechen können, was sie fühlen und denken. Zudem können neue Sichtweisen erarbeitet und Verhaltensweisen verändert werden, die das Elternteil/die Eltern entlasten und sich in der Familie eine andere Stimmung entwickeln kann.

Keine Konflikte, sondern Harmonie

Der Tod eines Kindes in der Familie kann bewirken, dass das System überfordert ist und keine Kapazitäten zu Auseinandersetzungen vorhanden sind. Um sich zu schützen, das Überleben zu sichern, kann es sein, dass Konflikten möglichst ausgewichen wird. Zusammenhalt und Harmonie sollen den Einzelnen im System und das Familiengefüge vor weiteren Belastungen schützen. Geschwister übernehmen diese Vermeidungshaltung und lernen nicht, sich mit Krisen und Konflikten auseinanderzusetzen.

Negative Glaubenssätze und dysfunktionale Gedanken

Der Tod eines Kindes mit seinen vielfältigen Konsequenzen kann verständlicherweise die Entwicklung oder Verstärkung von negativen Glaubenssätzen und einer defätistischen Weltsicht im gesamten Familiensystem oder beim Einzelnen begünstigen. Es kommen Aussagen vor wie: »Uns trifft es immer«, »Wir haben immer Unglück«, »Wir sind gestraft«, »Bei uns geht nie was gut«. Die negative Sicht kann durch Ereignisse aus der Vergangenheit und/oder Gegenwart untermauert werden (auch solche, die zuvor keine so starke negative Bewertung erfahren hatten) und verstärkt eine unheilvolle, bedrückende Stimmung in der Familie. Ist die grundlegende Haltung in der Familie von negativen, dysfunktionalen Gedanken und Zukunftsperspektiven geprägt, wird es für zurückbleibende Geschwister schwer, eine eigene positivere Sicht auf sich und die Welt zu entwickeln. Dysfunktionale Gedanken und Glaubenssätze wirken sich zudem negativ auf den Selbstwert und das Selbstvertrauen aus und behindern Entwicklungen auf vielen Lebensebenen.

Tipp: Negative Glaubenssätze und dysfunktionale Gedanken sollten wahrgenommen und hinterfragt werden. Sie sollten auf ihren Ursprung sowie ihre Realität geprüft, positive Ereignisse bewusst gemacht und einbezogen werden. Die schrittweise kognitive Umstrukturierung von negativen Glaubenssätzen und Gedanken kann durch deren Widerlegung sowie neue Grundhaltungen erreicht werden. Hilfreich kann es dabei sein, die Wirkweise und Verkettung von Ereignis (»Mama ist ausgerutscht) - Interpretation (»Uns passiert immer etwas Schlimmes«) - Gefühl (Angst, Unsicherheit) - Verhalten (Aufregung, Kontrolle, Überbehütung, Vermeidung) deutlich zu machen, um Verhaltensmuster zu erkennen und Umstrukturierungen anzuregen.

Rituale in der Familie

Rituale können dabei unterstützen, das Unfassbare begreiflich zu machen, inneren Empfindungen (Schmerz, Liebe, Wünsche) einen sichtbaren Ausdruck geben und Familienmitglieder zugleich tröstlich miteinander verbinden. Gefühlen von Ohnmacht und Hilflosigkeit kann mit der Entwicklung und Ausübung von Ritualen selbstwirksam entgegengewirkt werden. Die Beziehung zum gestorbenen Kind/ Geschwister kann neugestaltet und Versäumtes (Wunsch, Dank, Verzeihung) nachgeholt werden.

Tipp: Damit Geschwister Rituale (auch die Trauerfeier) als tröstlich und stärkend erleben können, sollte darauf geachtet werden, dass sie verstanden werden. Zudem ist es wesentlich, Geschwister ihren kognitiven, emotionalen und motorischen Fähigkeiten entsprechend einzubeziehen und ihnen Raum und Zeit zu geben für die Entwicklung und Realisierung eigener Ideen. Familien sollten sich darauf einstellen, dass sich beispielsweise Rituale und Ressourcen im Prozess verändern oder aufgegeben werden dürfen.

Bewusst Eltern-Kind-Beziehungen stärken

Familien sollten angeregt werden, sich bewusst miteinander zu befassen und dafür zu sorgen, ihre Beziehungen zu stärken. Es ist notwendig, Zeit miteinander zu verbringen und Gemeinsamkeiten, die nicht immer spektakulär sein müssen, in der Familie zu fördern. Kleine Unternehmungen im Alltag, wie einen Spaziergang machen oder zum Spielplatz gehen, einen schönen Film zu schauen, ein Ausflug oder eine Radtour am Nachmittag, Pommes essen oder zusammen Kekse zu backen, können helfen, in Beziehung zu kommen und diese zu stärken. Zugleich können Gefühle gestärkt werden, dass sich das Leben dennoch schön anfühlen kann und darf. Dieses Erleben ist für verwaiste Geschwister besonders wertvoll und stärkend.

Körperkontakt pflegen

Eltern müssen sich aufgrund ihrer unterschiedlichen Arten zu trauern und anderer Bedürfnisse in der Trauer in ihrer Partnerschaft nach dem Tod neu finden. Körperkontakt und Sexualität zwischen den Partnern können dabei ein schwieriges Thema sein. Körperkontakt und Fürsorge auf körperlicher Ebene sind für verwaiste Geschwister wichtig, auch um sich selbst positiv wahrzunehmen.

Tipp: Eltern sollten gut für den eigenen Körper sorgen (baden, einölen, Bewegung, gesund essen, Schlaf, Massage, siehe auch Kapitel 12) und den Körperkontakt zu ihren Kindern pflegen. Angenehme Sinneswahrnehmungen vermitteln Gefühle von Geborgenheit, Vertrauen und Sicherheit. Körperliche Zuwendung wie kuscheln, streicheln, in den Arm nehmen zeigen Nähe und Verständnis und stärken die emotionale Bindung. Besonders für Jugendliche hat die Vorbildfunktion der Selbstfürsorge eine große Bedeutung. Körperkontakt kann gerade in dieser Zeit eine Möglichkeit sein, nonverbal Zugang zueinander zu finden. Aus meiner Erfahrung heraus wünschen sich Jugendliche oftmals körperliche Nähe, trauen sich jedoch nicht immer, diese einzufordern. Eltern gehen manchmal fälschlicherweise davon aus, dass Jugendliche Körperkontakt ohnehin ablehnend gegenüberstehen. Eltern sollten auf diese Aspekte in der Begleitung hingewiesen werden.

Bedürfnisse erfragen

Die vorangegangenen Aspekte zeigen nochmals deutlich, dass es notwendig ist, sich zu Bedürfnissen immer wieder auszutauschen, damit Nähe und Verständnis gestärkt werden oder entstehen können. Ohne aktiv nachzufragen, kann kein Verständnis entstehen und jeder in der Familie bleibt allein.

Tipp: Eltern scheuen sich manchmal, eigene Gefühle zu zeigen. Gemeinsam zu trauern, zu weinen, Stille zuzulassen sind jedoch wichtige Möglichkeiten, Nähe und Geborgenheit auszudrücken und aufzubauen.

3.4 Exkurs: Kommunikation und Strategien im Familiensystem

Simone Thill-Claus

Simone Thill-Claus ist Traumapädagogin, Trauerbegleiterin, Begleiterin trauernder Kinder, Jugendlicher und deren Familien im Verein Trauerwee asbl, Tetingen, Luxemburg (www.trauerwee.lu).

Fremdheit in der Familie

Man könnte meinen, innerhalb der Familie wäre der Umgang untereinander einfacher, wenn ein Familienmitglied stirbt, da die Bedürfnisse und die Charakterzüge jedes Einzelnen bekannt sind. Im Laufe meiner Arbeit mit trauernden Familien habe ich aber die Erfahrung gemacht, dass Familienmitglieder sich sozusagen auf einer neuen, vorher unbekannten Ebene begegnen. Haben sie bis zu dem Zeitpunkt noch geglaubt, zu wissen, wie der andere in verschiedenen Situationen reagiert, trifft dies im Trauerfall oft nicht mehr zu. Die Familienmitglieder sind sich plötzlich fremd. Wenn ein Mitglied der Familie stirbt, trauert zwar jeder um dieselbe Person, allerdings ist ihre Bedeutung für jeden aus der Familie eine andere. Das Kind verliert beim Tod des Vaters eine wichtige Bezugsperson, die Mutter verliert mit dem Tod ihres Partners die Liebe ihres Lebens und beim Tod ihres geliebten Kindes einen Teil ihrer Zukunft. Der kleine Bruder verliert mit dem Tod seines älteren Bruders sein Idol, seinen Schutz und sein Vorbild. Es sind grundverschiedene Perspektiven, die entsprechend berücksichtigt werden müssen.

»Witwe« und »verwaiste Eltern« sind offizielle Begriffe, die sprachlich ausdrücken, dass ein Verlust zu bewältigen ist. Nun gibt es aber auch Trauerkonstellationen, für die es keine offiziellen Bezeichnungen gibt, wie zum Beispiel bei Geschwistern. Geschwisterkinder stehen oft stumm daneben, wenn Eltern getröstet werden, als würde den Eltern der größere Schmerz zugeteilt, während die Trauer der Geschwister vernachlässigt wird.

Ehrliche Kommunikation

Erwachsene müssen sich Zeit für das Kind nehmen, Gespräche suchen, Erklärungen geben. Eine Aufklärung über Kindertrauer ist für Eltern hilfreich und aus meiner Erfahrung heraus kann ich sagen, dass ein aufklärendes Gespräch über Kindertrauer oft genügt, um Eltern zu beruhigen und ihnen Sicherheit im Umgang mit ihrem trauernden Kind zu geben. Allein der Satz »So wie ihr Kind trauert, trauert es richtig« erleichtert Eltern.

Praxisbeispiel: Tim, sieben Jahre, kommt mit seiner Mama zum Gespräch. Sein großer Bruder ist bei einem Motorradunfall gestorben. Seine Mutter sitzt im Gesprächszimmer mit einer Trauerbegleiterin und erzählt ihre Geschichte. Ich bin mit Tim nebenan im Zimmer, um Tim kindgerecht zu erklären, wie unsere Trauergruppen ablaufen. Plötzlich hören wir die Mama nebenan weinen, Tim schaut mich an und sagt: »Mama hat was im Auge.« Immer wieder erklären Eltern mir, dass sie versuchen, Gefühle vor ihren Kindern zu verbergen, sie versuchen, tapfer zu sein. Kinder sind sehr feinfühlig und merken, wenn Mama oder Papa traurig sind. Es tut ihnen weh, die Eltern leiden zu sehen. Man kann ihnen eine Sicherheit geben, indem man sagt: »Mama geht es heute sehr schlecht, weil Max gestorben ist. Ich weine so viel, aber morgen geht es bestimmt besser.« Das Kind hat somit eine klare Information und braucht keine Angst zu haben, dass es Mama jetzt jeden Tag noch schlechter geht.

Wenn Gefühle zugelassen werden und die Trauer zu Hause offen angegangen wird, dient dies im Positiven der psychischen Gesundheit des Kindes. Dass Geschwistertrauer hintenansteht, ist vielleicht schon so tief in der Gesellschaft verankert, dass Kinder ihren eigenen Schmerz minimisieren und den der Eltern in den Vordergrund stellen. Aus der Angst heraus zu stören oder zu egozentrisch zu wirken, bleiben sie oft im Schatten. Diese Verhaltensweise kann dazu führen, dass sie ihre Gefühle nicht zulassen und sich ihr Trauerprozess verlängert. Das drückt sich oftmals auch in ihrer verbalen und nonverbalen Kommunikation aus.

Körpersprache und Kleidung
Geschwisterbeziehungen sind einzigartig, mit unendlichen Erinnerungen und einer besonderen Form von Reichtum. Eine 16-Jährige, deren Schwester durch Suizid gestorben ist, sagte mir: »Sie war meine beste Freundin.« Der Schmerz in den Augen des Mädchens hat mich tief erschüttert. Ihre Augen sagten mehr als ihre Worte.

Andere kommunizieren über ihre körperliche Haltung, wie es ihnen geht. Trauer kann sich zeigen über hochgezogene oder hängende Schultern, wegschauen, nervös mit den Fingern zupfen oder fußzappeln. Ich habe erlebt, dass Geschwister kaum sprechen konnten, ein Kloß im Hals steckte und die Stimme so leise war, dass ich sie kaum verstehen konnte. Andere zeigen über ihre Kleidung, dass sie leiden, und kleiden sich schwarz, schützen sich hinter einem perfekten Style, tragen Kleidungsstücke des verstorbenen Geschwisters oder drücken über ihre Frisur ihre Wut über die Ungerechtigkeit des Lebens aus. Viele Jugendliche lassen sich ein Tattoo stechen, um an ihre verstorbenen Geschwister zu erinnern. Das Tattoo kann beim Trauern helfen und der Verstorbene bleibt somit präsenter.

Die Neuorientierung und Neuordnung des Lebens nach dem Tod des Geschwisters brauchen Zeit und Ausdruck. Jedes Geschwister muss seine Zeit und den eigenen persönlichen Ausdruck auf allen Ebenen der Kommunikation leben und immer wieder verändern dürfen.

Kommunikation und Absprachen in der Familie

Praxisbeispiel: Chiara, 17 Jahre, ging mit ihrer Trauer um den plötzlich verstorbenen Bruder offen um. Ein knappes Jahr nach dessen Tod suchte sie uns auf. Der Bruder war ein leidenschaftlicher Motorradfan und hatte im Wohnzimmer verschiedene Glaskästchen mit gesammelten Motorrädern. Ohne sich vorher mit ihrer Tochter abzusprechen, entfernte Chiaras Mutter eines Tages die Kästchen von den Wänden und packte sie in Kisten. Chiara war sehr schockiert darüber. Sie hätte sich so sehr gewünscht, dass die Kästchen nicht verschwinden würden oder wenigstens eines hängengeblieben wäre. In diesem Fall wäre Kommunikation von wichtiger Bedeutung gewesen, eine gemeinsame Lösung wäre sicher gefunden worden. Chiara wollte ihre Mutter nicht verletzen und hat ihre Wünsche gegenüber der Mutter nicht geäußert.

Wir müssen uns bewusst sein, dass Kommunikation Konflikte aus dem Weg räumt. Ein Erwachsener, der seine Gefühle innerhalb der Familie zeigt und erklärt, erleichtert das alltägliche Zusammenleben und ist authentisch. Kinder und Jugendliche lernen so, dass es normal ist, Gefühle zu leben und zum Ausdruck zu bringen. Durch dieses Verhalten der Eltern kann eine Familie gestärkt aus der Trauer herausgehen und zusammenwachsen, es hilft ihr, sich neu zu ordnen und sich besser in der veränderten Lebenssituation zurechtfinden.

Nonverbale Kommunikation
Nonverbale Kommunikation hilft und tröstet.

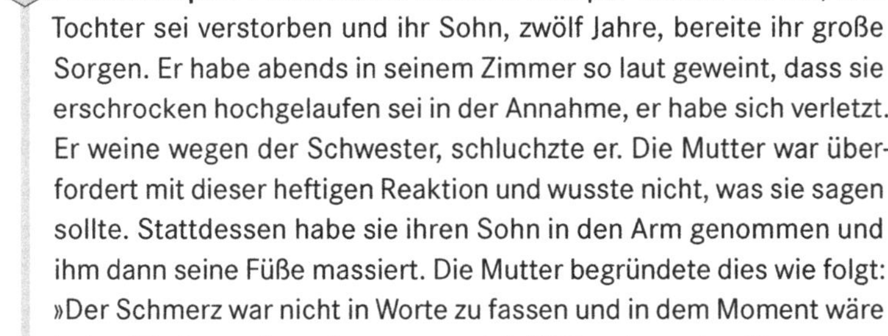

Praxisbeispiel: Pauls Mutter meldete sich per Telefon bei mir; ihre Tochter sei verstorben und ihr Sohn, zwölf Jahre, bereite ihr große Sorgen. Er habe abends in seinem Zimmer so laut geweint, dass sie erschrocken hochgelaufen sei in der Annahme, er habe sich verletzt. Er weine wegen der Schwester, schluchzte er. Die Mutter war überfordert mit dieser heftigen Reaktion und wusste nicht, was sie sagen sollte. Stattdessen habe sie ihren Sohn in den Arm genommen und ihm dann seine Füße massiert. Die Mutter begründete dies wie folgt: »Der Schmerz war nicht in Worte zu fassen und in dem Moment wäre jedes Wort zu schwach gewesen. Ich fühlte, dass eine Umarmung und eine Fußmassage das einzig Passende waren.« Sie habe alles richtig gemacht, sagte ich ihr. Die nonverbalen Botschaften sind oft unbewusst und gerade deshalb so ehrlich und so machtvoll.

Eine körperliche Berührung sagt vieles in dem Moment, in dem es keine Worte für die Tiefe des Verlustes gibt. Der Sohn fühlte sich verstanden und die Mutter spendete ihm Trost. Umarmungen wirken sich positiv auf unser ganzes Körpersystem aus, sie sind sehr wertvoll und sehr heilsam. Besonders Kinder fühlen sich durch eine

Berührung verstanden, da es für sie schwer sein kann, ihre Trauer in Worte zu fassen.

Neben der Sprache als verbale Ausdrucksweise dürfen wir die Macht der wortlosen Ausdrucksweisen nicht unterschätzen. Sie begleiten das trauernde Geschwisterkind in seinem Prozess. Jennas Schwester ist bei einem Unfall gestorben, das T-Shirt, das ihre Schwester noch kurz vor ihrem Tod online bestellt hat, ist Jennas wichtigstes Kleidungsstück geworden, da es sie mit ihrer Schwester verbindet. In Jennas Fall ist es ein Kleidungsstück, das Halt und Trost spendet und sie begleitet und ihr Kraft gibt.

In unseren Kindertrauergruppen kommt es immer wieder vor, dass wir zusammen Lieblingslieder von den Verstorbenen hören. Oft sei der Schmerz zu groß für Mutter oder Vater, um zu Hause zusammen das Lieblingslied anzuhören, erklären uns die Hinterbliebenen. Beim Vorspielen eines Liedes kann ich dann einen gewissen Stolz in den Augen der Kinder erkennen, es tut ihnen gut, diesen Teil vom Verstorbenen mit den anderen Kindern zu teilen.

Trauernde können bei ihrer Bewältigungsstrategie zu Veränderungen neigen. Diese finden wir oft bei Jugendlichen. Sie helfen ihnen, einen Weg zu finden, mit dem Verlust besser umzugehen.

Praxisbeispiel: Zoe, elf Jahre, hat sich von ihren langen Haaren getrennt, nachdem ihre Schwester gestorben ist. Zudem strich sie ihr Zimmer neu und verstellte die Möbel. Sie erklärte mir: »In meinem Leben ist nichts mehr, wie es vorher war, darum muss ich auch Veränderungen vornehmen, je mehr, desto besser.« Ich war sehr beeindruckt von ihrer Reife und ihrer Entschlossenheit.

Viele solcher Beispiele, denen ich bei meiner Arbeit begegne, zeigen mir: Wenn Kinder und Jugendliche Offenheit spüren und sich ausdrücken dürfen, kennen ihre Fantasie und ihr Handeln keine Grenzen.

Rituale in der Familie

Jede Familie ist anders und so wunderbar einzigartig, hat ihre eigenen Interessen, Normen, Werte und Lebensansichten. Durch diese Individualität findet jede Familie ihre eigenen Symbole und Rituale, die ihnen Trost spenden und Halt geben.

Praxisbeispiel: Lenas große Schwester ist nach langer Krankheit verstorben. Jeden Abend zündet die Familie eine Kerze an und wartet gespannt auf die Reaktion der Flamme: Wackelt die Flamme, ist es ein Zeichen dafür, dass die Schwester in dem Moment ganz nah bei ihnen ist. Dieses Ritual ist von größter Bedeutung, jeden Abend spendet es der Familie Trost und sie findet Nähe zur Verstorbenen sowie untereinander.

Solche aktiven Strategien helfen, Trauer zum Ausdruck zu bringen, ohne große Worte.

Austausch mit anderen Trauernden

Wissenschaftler haben sich mit der Frage beschäftigt, ob Trauer nicht ein so intimes Thema sei, dass es nur innerhalb der Familien gelebt werden sollte. Die Forschung hat jedoch gezeigt, dass Trauergruppen von großer Bedeutung und eine Entlastung für die gemeinsame Familientrauer sind. Selbsthilfegruppen ermöglichen es den Hinterbliebenen, aus dem Kreis der Familie auszutreten, um die Trauer in der Gruppe zu leben, beispielsweise Gruppen für verwaiste Eltern oder Kindertrauergruppen. In Selbsthilfegruppen begegnen Kinder anderen Kindern, die auch eine nahestehende Person verloren haben. Sie sehen, dass ihr Verhalten normal ist, bei dem, was ihnen passiert ist, und sie können mit anderen Menschen über Geschehenes reden und sich austauschen. Eltern können sich ebenfalls mit anderen verwaisten Eltern austauschen und stehen ihnen in einem gewissen Sinne näher als ihren eigenen Kindern. Gerade Trauergruppen für Geschwisterkinder sind wichtig, damit die individuelle Trauer auch individuell gelebt wird und nicht in der Familientrauer untergeht und von der Trauer der Eltern erdrückt wird. Der Schritt aus der Familie raus, um an einer Kinder- oder Jugendtrauergruppe teilzunehmen, ist von großer Bedeutung für das Gelingen des Trauerprozesses. Ganz nach Johann Wolfgang von Goethes »Hier bin ich Mensch, hier darf ich's sein« heißt es in diesem Fall: »Hier bin ich Trauernder, hier darf ich's sein.«

3.5 Externe Unterstützung für Familien

Präventive Maßnahmen und Rehabilitation

Gerade weil die komplexen Belastungen durch den Verlust sich auf alle im System auswirken, kann eine präventive oder eine Rehamaßnahme für die ganze Familie hilfreich sein. Oftmals erlebe ich Familien, die den Alltag mit all seinen Aufgaben und Herausforderungen (Berufstätigkeit, Versorgung von Kindern, Trauerprozesse) nach dem Verlust kaum bewältigen können und so beansprucht sind, dass sie keine Kapazitäten für die Neuorganisation der Familie und den Trauerprozess generieren können. Eine ressourcenorientierte Prävention oder Rehabilitation kann das System und den Einzelnen stabilisieren sowie zur Erhaltung der physischen wie psychischen Gesundheit beitragen und präventiv Erkrankungen vorbeugen. Das Familiensystem sollte insgesamt in seinen Ressourcen gestärkt, die Entwicklung von Copingstrategien und die Bearbeitung des Trauerprozesses gefördert werden. Darüber hinaus sollte es darum gehen, die psychosoziale Situation der Familie sowie den beruflichen beziehungsweise schulischen Alltag der Familienmitglieder zu stabilisieren. Notwendig ist es, neben geeigneten persönlichen und systemischen Ressourcen, Ausdruck und Umgang mit den einhergehenden Gedanken und Gefühlen zu finden, Anpassungsprozesse zu unterstützen, das Geschehen in den eigenen Lebenskontext einzuordnen sowie neue Lebensperspektiven zu eröffnen.

Tipp: Vernetzte Systeme und Institutionen können hilfreich Beistand leisten, wenn es um Anträge für eine präventive oder Rehabilitationsmaßnahme geht.

Externe fachliche Unterstützung

Individuelle Unterstützung und vernetzte Hilfsangebote können dabei helfen, dass die Familie diesen tiefen Lebenseinschnitt nach dem Tod des Kindes/Geschwisters im wahrsten Sinne des Wortes überlebt. Familien sollten deshalb ermutigt werden, vielfältige Unterstützungen in dieser außergewöhnlichen Lebenssituation einzufordern. Unterstützungssysteme können neben Trauerfachberaterinnen, Psychotherapeuten, Psychiaterinnen, Hospizen auch Erziehungsberatungsstellen, Jugendämter, Mitarbeiter der Jugendhilfe, Familienhelferinnen, Sozialarbeiter, Sozialpädagoginnen, Schulpsychologische Dienste, Opferschutz der Polizei, Schuldnerberatungsstellen sein.

Tipp: Familien sollten zudem Ermutigung erfahren, um aktiv zusätzliche Hilfen in Anspruch zu nehmen (z. B. Selbsthilfegruppen, Trauerchats, Trauerforen, Telefonseelsorge und spezielle Eltern- und Geschwisternetzwerke). Tröstliche Erfahrungen machen Familien auch auf digitalen Friedhöfen oder mit der Erstellung einer Gedenkwebseite für das gestorbene Kind/Geschwister.

Unterstützung vor dem Tod

Schon bei der lebensbedrohlichen Erkrankung eines Kindes (oder Familienmitglieds) und der sich dadurch veränderte Familiensituation kann Unterstützung vor totaler Überforderung schützen. Eltern müssen arbeiten und sich um das erkrankte Kind kümmern (Untersuchungen, Krankenhaus, Versorgung), dann fehlen häufig Kapazitäten für die Versorgung anderer Geschwister und um selbst neue Kräfte zu sammeln.

Gute Vernetzung und Zusammenarbeit hat sich in den Jahren meiner Tätigkeit bewährt, denn Familien, die sich beim Jugendamt melden, weil jemand aus der Familie eine lebensverkürzende Diagnose bekommen hat, werden vor dem absehbaren Tod nicht allein durch ambulante wie stationäre Kinder- und Jugendhospizdienste unterstützt, sondern auch von vom Jugendamt eingesetzte Familienhelfer und Trauerberaterinnen. Die Zeit der Veränderung und des Abschieds mit all ihren Unsicherheiten kann so bestmöglich gestaltet werden.

Scham und Verzicht auf Unterstützung

Bei vielen Familien erlebe ich häufig große Hemmungen, sich an das Jugendamt zu wenden. Noch immer ist die Sorge groß, als erziehungsunfähig oder asozial stigmatisiert zu werden, wenn um die Unterstützung des Jugendamts gebeten oder diese angenommen wird. Manche Familien schämen sich, glauben, es sei einem persönlichen Versagen zuzuschreiben, wenn sie um Hilfe bitten, oder haben sogar Angst, das Jugendamt würde ihnen ihr Kind wegnehmen. Sie brauchen Aufklärung und Ermutigung, um diese wichtige Unterstützung annehmen zu können.

Ressourcenarme Familien und Familienhilfe
Bewusst möchte ich den stigmatisierenden Begriff der »sozial schwachen Familie« mit seinen pauschalen negativen Zuschreibungen nicht verwenden. Meine Erfahrungen mit Familien, die mit einer schweren Krankheit und/oder dem Tod eines Kindes konfrontiert sind und die über wenig Ressourcen verfügen, zum Beispiel in Bereichen wie ökonomische Sicherheit, tragendes soziales Netz, offene, wertschätzende Kommunikation, intrafamiläre Strukturen, Rituale oder eigene Gesundheit, zeigen, dass diese Familien oder Trennungsfamilien noch schwerer mit der veränderten Lebenssituation zurechtkommen und die Unterstützung durch Jugendämter und Familienhelfer das System erheblich entlasten kann. Dringend muss darum dafür gesorgt werden, dass hier umfassende Unterstützung zur Verfügung steht.

3.6 Exkurs: Trauerarbeit in unserer Familie nach dem Tod meiner Schwester

Michelle Leclaire

Mein Name ist Michelle Leclaire, ich bin 20 Jahre alt und habe drei Geschwister. Zwei jüngere Brüder und meine mittlerweile eigentlich 18-jährige Schwester Fabienne. Anfang 2012 ist Fabienne sehr plötzlich gestorben. Auf den folgenden Seiten möchte ich aus meiner Sicht ein wenig über die Zeit nach dem Tod meiner Schwester für uns als Familie erzählen, mit all den Hürden, die einem auch viele Jahre später immer noch begegnen.

Den Abend, als meine Eltern uns gesagt haben, dass Fabienne nie wieder nach Hause kommen wird, werde ich niemals vergessen. Wir waren alle traurig und geschockt, aber wir haben in der ersten Zeit nicht einmal ansatzweise geahnt, was das wirklich heißt.

Am Anfang wurden wir alle wie rohe Eier behandelt. Niemand hat sich wirklich getraut, etwas zu sagen. Im Rückblick denke ich, es war die Angst davor, etwas Falsches zu sagen.

Die ersten Tage waren sehr schwierig. Am liebsten wäre ich der Situation und den ganzen Vorschlägen zur »richtigen« Art zu trauern entflohen. Meine Eltern, meine Brüder und ich haben uns damals gegenseitig aufgefangen, auch wenn wir alle unterschiedlich reagiert haben und auch heute noch unterschiedlich mit der Trauer umgehen. Ich glaube, es war ein zentraler Punkt für uns alle, dass jeder das Gefühl hatte, er muss mithelfen, unsere Familie aufrechtzuerhalten. Wir haben es trotz allem geschafft, als Familie glücklich zu sein und nicht nur teilweise gut damit zu leben.

Lange waren wir uns in der Familie uneinig darüber, wie wir mit dem Bett und dem Kleiderschrank von Fabienne umgehen sollten. Wir haben uns bis zum Schluss ein Zimmer geteilt und deswegen haben meine Eltern in dem Punkt besonders auf mich sehr viel Rücksicht genommen. Mein Papa hätte das Bett am liebsten schon sehr schnell abgebaut, meine Mama und ich haben das anders gesehen, und bis heute habe ich nicht die Kraft gefunden, das Zimmer endgültig umzuräumen, denn nichts könnte diesen Platz wieder so füllen. Ich weiß, dass sehr viele Menschen selbst in der erweiterten Familie das falsch finden, aber für uns war und ist es richtig und wichtig. In der Trauer gibt es kein Richtig oder Falsch. Was sich gut anfühlt, ist richtig, und andere müssen das nicht verstehen.

Bevor ich wieder zur Schule gegangen bin, nachdem Fabienne verstorben war, haben meine Eltern erst mal mit meinem Klassenlehrer gesprochen. Einerseits war es gut, dass alle meine Lehrer über die Situation Bescheid wussten, andererseits war es für mich schwierig, weil es keinen Ort gab, an dem alles beim Alten war. Auch in der Schule wurde versucht, mich in Watte zu packen. Das ist einfach menschlich. Für mich war es aber eigentlich unendlich wichtig, mich einfach so wie vorher auf die Schule zu konzentrieren und nicht immer wieder gefragt zu werden, wie es mir geht.

Diese Frage kann man besonders in der Anfangszeit nicht wirklich beantworten, finde ich. In einem Moment geht es mir noch gut, aber im nächsten Moment kann das schon wieder das Gegenteil sein, weil ein Satz gefallen ist, der mich zu sehr an meine Schwester erinnert, oder manchmal auch einfach, weil plötzlich die Gedanken wieder laut werden im Kopf.

Als nach einigen Tagen auch mein Papa wieder arbeiten gegangen ist, mussten wir für uns gemeinsam einen neuen Alltag finden und somit auch ein Stück weit akzeptieren, dass da jetzt wirklich »für immer« der Sitzplatz am Esstisch leer bleibt. Der Prozess war für uns alle sehr schwierig, da einem erst bewusst wird, wie groß die Lücke wirklich ist, wenn derjenige nicht mehr da ist. Auch wenn immer Familienmitglieder um mich herum waren, habe ich mich gefühlt, als wäre ich der einsamste Mensch auf der Welt, denn die Herausforderung besteht darin, dass jeder Mensch ganz individuell mit Trauer umgeht.

Nach der Beerdigung wurde es immer ruhiger um uns herum. Einerseits schien es so, als hätten alle vergessen, dass gerade jemand so Wertvolles von dieser Welt gegangen ist, und anderseits wussten die meisten Leute einfach nicht, was sie (noch) sagen sollten. Leider ist es in dieser Gesellschaft fast schon ein Tabuthema, über Trauer zu sprechen, erst recht, wenn es um verstorbene Kinder geht. Lieber wird geschwiegen als offen gesagt, dass man überfordert ist. Mir fehlte ganz oft eine (erwachsene) Person, die mir gesagt hat, dass es okay ist, dass ich traurig bin, und nicht nach so und so viel Tagen einfach wieder zur Tagesordnung übergehen muss. Noch heute gibt es Tage, an denen es mir durch irgendeinen Trigger plötzlich wieder schlecht geht, und ich weiß, dass es meinen Brüdern genauso geht, aber die meisten Menschen können nicht verstehen, dass der Schmerz ein Leben lang bleibt und dass die Narbe auf der Seele manchmal besser versteckt und manchmal sehr schnell gereizt ist.

Wir mussten nach dem Tod von Fabienne alle unsere neue und gleichzeitig alte Rolle im Familiensystem wiederfinden und haben dabei immer zuerst darauf geachtet, dass es allen anderen im System gerade gutgeht. Auf uns selbst haben wir dabei weniger geschaut.

Ich habe durch den Druck der Gesellschaft und das Gefühl, die Rolle meiner Schwester auffangen und ihre »Aufgaben« erledigen zu müssen, sehr lange viel Trauer in mich hineingestopft. Nach ungefähr vier Jahren konnte ich nicht nur nicht mehr, sondern habe endlich eingesehen, dass es egal ist, was andere darüber sagen, wie, wo und wann ich »richtig« zu trauern habe. Ich habe mich damals auch ganz oft selbst dafür »bestraft«, dass ich sehr viele Dinge erleben kann, die Fabienne niemals erleben kann. Auch heute kommen solche Gedanken noch, aber mittlerweile kann ich es deutlich besser einordnen und steuern, denn eines habe ich definitiv gelernt durch meine Schwester: Das Leben ist zu kurz, um es nicht zu genießen, und wenn man nicht kämpft, dann wird es nur noch viel kürzer und trostloser.

Es ist wichtig, nie die Hoffnung zu verlieren. Der Schmerz bleibt, manchmal mehr, manchmal weniger. Aber wir haben es als Familie geschafft, immer füreinander da zu sein und uns bewusst Zeit füreinander zu nehmen.

Nächstes Jahr geht es für mich einen Schritt weiter: Ich werde ausziehen und fürs Studium ganze 500 Kilometer wegziehen müssen. Für meine Eltern, besonders für meine Mama, ist der Abschied sehr schwer, weil es für sie, glaube ich, ein ganz kleines bisschen so ist, als würden sie ihre zweite Tochter auch verlieren. Aber ich wage zu behaupten, dass unsere Erfahrung unsere Familienbande gestärkt und uns gleichzeitig noch verletzlicher gemacht hat. Wir sind alle gebrandmarkt mit der Angst, noch einmal so etwas erleben zu müssen. Mittlerweile haben wir für uns fünf einen neuen Alltag und kleine Rituale gefunden, wie zum Beispiel, dass Fabienne jedes Jahr von jedem von uns eine ganz individuelle Postkarte an einem Heliumballon zu ihrem Geburtstag in den Himmel bekommt.

Ich würde mir wünschen, dass unsere Gesellschaft das Thema endlich nicht mehr totschweigt und gleichzeitig akzeptiert, dass wir alle unseren eigenen Weg in unserem Tempo gehen dürfen. Für mich wäre es damals sehr hilfreich gewesen zu wissen, dass Menschen mich nicht ignorieren wollten, sondern einfach Angst hatten, das Falsche zu sagen. Man kann niemandem den Schmerz abnehmen, und es wird auch leider ein Leben lang schmerzhaft bleiben, aber es wird immer Tage geben, wo es besser ist und man sich freut, wenn man abgelenkt wird, aber es wird auch viele Tage geben, an denen man darüber reden möchte und einfach manchmal auch nur jemanden braucht, der einem zuhört.

Für mich war meine Familie die Stütze. Wir haben es gemeinsam geschafft und schaffen es auch (fast) jeden Tag weiterzuleben. Und dafür bin ich unendlich dankbar. Ich bin dankbar, dass ich trotz allem so viele wunderschöne Erinnerungen mit meiner zauberhaften kleinen Schwester Fabienne habe. Denn die wird mir niemals jemand wegnehmen können.

Zum Abschluss möchte ich noch sagen, dass ich, als Stephanie (Witt-Loers) mich fragte, ob ich ein paar Seiten zu diesem Thema schreiben würde, ich direkt ja gesagt habe. Für uns waren ihre Arbeit und Unterstützung damals wie auch heute noch sehr viel wert. Und ich möchte versuchen, hiermit ein Stück beizutragen, dass man versteht, dass es egal ist, was genau einem hilft. Denn das hat sie uns damals immer wieder mit auf den Weg gegeben.

3.7 Exkurs: Geschwistertrauer und innerfamiliäre Belastungen

Davina Klevinghaus

Davina Klevinghaus ist Trauerbegleiterin (BVT), Koordinatorin für Kinder- und Jugendtrauer bei den Malteser Hospizdiensten in Dortmund, Sterbebegleiterin, ehrenamtliche Mitarbeiterin bei »Traurig. Mutig.Stark«, Referentin und Lehrerin für sonderpädagogische Förderung.

»Manchmal weiß ich gar nicht, ob ich um meinen verstorbenen Bruder oder um meine Kindheit trauere, die er mir genommen hat. Ich wünschte, wenigstens meine Mutter wäre für mich dagewesen. Und jetzt schäme ich mich zutiefst, weil ich mich manchmal sogar über mein neues Leben freue. Was bin ich für ein Mensch, der sich darüber freut, ohne seine Mutter und seinen Bruder zu leben, statt um sie weinen?«

Mit diesen Worten gewährt uns Hannah, inzwischen 16 Jahre alt, deren Bruder und Mutter bei einem Autounfall ums Leben gekommen sind, einen Einblick in ihre Gefühlswelt, die sie selbst als »chaotisch« und »ambivalent« beschreibt. Wie nicht wenige Kinder und Jugendliche sah sie sich in ihrer Kindheit und Jugend mit psychosozialen familiären Belastungen konfrontiert, die sich nun auch im Trauerprozess manifestieren. Wenn durch den Geschwisterverlust per se unweigerlich das familiäre Gefüge verändert wird, können bereits bestehende Belastungen in den Vordergrund rücken, sich verschärfen oder abschwächen, was sich wiederum auf den Umgang mit dem Verlust auswirken kann.

»Wieso kann ich nicht einfach um meinen Bruder trauern?« Diese und weitere Fragen beschäftigen Hannah. Sie beschäftigen auch Luca, einen 17-Jährigen, dessen jüngerer Bruder vor zwei Jahren verstarb, auf dessen Geschichte noch eingegangen wird.

Gemeinsam ist den beiden Fallbeispielen, dass sie den Blick auf kumulative familiäre Belastungen richten, die den Trauerprozess hinterbliebener Geschwister beeinflussen können. Das Aufwachsen unter psychosozial belasteten Lebensbedingungen kann sich auf unterschiedliche Weise auf die verschiedenen Lebensbereiche der Kinder und Jugendlichen auswirken. Daher ist es wichtig, in der Begleitung der Heranwachsenden sowohl sensibel für potenzielle Risikofaktoren zu sein als auch den Fokus auf vorhandene Ressourcen und Protektivfaktoren zu richten, die für die Trauerarbeit von zentraler Bedeutung sein können. Vorab ist darauf zu verweisen, dass sich – wie in jedem individuellen Trauerprozess – interpersonell große Unterschiede in der Wahrnehmung und im Erleben zeigen. Bei den zitierten Aussagen ist daher stets die subjektive Relevanz zu berücksichtigen. Sie erheben keinen Anspruch auf Vollständigkeit und sind nicht übertragbar. Nichtsdestotrotz sind die Ausführungen als Reflexionsanlässe und als Botschaften zu lesen, die Ihnen Luca und Hannah und mit ihnen viele weitere trauernde Geschwister mit auf den Weg geben.

Wer ein Geschwister verliert, verliert mit ihm oft nicht nur einen engen Vertrauten, eine Spielpartnerin, einen Verbündeten, vielleicht auch eine Beschützerin oder einen zu Beschützenden, sondern häufig noch vieles mehr. Nahe Bezugspersonen, insbesondere Eltern, trauern zuweilen auf eine derart einnehmende Weise, dass die Trauer des Geschwisters nicht selten in den Hintergrund rückt. Das Familiensystem ist verändert. Es entsteht eine Lücke, mit der nicht nur das Geschwister, sondern auch alle anderen Familienangehörigen umgehen lernen müssen. In diesem Prozess der Neuorientierung sind trauernde Geschwister häufig auf sich allein gestellt. So erging es auch Luca, der berichtet:

»Der Tod meines Bruders hat von einem Moment auf den nächsten mein komplettes Leben auf den Kopf gestellt. Er hat ein tiefes

Loch in mein Herz gerissen, und anfangs hatte ich das Gefühl, mit hineingerissen zu werden. Ich fühlte mich einsam. Mir hat schon vorher etwas gefehlt – dadurch, dass meine Mutter nichts mehr mit uns zu tun haben wollte und Papa sich im Alkohol ertränkte. Das Gefühl, nicht vollständig zu sein, hatte ich schon immer, aber jetzt, nach seinem Tod, nimmt es mich manchmal komplett ein. Es überkommt mich. Vor allem nachts. Dann vermisse ich ihn oft besonders.«

Lucas Bruder suizidierte sich im Alter von 13 Jahren. Im Rahmen der Trauerbegleitung stellte sich heraus, dass Luca enorm unter dem Gedanken litt, als großer Bruder, als Beschützer und Stütze versagt zu haben. Diese Vorwürfe hingen lange Zeit wie ein Schleier vor der Trauer um den verstorbenen Bruder. Luca betrachtete den Suizid seines Bruders als finales Symptom seines eigenen Scheiterns. Lange war dies seine Antwort auf seine Fragen nach der Sinnhaftigkeit des Todes. Er gab zunächst sich allein die Schuld daran, dass sein Bruder seiner Ausweglosigkeit auf diese Weise ein Ende gesetzt hatte. Im Prozess der Trauerbegleitung kreiste Luca immer wieder um die Frage nach Schuld und Verantwortung. Richteten sich die Wut und die Vorwürfe anfangs gegen sich selbst, verlagerten sie sich sukzessive in Richtung des Vaters und der Mutter. Luca verlieh seiner Wut Ausdruck und konnte sich selbst Stück für Stück verzeihen.

Dieser Prozess brauchte Zeit. Was hier in Kürze dargestellt wurde, stellt ein typisches Phänomen der Trauer dar, insbesondere in Situationen, in denen weitere Belastungen zum Verlust eines geliebten Menschen hinzukommen oder in denen es sich um multiple Verluste handelt: Angst, etwa vor dem Versterben weiterer Angehöriger oder vor dem Alleinsein, versteckt sich häufig hinter anderen Gefühlen wie Wut oder Hass. Auch die Traurigkeit ist oft umgeben von einer Vielzahl weiterer Emotionen, die es zu erforschen gilt. Finden Trauerprozesse inmitten belastender familiärer Strukturen statt, zeigen sich die ohnehin häufig auftretenden Trauerreaktionen bisweilen in gesteigertem Ausmaß. Trauernde Geschwister erleben ihre Trauer oftmals besonders kontrastreich.

Die exemplarisch dargestellten Lebensverläufe der Adoleszenten Luca und Hannah unterscheiden sich grundlegend im Hinblick auf die Beziehung zum verstorbenen Geschwister. Während Luca vor allem unter seiner Wahrnehmung litt, dem Bruder in seiner Rolle als Beschützer nicht gerecht geworden zu sein, kamen bei Hannah immer wieder die Wut auf ihren älteren Bruder und der Vorwurf zum Vorschein, er habe sie psychisch unter Druck gesetzt und manipuliert. Beschreibt Luca seinen verstorbenen Bruder als jenen Menschen, für den er alles gegeben hätte, verzweifelt Hannah daran, dass sie sich sogar manchmal darüber freut, ohne ihn weiterzuleben. Sie beide haben gemein, dass ihre familiäre Situation durch vorherige (etwa durch den Kontaktabbruch von Lucas Mutter) beziehungsweise multiple Verluste (durch das Versterben von Hannahs Mutter) sowie durch starke emotionale Belastungen geprägt ist, und doch erweisen sich gänzlich differente Facetten der Trauer als zentrale Momente. Nachfolgend wird der Prozess der Trauerbegleitung mit Hannah aus der Perspektive der Trauerbegleiterin skizziert.

Welche Interventionen erwiesen sich als hilfreich? Was waren die Herausforderungen?

Von Beginn an berichtete Hannah von wiederkehrenden Träumen, in denen sie sich wortlos von ihrer Mutter und ihrem Bruder wegdrehte und abhob, als könnte sie fliegen. Eigentlich mochte sie diesen Traum, sie fühle sich dabei so frei, erläuterte sie. Doch jedes Mal erwachte sie in genau dem Moment, in dem sie auf eine dunkle Wand zuflog, die sich unendlich auszubreiten und sie in Blitzgeschwindigkeit einzusaugen schien. Jedes Mal erwachte sie und fühlte sich miserabel. Schuldig. Ihr Hals sei am Morgen »wie zugeschnürt« und am Abend könne sie aus Furcht vor dem, was kommen würde, kaum einschlafen.

In der ersten Zeit der Begleitung widmeten wir uns diesem Traum und seinen Bildern auf verschiedenen Wegen. Hannah malte die einzelnen Sequenzen auf: die Begegnung mit Bruder und Mutter – ihr eigenes Wegdrehen – die Flügel, die ihr wuchsen und mit denen sie abhob – das Gefühl der Freiheit in der Luft – und plötzlich die bedrohliche schwarze Wand mit dem von ihr ausgehenden Sog, den sie als einen dunklen Strudel malte. Zu jedem dieser Bilder schrieb sie einen Satz, der ihr spontan einfiel. Wir nahmen uns viel Zeit dafür, ihr Erleben zu rekonstruieren und ihre Emotionen präzise zu erfassen. Schließlich stellte sie fest, dass es sich anfühlte, als verschluckten ihre Scham und ihr Ekel ihr eben erst gewonnenes Gefühl von Freiheit und Leichtigkeit. Mit diesem Bild im Kopf fanden wir einen ersten Zugang zu ihrer Trauer. Sie berichtete mir, dass sie die Auseinandersetzung mit den Inhalten des Traumes als klärend erlebte. Ich erfuhr, dass ihr Bruder sie jahrelang emotional missbraucht und die Mutter ihr kaum Gehör geschenkt und sie nicht ernst genommen hatte:

»Das würde ihr Junge doch niemals tun, erklärte sie mir und betäubte sich, das verstand ich erst später, mit ihren Drogen. Irgendwann war es mir egal, ich ließ es über mich ergehen. Genauso war es mir dann letztlich auch egal, als ich von ihrem Unfall hörte. Ich fühlte mich lediglich ein Stück weit erleichtert. Und dann brach die schwarze Wand über mich herein. Diese Wand voller Ekel und Scham. Ich wollte traurig sein, versuchte es immer wieder, aber es gelang mir nicht. Es war, als riss man mir den Boden unter den Füßen weg, und ich war froh zu fallen – oder zu fliegen.«

Hannah schämte sich, da sie nicht ihren eigenen Vorstellungen (und den Erwartungen ihres sozialen Umfelds) entsprechend zu trauern vermochte, sondern sich primär erleichtert und befreit fühlte, statt traurig und hilflos zu sein. Ein wichtiger Aspekt der Begleitung lag darin, sie dahingehend zu stärken, ihren eigenen Trauerweg anzunehmen und sich selbst alle Gefühle zu erlauben – die Scham, auch die Erleichterung und Stück für Stück auch immer mehr die Trauer um ihre Kindheit, die von Enttäuschungen und Vernachlässigung geprägt war.

Wichtige Schritte auf diesem Weg waren zwei Briefe, die Hannah verfasste, nachdem wir bereits einige Male über die Erlebnisse ihrer Kindheit gesprochen hatten: Sie nannte sie die »Kotz-dich-aus-Briefe«, denn sie beinhalteten alles, was sie ihrem Bruder und ihrer Mutter noch gern »an den Kopf geworfen« hätte. Ich ermunterte sie, die Briefe möglichst schonungslos und ehrlich zu schreiben. Sie schrieb eine Vielzahl an ihren Bruder gerichteter Vorwürfe nieder, erinnerte sich an etliche Situationen, in denen er sie »erniedrigt und zum Spielball gemacht hatte«. Als sie den Brief an ihren Bruder fertiggeschrieben und mir – auf ihren spontanen Wunsch hin – zu großen Teilen vorgelesen hatte, fragte ich sie, ob sie sich vorstellen könnte, ihn ihrem Bruder symbolisch noch einmal vorzulesen. Ich schlug ihr verschiedene Varianten vor und sie entschied sich, symbolisch zwei Stühle aufzustellen, einen für ihren Bruder und einen für ihre Mutter: »Damit sie auch endlich zu hören bekommt, was er mir angetan hat.« Ich bat sie, für sich zu prüfen, ob es sich stimmig anfühlte, den Brief zuvor um einen in die Zukunft gerichteten Wunsch für ihre Beziehung zum verstorbenen Bruder zu erweitern. Nach reiflicher Überlegung fügte sie Folgendes hinzu: »Ich befreie mich von den Ketten, die du um mich geschlungen hast. Ich erlaube mir, in eine bunte Zukunft zu fliegen.«

Nach und nach gelang es Hannah, um ihre Kindheit zu trauern und das Erlebte zu verarbeiten. Immer häufiger berichtete sie davon, dass sie auch in ihrem Umfeld vermehrt auf Resonanz und Verständnis für ihren Trauerprozess stieß, sobald sie sich in Gesprächen öffnete und von dem erzählte, was ihr widerfahren war. Dadurch, dass sie ihre Gefühle in der Trauer offen ausdrücken konnte, was sie zu Beginn der Trauerbegleitung noch als »Schwäche« wahrgenommen hatte, fand sie die Akzeptanz in ihrem sozialen Umfeld, die sie nun als wichtige Ressource erlebt. Je mehr sie sich mit ihrer Kindheit und den familiären Belastungen auseinandersetzte, desto häufiger erlebte sie Momente, in denen sich auch die Traurigkeit über den Verlust des Bruders ihren Weg bahnte. Neben ihrer Wut und anderen aversiven Gefühlen ihm gegenüber entdeckte sie im Laufe der Zeit bislang verborgene Gefühle der Zuneigung und konnte schließlich aufrichtig um den Verlust ihres Bruders trauern, wonach sie sich anfangs so häufig vergeblich gesehnt hatte.

Je klarer ihre Sicht auf die Vergangenheit, auf ihre Beziehung zum Bruder und zur Mutter wurde, desto mehr richteten wir in der Trauerbegleitung den Fokus auf Hannahs Ressourcen und ihren weiteren persönlichen Weg. Sie fand es hilfreich, kleine Schiffe mit Botschaften an ihren Bruder, aber auch mit Wünschen für ihr eigenes Leben zu basteln und sie in einem Bachlauf davonziehen zu lassen. Wir näherten uns ihren persönlichen Stärken, ihren Träumen und Visionen an und konkretisierten sie durch verschiedene kreative Methoden. Das Fliegen blieb bis zum Ende ein zentrales Motiv für Hannah, weshalb eines unserer letzten größeren Projekte darin bestand, ein Miniaturflugzeug zu bauen, auf dem all ihre Visionen und ihre dafür benötigten Stärken künstlerisch und in schriftlicher Form auf Flügeln, Rumpf und Cockpit verankert wurden. Im Inneren des Flugzeugs war Platz für Erinnerungen, die sie auf ihre Reise mitnehmen wollte, und ganz hinten befestigte sie ein kleines mit Sand befülltes Säckchen. Der Sand, erläuterte sie, stelle die verbliebene Traurigkeit dar, die sie womöglich immer begleiten werde, die sie aber vielleicht auch nach und nach abwerfen werde.

Der Blick von außen: Aus der Perspektive der Trauerbegleiterin war es mir besonders wichtig, zum einen Hannahs Themen mit Offenheit und Akzeptanz zu begegnen und zum anderen stetig zu reflektieren, ob und inwieweit es weiterer, etwa psychotherapeutischer, Unterstützung bedurfte. Es gilt im individuellen Fall abzuwägen, über welche Qualifikationen und Kompetenzen Trauerbegleitende verfügen, sensibel für die Signale des trauernden Geschwisters zu sein und immer wieder offen miteinander ins Gespräch zu gehen.

Als Luca etwa zu Beginn der Trauerbegleitung depressive und suizidale Gedanken äußerte, suchten wir gemeinsam nach einem Therapieplatz. Seitdem laufen Trauerbegleitung, Psychotherapie und Familienbegleitung parallel. Gerade in Begleitungen, in denen weitere Belastungsfaktoren hinzukommen, ist es unerlässlich, sich der eigenen Grenzen, Kompetenzen und Verpflichtungen bewusst zu sein und sensibel auf die Signale des Kindes oder Jugendlichen (etwa bei Verdacht auf Kindeswohlgefährdung) zu reagieren. Als sinnvoll erweist sich die gemeinsame Reflexion der Begleitungen im Rahmen einer Supervision.

Auch spielt die Reflexion der eigenen Haltungen, Erfahrungen und Grundannahmen eine bedeutende Rolle. Wie habe ich meine eigene Kindheit erlebt? Gab es innerfamiliäre Konflikte oder Belastungen? Welche Annahmen prägen meine individuelle Sicht auf Kindheit und Jugend? Über welche Ressourcen verfüge ich im Umgang mit den belastenden Themen, die die Kinder und Jugendlichen einbringen? Wie begegne ich ihnen und wie gehe ich für mich persönlich mit den Begleitungen um? Sich diese und weitere Fragen im Vorfeld und im Verlauf der Trauerbegleitung immer wieder zu stellen, kann dabei helfen, sich des eigenen Standpunkts und seiner Auswirkungen auf die eigenen emotionalen Reaktionen bewusst zu sein, sich adäquat abzugrenzen und zugleich empathisch auf die trauernde Person und ihre Bedürfnisse einzugehen.

Der Blick auf die Gesamtsituation: Im Hinblick auf die Begleitung von Kindern und Jugendlichen, die zusätzlich zum ohnehin belastenden Trauerprozess nach dem Verlust eines Geschwisters innerfamiliäre Belastungen erleben, ergibt es oftmals Sinn, den Blick auf die Gesamtsituation auszuweiten, sofern die trauernde Person entsprechende Signale sendet. Häufig lassen sich in belastenden familiären Situationen viele größere oder kleinere Traueranlässe feststellen (Kontaktabbruch, Unzuverlässigkeit, Versprechen, die nicht eingehalten werden), die sukzessive thematisiert werden können. Oft öffnen sich so auch schrittweise die Türen in Bezug auf den aktuellen Geschwisterverlust. Zentral ist dabei, dass grundsätzlich alle aufkommenden Gefühle der trauernden Person angenommen werden. Trauerbegleitende können trauernde Geschwister ermutigen und stärken, indem sie ihnen signalisieren, dass alle Emotionen ihre Berechtigung und ihren Sinn haben. Es ist in Ordnung, um die eigene Kindheit statt um den Verlust des Geschwisters zu trauern. Genauso ist es in Ordnung, erst einmal »gar nichts« oder gar Erleichterung zu verspüren. Die eigenen Erfahrungen und Emotionen zu akzeptieren, ist ganz wesentlich. Auf diese Weise kann das Erlebte sukzessive beleuchtet und die Trauer ins Leben integriert werden.

Darüber hinaus ist die Frage nach den personalen und sozialen Ressourcen von zentraler Bedeutung. Welche Faktoren lassen mich trotz der Belastungen kompetent handeln? Auf welche Ressourcen konnte ich in der Vergangenheit, kann ich in meiner jetzigen Situation und werde ich auch in Zukunft zurückgreifen können?

Die Begleitung trauernder Geschwister, die zusätzliche innerfamiliäre Belastungen erleben, erfordert also eine große Sensibilität für die spezifischen Themen und Bedürfnisse der Trauernden, eine kritisch-reflexive Grundhaltung gegenüber den eigenen Grenzen und Kompetenzen sowie eine mögliche Ausweitung des Unterstützungsangebots. Diese Aspekte sind in der Trauerbegleitung grundsätzlich unabdingbar. Allerdings rücken sie oftmals besonders in den Fokus. Auch die individuellen Trauerreaktionen können sich in Anbetracht multipler Belastungen verstärken, sodass es sich häufig um besonders facettenreiche Begleitungen handelt, was Luca mit diesen abschließenden Worten zum Ausdruck bringt:

»Nachdem es einige Zeit gedauert hat, bis ich aus meinem ersten schwarzen Loch wieder rausgekommen bin, hat es sich wie eine Achterbahnfahrt angefühlt. Mal bin ich wochenlang in meiner frühen Kindheit hängengeblieben, dann war der Tod auf einmal wieder ganz präsent, plötzlich überkam mich die Wut auf meine Mutter, und immer wieder haderte ich mit mir selbst und mit meinem Vater, der uns manchmal wie Dreck behandelt hat. Zwischendurch habe ich das Gefühl, es wird mir alles zu viel, und dann denke ich oft an unsere gemeinsamen Erlebnisse, an das Schöne. Und inzwischen weiß ich, dass es auch weiterhin Schönes geben wird.«

4 Geschwistertrauer: Aspekte und Rollen

Es braucht einen individuellen, offenen Blick, um trauernde Geschwister mit ihren sich verändernden Bedürfnissen wahrzunehmen und sie hilfreich zu unterstützen. Im Folgenden möchte ich darum Perspektiven und Rollen aufgreifen, die im Verhalten, Denken und Fühlen verwaister Geschwister vorkommen können. Es sollen keine stigmatisierenden Stereotypen oder ausschließliche Rollen benannt werden, es geht vielmehr darum, für die vielen unterschiedlichen Facetten der Gefühls- und Gedankenwelt trauernder Geschwister zu sensibilisieren.

Werden bestimmte Rollen und Aspekte einseitig oder extrem gelebt, kann es zu Störungen in der Entwicklung, Beziehungsfähigkeit, des Selbstwerts oder Selbstkonzepts kommen. Deshalb sollten die folgenden Aspekte in der Begleitung mit in den Blick genommen werden. So kann konkret mit Geschwistern an belastenden Faktoren und Rollen gearbeitet werden. Rollen oder Rollenanteile müssen zudem im System reflektiert werden, um Verständnis füreinander zu schaffen. Sind Geschwister noch sehr jung, steht intensive Elternarbeit im Fokus, um verwaiste Geschwister nachhaltig zu unterstützen.

Tipp: Individuell und altersentsprechend können mit verwaisten Geschwistern persönliche Aspekte und Rollen wahrgenommen und verändert werden. Hilfsmittel, die zur Reflexion anregen, können hier zum Beispiel sein: Rollenspiele, die Arbeit mit dem Familienbrett oder Figuren, die die Familie repräsentieren, sowie der Austausch in Trauergruppen.

Der Aspekt der Ressourcenarbeit wird nicht immer explizit fokussiert. Dennoch machen die Stärkung von Selbstwert, Selbstvertrauen sowie die Stabilisierung, Aktivierung und Nutzung von Ressourcen einen großen und sehr wesentlichen Anteil einer hilfreichen Begleitung verwaister Geschwister und deren Familien aus, der jederzeit mitbeachtet und einbezogen werden sollte.

Tipp: Eltern sollten sensibilisiert werden, damit sie persönliche Ressourcen ihrer überlebenden Kinder respektieren und fördern. Ressourcenaktivierung sollte gezielt im Familienalltag eingebaut werden und in der Begleitung mit verwaisten Geschwistern Raum haben. Besonders wenn an schweren Themen gearbeitet wurde, sollten Geschwister durch die Reflexion bereits bestehender Ressourcen und das Bewusstmachen neugewonnener Ressourcen gestärkt werden (Unterstützung in Anspruch nehmen, Selbstreflexion, sich distanzieren können, für sich sorgen, Hobbys, Beziehungen, siehe dazu auch Kapitel 2.5). Für die praktische, ressourcenorientierte Trauerarbeit im Sinne der Traueraufgaben finden sich in Kapitel 12 mögliche Anregungen.

4.1 Schattenkind und Familienretter

Schattenkind

Der Begriff des Schattenkindes wurde in der Vergangenheit von der Fachwelt kontrovers diskutiert. Ich möchte vorschlagen, ihn nicht apodiktisch zu nutzen. Geschwister ausschließlich mit Schattenkindern gleichzusetzen und womöglich die Begleitung einseitig danach auszurichten, reicht nicht. Dennoch sollte aus meiner Sicht beachtet werden, dass Geschwister Gefühle und Gedanken eines »Schattendaseins« in unterschiedlichen Facetten erleben können.

Wachsen Geschwister von klein auf mit lebensverkürzend erkrankten Geschwistern auf, kennen sie die Situation nicht anders und könnten sich mit dem Begriff des »Schattenkindes« stigmatisiert fühlen. In meiner Praxis begleite ich Familien, die plötzlich mit einer lebensverkürzenden Erkrankung konfrontiert waren. Geschwister, die bis dato eine »heile Familie« und Aufmerksamkeit gewohnt waren, berichteten davon, dass sie sich als »Schattenkinder« fühlten, weil sie in der Familie und im sozialen Umfeld als gesunde Geschwister weniger Aufmerksamkeit, Zuwendung und Unterstützung erfuhren als ihre erkrankten Geschwister, die mit ihren Bedürfnissen im Fokus des Familienlebens und des Lebensumfelds standen.

Andere Aspekte, die zu Gefühlen von Zurücksetzung führen können, sind die vielfältige Überforderung der Eltern im Kontext ihrer eigenen Trauer, besonders dann, wenn deren Bedürfnisse nach praktischer und psychologischer Unterstützung nicht erfüllt werden. Oftmals erleben Geschwister die intensiven Trauerreaktionen ihrer Eltern, die deren gesamte Energie beansprucht und die das überlebende Geschwister in ihrem Schmerz nicht wahrnehmen können. Die Fachliteratur spricht daher von einem doppelten Verlust, den Geschwister erleiden.

Geschwister können sich wie Schattenkinder fühlen: unbeachtet, bedeutungslos, zurückgesetzt, in den Hintergrund gerückt, einsam, unverstanden, ungeliebt, trauernd um die verloren gegangene Zuwendung und Unterstützung der Eltern und möglicherweise auch des sozialen Umfelds. Wird diese Rolle sehr intensiv und schmerzhaft erlebt, kann es zu einem negativen Einfluss auf die weitere Entwicklung des trauernden Geschwisters kommen. Weitere Konsequenzen des Verlusts können negative Entwicklungen verstärken. Resignation, Festigung negativer Glaubenssätze (»Ich bin nicht wertvoll«, »Ich bin unwichtig«, »Besser wäre ich gestorben, nicht mein Bruder«), eingeschränkte Entwicklung von Selbstwert und Selbstbewusstsein, risikoreiches oder aggressives oder Suchtverhalten bis hin zu Suizidversuchen oder zum Suizid können daraus entstehen.

Familienretter und Tröster

Die Angst um die eigene Existenz und die Sorge, dass Eltern das Familiensystem nicht aufrechterhalten können, lassen Geschwister die Rolle des Familienretters annehmen. Insbesondere die Traueraufgabe des »Überlebens« führt dazu, dass Geschwister funktionieren und Verantwortung im Familiensystem übernehmen. Sie stellen ihre eigene Trauer zurück, nehmen besonders Rücksicht, versorgen andere Geschwister, kümmern sich um ihre Eltern, psychosoziale Aufgaben oder Alltagsarbeiten in der Familie (Haushaltsaufgaben, Beaufsichtigung und Versorgung von Geschwistern, finanzielle Unterstützung der Eltern, Versorgung von Eltern, positive Stimmung verbreiten, für die Gesundheit der Familienmitglieder sorgen).

Geschwister vermitteln bei Konflikten, fühlen sich als »Familienretter« und »Tröster« für Beziehungen der Eltern oder der gesamten Familie verantwortlich oder versuchen, den Verlust auf vielfältige Weise wiedergutzumachen. Die Familie selbst und/oder das soziale Umfeld fordern unbewusst, indirekt oder direkt den »Familienretter« vielfach von trauernden Geschwistern, die sich kaum dagegen wehren können (»Ich kann nicht mehr, du musst mir helfen«, »Du bist jetzt unser Leben«, »Du siehst doch, wie deine Eltern dran sind. Jetzt musst du dich um sie kümmern, wenn du nicht willst, dass noch etwas passiert«, »Du darfst deinen Eltern nicht noch mehr Sorgen machen, sie sind schon traurig genug«). Oftmals wird die Retter- und Trösterrolle nicht nur in der Kernfamilie übernommen, sondern auch für Großeltern oder andere Familienangehörige.

Die Rolle des »Familienretters« kann sehr ausgeprägt sein und über viele Jahre bis lebenslang wirken. Die Abnabelung von der Familie kann dadurch schwierig werden, weil Geschwister glauben, weiterhin verantwortlich zu sein, und Sorge haben, der Rest der Familie würde zusammenbrechen, wenn sie nicht mehr da sind. Tatsächlich kann dies in der Realität eine Folge sein. Gedanken von Schuld oder Versagen, wenn es anderen aus dem Lebensumfeld nicht gutgeht, können zudem auftreten.

Geschwister stellen darum beispielsweise eigene Lebens- oder Berufsziele, den Wunsch auszuziehen oder Wünsche nach einer eigenen Familie zurück. Eltern wiederum können diese Rolle subtil oder massiv fordern und fördern. Oftmals werden andere Gründe vorgeschoben, die verhindern sollen, dass das Geschwister seinen eigenen Lebensweg geht (Studienort zu weit weg, Wohnung zu teuer, Studium zu schwer, Partner nicht gut genug, zu Hause besser versorgt). Das folgende Beispiel zeigt in aller Deutlichkeit, wie schwer es für Geschwister sein kann, sich zu erlauben, ihr eigenes, selbstbestimmtes Leben zu führen.

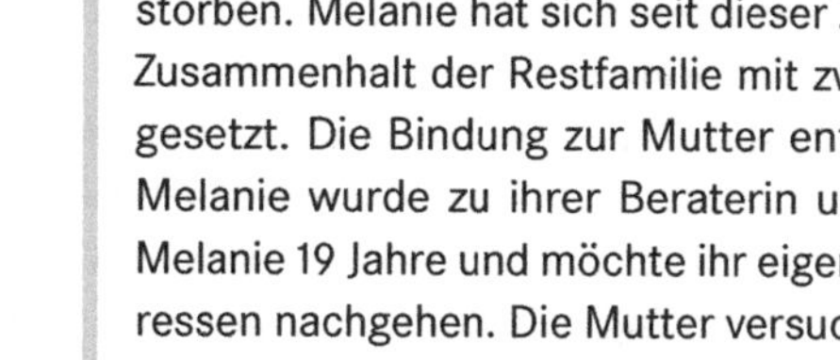

Praxisbeispiel: Vor sechs Jahren ist Jonas im Alter von elf Jahren gestorben. Melanie hat sich seit dieser Zeit immer wieder sehr für den Zusammenhalt der Restfamilie mit zwei weiteren Geschwistern eingesetzt. Die Bindung zur Mutter entwickelte sich besonders eng. Melanie wurde zu ihrer Beraterin und Vertrauten. Inzwischen ist Melanie 19 Jahre und möchte ihr eigenes Leben aufbauen, ihren Interessen nachgehen. Die Mutter versucht Melanie davon abzubringen, durch viele Argumente und schließlich durch die flehentliche Bitte, sie möge sie nicht im Stich und allein lassen mit dem Vater und den Geschwistern. Melanie gerät in einen tiefen Gewissenskonflikt, kämpft mit Schuldgefühlen und versagt sich zunächst eine Studienmöglichkeit in der Nähe. Nachdem sie wenig später die Chance erhält, weiter weg zu studieren, gelingt es ihr, sich abzunabeln. Sie kommentiert ihren Entschluss: »Jetzt möchte ich endlich mein eigenes Leben führen und selbst darüber bestimmen, wie ich es gestalte. Ich glaube, ich muss sehr weit weg, damit ich mir das ermöglichen kann. Würde ich in der Nähe bleiben, wäre ich immer greifbar, verantwortlich und Abgrenzung würde mir schwerfallen. Wahrscheinlich würde es mir nicht gelingen.« Und dennoch hadert sie bis zum letzten Moment immer wieder damit, diesen Schritt zu realisieren.

Tipp: Geschwister müssen Schutz und Entlastung erfahren. Sie brauchen die Möglichkeit, ihr eigene Identität zu entfalten und selbstbestimmt zu leben. Die Mechanismen der »Familienretterrolle« können sich bis ins Erwachsenenalter fortsetzen. Gefühle, für das Wohl anderer verantwortlich zu sein oder kein Recht auf ein eigenes Leben zu haben, können sich zudem wieder verstärken, wenn Eltern Fürsorge und Pflege benötigen.

Elternvertraute

Trauernde Geschwister erleben innerhalb des Systems die Verschiebung von Rollen und Verantwortungen bezüglich eines Elternteils oder beider Eltern. Schnell werden sie zu Vertrauten eines Elternteils, ersetzen das andere partiell, weil es zu schwach erscheint oder geschont werden soll. Die unterschiedliche Art der Eltern zu trauen kann solche Rollenverschiebungen auslösen. Geschwister werden mit Themen und Fragen konfrontiert, die sie in ihrer Rolle als Kind überfordern (»Kannst du nicht mal mit Papa sprechen, dass er weniger trinken soll?«). Das erzeugt enormen Druck. Zugleich können ambivalente Gefühle und Loyalitätskonflikte entstehen, die erhebliche Belastungen und Überforderung für das Geschwister bedeuten. Scheitert die Ehe der Eltern oder zeigt tragische Formen, fühlen sich Geschwister als Versager. Sie glauben, verantwortlich und schuldig zu sein für das Geschehen. Zugleich können derart enge Beziehungen und starke Verantwortung durch diese Rolle entstehen, dass die eigene Entwicklung und Lebensplanung behindert wird.

»Mir darf es nicht gutgehen« – Überlebensschuld

Das, was dem verstorbenen Geschwister verwehrt ist, darf nicht mit Freude und Leidenschaft gelebt werden, schon gar nicht, wenn andere im Familiensystem trauern. Das Gefühl, nicht das Recht zu haben, zu leben, sich nicht mit Dingen beschäftigen zu dürfen, die Spaß machen, kann Geschwister sehr belasten. Überlebensschuld kann sehr quälend sein und eine Suizidgefährdung hervorrufen. Empfinden verwaiste Geschwister dennoch Lebensfreude und entwickeln Zukunftspläne, begleitet sie oftmals ein schlechtes Gewissen, verknüpft mit dem Gefühl, ihr Leben nicht verdient zu haben.

Tipp: Geschwister müssen bestärkt werden, ihr Leben zu gestalten und ihre Zukunft zu planen. Das gestorbene Geschwister kann als ermutigende, reflektorische Kraft eingesetzt werden: »Hätte deine Schwester/dein Bruder, gewollt, dass du dein Leben nicht lebst? Hätte er/sie gewollt, dass sein/ihr Tod so viele negative Auswirkungen auf das Leben der restlichen Familie hat, sie womöglich zerstört?«

Ich bin schuld

Nicht nur Eltern, verwaiste Geschwister können sich ebenfalls verantwortlich und schuldig fühlen für den Tod ihres Geschwisters. Scham führt dazu, dass sie ihre Gedanken und Gefühle niemanden mitteilen. Ursachen für Schuldgedanken können starke Rivalität, Streit oder eine ausgeprägte, ambivalente Geschwisterbeziehung sein. Geschwister können glauben, durch eigenes Verhalten oder Denken zur Erkrankung, zum Tod, Suizid oder Unfall beigetragen zu haben, zum Beispiel durch unterlassene Unterstützung, ablehnendes, aggressives Verhalten oder schlechte Wünsche für das Geschwister. Schuld kann Funktionen von Selbstbestrafung oder Wiedergutmachung erfüllen.

Gedanken an die eigene Schuldigkeit können zudem genährt werden durch ungeklärte oder stigmatisierte Todesarten (vermuteter Suizid, Suizid, Tod durch Substanzen, Gewalt), da hier häufig viel Spielraum für eigene Interpretationen und Erklärungen bleibt, um offene, unerträgliche Fragen zu beantworten und erträglich zu machen. Zudem können Schuldgedanken als Versuch verstanden werden, die Kontrolle über das Unfassbare zu erlangen (Witt-Loers, 2015a). (Mehr zum Thema »Schuld in der Familie« siehe S. 74, 165 ff.)

Praxisbeispiel: Lara liebt ihre jüngere Schwester Rebecca, die an einem Herzfehler erkrankt ist. Prognostisch geht man von Lebenseinschränkungen für Rebecca aus, jedoch nicht von einer eklatanten Lebensverkürzung. Lara ist oft wütend auf Rebecca, weil ihre Eltern ihr mehr Zeit widmen und sie auch aus dem Umfeld mehr Aufmerksamkeit und Geschenke bekommt, besonders wenn Untersuchungen im Krankenhaus anstehen. Sie wünscht sich Rebeccas Tod, damit sie selbst im Vordergrund stehen kann. Als Rebecca plötzlich stirbt, glaubt Lara, durch ihre Gedanken Schuld am Tod der Schwester zu haben.

Tipp: Diese gedanklichen Verstrickungen und Verhaltensweisen, die mit Schuld verkettet sind, gilt es aufzudecken, damit Geschwister entlastet und in ihrer persönlichen Entwicklung gefördert werden können. Zudem sollten Schuldgedanken aktiv erfragt werden. Das erleichtert es Geschwistern, über diese belastenden Gedanken und Gefühle zu sprechen und sie nicht wie ein dunkles Geheimnis bewahren zu müssen. Psychoedukation kann Geschwistern eine oftmals langwährende Selbstverurteilung und Scham ersparen und eine andere, wertschätzende Sicht auf sich selbst eröffnen.

Schuldgedanken sind für Geschwister jeden Alters belastend und können die weitere Lebensgestaltung auf vielfältige Weise negativ prägen. Sie sollten darum auf ihre Dysfunktionalität hinterfragt und entwicklungsentsprechend bearbeitet werden.

Tipp: Hilfreich können neben Wissensinput beispielsweise Fragen nach dem eigenen, realen Anteil am Geschehen, nach alternativen Sichtweisen oder den Konsequenzen sein, wenn die Selbstbeschuldigung aufgegeben würde. Außerdem kann die Anregung zu einem Zwiegespräch (alternativ Brief oder Bild) mit dem verstorbenen Geschwister zu den Fragen der eigenen Schuldigkeit entlastend sein und eine liebevoll fortgeführte Beziehung zum Gestorbenen ermöglichen.

Entlastung und Erleichterung

Statt oder auch gleichzeitig mit Überlebensschuld können nach dem Tod des Geschwisters Erleichterung und Entlastung verspürt werden.

Es kann positiv empfunden werden, wenn Eltern mehr Zeit für das verwaiste Geschwister haben.

Tipp: Gefühle von Erleichterung sind oftmals verknüpft mit Scham und Selbstentwertung. Geschwister sollten direkt darauf angesprochen und darüber informiert werden, dass solche Gedanken und Gefühle normal sind. Das kann von Gedanken entlasten, ein schlechter Mensch zu sein.

Flucht aus dem System

Geschwister, die manchmal über Jahre massive multiple Belastungen im Familiensystem erleben, können müde werden und möchten aus dem »Trauerhaus« flüchten, wie es ein Geschwister bezeichnet hat. Sie sehnen sich nach Ruhe, Frieden, Normalität und Zuwendung und versuchen, sich in eine andere Welt oder andere Beziehungen zu retten.

Der Wunsch zu flüchten kann gleichzeitig mit einem schlechten Gewissen der eigenen Familie gegenüber verbunden sein. Die Suche nach »neuen Eltern«, »einer neuen Familie« kann verbal geäußert werden oder sich darin ausdrücken, dass Geschwister sich verstärkt in anderen Familien aufhalten, dort Schutz und Normalität suchen oder von zu Hause weglaufen. Diese Verhaltensweisen sind für Eltern oftmals unverständlich und können nicht eingeordnet werden. Eltern fühlen sich durch die aufgebaute Distanz verletzt, allein gelassen, als Versager oder haben Angst, die gesamte Familie zu verlieren.

Tipp: Verhaltensweisen, die »sich flüchten« und »sich retten« widerspiegeln, sollten nicht bestraft oder belächelt, sondern unbedingt ernst genommen werden. Der seelische Hilferuf und die dahinterstehenden Bedürfnisse (möglicherweise Ruhe, Normalität, Aufmerksamkeit, Liebe) müssen erkannt werden. Es sollten Möglichkeiten der Zuwendung gefunden werden, um defizitäre und schmerzhafte Gefühle und Gedanken des Geschwisters zu mildern. Gerade dann ist Psychoedukation für die gesamte Familie wichtig. Eine professionelle Begleitung von außen, die solche Prozesse sicht- und verstehbar macht, kann hilfreich sein, um das Familiensystem zu erhalten und neu zu stärken. Verletzungen und individuelle Bedürfnisse können verstanden und berücksichtigt werden.

Praxisbeispiel: Luisa schrieb ihrer Grundschullehrerin einen Brief. Dort bat sie darum, in ihre Familie aufgenommen zu werden. Sie versprach, eine gute Tochter zu sein, und schrieb: »Ich würde zu dir ›Mama‹ sagen. Ich würde sagen: Mama, soll ich dir einen Tee bringen oder deine Tasche tragen?« Dieser Brief blieb unbeantwortet. Wahrscheinlich war die Lehrerin mit diesem Verhalten überfordert und konnte es nicht einordnen. Luisa entschied sich später für andere Fluchtmöglichkeiten. Sie lief weg und nahm schließlich Drogen. Das Familiensystem erkannte die Not nicht, verharmloste und bestrafte ihr Verhalten.

Spiel-, Medien- oder Drogensucht

Flucht aus dem System kann sich in Spiel-, Medien- oder Drogensucht ausdrücken. Werden diese Notsignale von Geschwistern nicht erkannt, erfahren sie Abwertung oder Bestrafung und können in noch tiefere Bedrängnis geraten. Es kann zu Scham, zum Verlust von Selbstwert, eigener Entwürdigung, Einsamkeit oder zur Selbstaufgabe bis hin zu Suizidalität kommen.

Fluchtverhalten kann eine Bewältigungsstrategie sein, die Geschwister von einem Elternteil übernommen haben. Gerade im Kontext einer schweren Erkrankung oder dem Tod eines Kindes kommt es auch bei Eltern/Elternteilen zu Verdrängungsstrategien, die sich durch Arbeit, erhöhten Alkoholkonsum oder andere als Flucht zu deutenden Verhaltensweisen äußern können.

Tipp: Aus meiner Erfahrung kann ein gutes Netz aus Jugendhilfe und Beratungsstellen (Erziehung, Sucht), psychologischer Unterstützung und Trauerbegleitung (Einzel/Gruppe) für das Geschwister sowie der Eltern dabei helfen, die Familie zu stabilisieren.

Ersatzschwester und Imitation

Eine weitere Rolle kann die des Ersatzgeschwisters sein. Verstorbene Geschwister werden manchmal idealisiert und dem überlebenden Geschwister als Vorbild vorgeführt (siehe Kapitel 3.3 »Das Familiensystem nach dem Tod«). Verwaiste Geschwister möchten dem Verstorbenen darüber nahe sein, die Eltern trösten, oder sie empfinden die Rolle als geschwisterliches Vermächtnis, was erhalten bleiben soll.

Diese Rolle kann sich durch die Übernahme von Vorlieben, Hobbys, Gesten, der Art zu sprechen oder Verhaltensweisen des gestorbenen Geschwisters ausdrücken. Der Wunsch, das Zimmer des gestorbenen Geschwisters und/oder dessen Sachen zu übernehmen, kann ebenfalls damit zusammenhängen.

Die übernommene Rolle kann dazu dienen, andere im Familiensystem über den Verlust hinwegtrösten und die entstandene Lücke überspielen zu wollen. Was gut gemeint ist, kann bei anderen Familienmitgliedern auf Wut, Aggression und Unverständnis stoßen, weil sie den Hintergrund nicht ahnen. Sanktionen oder Ausgrenzung für das Geschwister können eine Folge sein. Diese Rolle kann die Entwicklung der eigenen Identität be- oder verhindern, das Unverständnis des Umfelds zu Einsamkeit und Selbstwertverlust führen.

Verwaiste Geschwister benötigen zugleich Distanz vom verstorbenen Geschwister für die Entwicklung ihrer eigenen Identität. Manchmal fordern und fördern Eltern sowie das soziale Umfeld, dass die Rolle des verstorbenen Geschwisters angenommen wird. Für Geschwister kann es dann sehr anstrengend sein, ihre eigene Persönlichkeit zu entfalten. Die Reaktion einer verwaisten Schwester zeigt dies eindrücklich. Sie trug farbige Kontaktlinsen, um sich auch äußerlich von der verstorbenen Schwester zu distanzieren.

Der Clown

Geschwister versuchen, dem trostlosen, traurigen Familienumfeld etwas Leben einzuhauchen, Lebensfreude zu wecken und bemühen sich darum, die untröstlichen Eltern aufzuheitern, indem sie den »Clown« spielen und albern sind. Das kann für das System entlastend sein und schwere Stimmungen lösen. Eltern können sich jedoch auch genervt fühlen und glauben, das Geschwister habe die Schwere des Lebenseinschnitts nicht verstanden oder respektiere ihre Trauer nicht. Die gut gemeinte Rolle kann sich umkehren und zu Resignation führen, weil Geschwister alles versucht haben, um das Familiensystem zu stabilisieren.

Die Clownrolle kann zudem als Möglichkeit dienen, durch überzogenes, albernes Verhalten einer eigenen Überforderung zu entkommen und sich von belastenden, übermächtigen Gefühlen und Gedanken zu befreien.

Auffallen und nicht auffallen

Das Geschehen und Reaktionen aus dem Lebensumfeld können Geschwistern das Gefühl geben, bedeutungslos zu sein. Deshalb werden enorme Anstrengungen unternommen, um gesehen zu werden. Besondere Aktivitäten, auffällige Verhaltensweisen (Eltern unterstützen, perfekt sein wollen), besonders rebellisches, oppositionelles Verhalten, ein aufsehenerregendes Äußeres oder Hobbys (Fallschirmspringen, Skicross, Sänger) können Versuche sein, endlich wahrgenommen zu werden. Der Titel des Buchs, »Hallo, ich lebe noch!«, war in einer Begleitungsstunde ein solcher verzweifelter Aufschrei und Appell eines verwaisten Geschwisters an seine Eltern. Manchmal reagieren überlebende Geschwister aus ihrem Gefühl der Bedeutungslosigkeit mit Anpassung, Stille und Rückzug. Sie wollen nicht auffallen und machen sich »unsichtbar«.

Konflikte und dann tot

Geschwisterkonflikte gehören zu Geschwisterbeziehungen. Geschwister können miteinander lernen, sie zu lösen, zu verhandeln und Kompromisse zu finden. Besonders schwierig kann es für verwaiste Geschwister sein, wenn die Beziehung zum verstorbenen Geschwister vor dem Tod sehr konfliktreich war, die letzte Begegnung in einem Streit oder mit einem bösem Wunsch für das Geschwister auseinanderging.

Tipp: Zunächst ist es wesentlich, in der Beziehung so viel Vertrauen zu schaffen, damit Geschwister solche, zumeist mit großer Scham besetzten, Themen äußern und im Nachhinein bearbeiten können. Aus meiner Erfahrung ist es hilfreich, wenn von Bezugspersonen, Beratern und Therapeutenseite Konflikte aktiv erfragt werden.

Bei jüngeren Kindern könnten je nach Alter und Entwicklung Rollenspiele, Handpuppen oder Tiergeschwister, bei älteren »der leere Stuhl« als Möglichkeit, ein Zwiegespräch mit dem Geschwister zu führen, Briefe an das verstorbene Geschwister, die Gestaltung der Geschwister als Figuren (gemalt, gebastelt) mit unterschiedlichen Attributen Möglichkeiten sein, um letzte Konflikte zu bearbeiten und eine versöhnliche Haltung zu finden. Entwicklungsgerechte Psychoedukation zum Thema »Geschwisterbeziehung-Geschwisterkonflikte« kann zudem entlastend wirken, wenn verstanden wird, dass Konflikte und starke Emotionen zu einer Geschwisterbeziehung gehören.

Die folgenden gesammelten Aussagen trauernder Geschwister lassen sich unter den genannten Aspekten vielleicht besser verstehen:

- Hallo, ich lebe noch, ich bin doch noch da.
- Um mich kümmert sich niemand! Ich bin unwichtig.
- Alles zu viel - ich hau ab.
- Ich weiß nicht, was ich sagen soll, wenn mich einer fragt, ob ich Geschwister habe.
- Ich bin schuld an allem.
- Ich darf meine Eltern nicht enttäuschen!
- Meine Eltern lieben mich nicht!
- Wieso lebe ich und er ist tot?
- Ich bin doch nicht meine Schwester!
- Um mich würden meine Eltern nicht so trauern.
- Die ganze Familie ist kaputt!
- Ich muss stark sein für die anderen!
- Ich darf mich nicht freuen!
- Besser, ich wäre tot und nicht mein Bruder.
- Du fehlst unendlich - jeden Tag, jede Minute!
- Ich bemühe mich so sehr, aber es reicht nie.

4.2 Einzelkind und neue Geschwisterreihenfolge

Einzelkind

Die gesellschaftliche Sicht auf Geschwister verändert sich ebenso wie das eigene Rollenempfinden. In Familien mit zwei Kindern wird das überlebende Geschwister nach dem Tod zum Einzelkind. Für Geschwister kann es eine bedrückende Vorstellung sein, mit den Eltern allein zu leben. Geschwistern wird häufig erst nach dem Tod des Bruders, der Schwester klar, was diese Beziehung mit den vielfältigen Rollen für sie bedeutet hat. Schmerzlich wird der Verbündete, Freund, die Ratgeberin oder Spielgefährtin vermisst. Die neue Rolle als Einzelkind kann abgelehnt und als besonders belastend empfunden werden, weil mit dem Tod der Verlust von Lebensfreude, Selbstwert oder Lebenssinn verbunden ist.

Praxisbeispiele: Für die neunjährige Lina geht durch den Tod des zuvor jahrelang schwerkranken jüngeren Bruders Selbstwert und Lebenssinn verloren: »Wir hatten unsere eigene Sprache, die niemand verstand. Nur ich konnte ihn zum Lachen bringen«, »Ich habe mich um ihn gekümmert und war seine engste Vertraute«.

Malte erzählte sofort nach dem Tod seines jüngeren Bruders, dass er kein Einzelkind sein wolle. »Mit wem soll ich denn jetzt zu Hause spielen?« war seine dringliche und ängstliche Frage.

Zugleich nehmen verwaiste Geschwister wahr, dass sie nicht mehr zu teilen brauchen. Elterliche Zeit und Aufmerksamkeit sowie materielle Zuwendung stehen ihnen nun allein zur Verfügung, wobei die erwartete Aufmerksamkeit der Eltern durch deren Trauer in einigen Fällen ausbleibt, was bei Geschwistern zu unterschiedlichen Reaktionen führen kann (Frustration, Enttäuschung, Aggression, Trauer, Verzweiflung).

Mehrere verwaiste Geschwister

In Familien mit mehreren Kindern verschieben sich Geschwisterkonstellationen durch den Tod eines Geschwisters. Geschwister werden zum älteren, jüngeren oder mittleren Geschwister. Die individuellen Beziehungen zum/zur Verstorbenen, mögliche Alters- und Entwicklungsunterschiede spielen eine Rolle in Bezug auf die Neugestaltung der Beziehungen der lebenden Geschwister.

Mit der veränderten Geschwisterreihenfolge wandeln sich Beziehungsmuster und Aufgaben. Der Verlust kann auslösen, dass zurückbleibende Geschwister sich besonders verantwortlich füreinander fühlen und mehr Rücksicht aufeinander nehmen. Zugleich kann eine starke Verlustangst entstehen, noch ein Geschwister zu verlieren. Daraus können Bevormundung und Überprotektion resultieren. Im Kontakt mit anderen kann das bedeuten, dass ein Geschwister das andere verbal und körperlich extrem verteidigt, auch über akzeptable Grenzen hinaus. Kontrollverlust, auch bei

Geschwistern, die allein zurückbleiben, kann zudem entstehen, wenn andere negativ über das verstorbene Geschwister sprechen.

Praxisbeispiel: Benedikt (7 Jahre) und Lavinia (3 Jahre) sind Geschwister. Ihre Schwester Chiara (5 Jahre) ist plötzlich gestorben. Auf dem Spielplatz sieht Benedikt, wie Kinder (im Alter von Lavinia) seiner Schwester die Schaufel wegnehmen. Benedikt geht ohne zu zögern auf eines der Kinder zu, brüllt es an und verprügelt es so, dass es hinterher aus Mund und Nase blutet. Benedikt wird für sein Handeln bestraft. Dass seine extreme Reaktion aus seiner Verlusterfahrung resultiert und er Lavinia beschützen wollte, wird nicht beachtet. Er fühlt sich unverstanden, ängstlich und einsam.

Rolle des Erziehers übernehmen

In Krisenzeiten übernehmen ältere Geschwister oftmals Verantwortung und Fürsorge für jüngere Geschwister, um ihre Eltern zu entlasten. Daraus kann sich die Übernahme einer erzieherischen Rolle ergeben. In meinen Begleitungen kommt das Thema der »Übergriffigkeit« älterer Geschwister immer wieder vor. Eltern und jüngere Geschwister äußern, dass sie das Verhalten des älteren Geschwisters als grenzüberschreitend empfinden, weil sie versuchen, maßregelnde, erzieherische Aufgaben zu übernehmen und das Verhalten des jüngeren Geschwisters zu bestimmen. Eine erzieherische, bevormundende Rolle belastet die Geschwisterbeziehung.

Tipp: Es ist notwendig, dass Eltern und Bezugspersonen erkennen, dass das Verhalten des Geschwisters nicht böswillig, sondern aus der Lebenssituation entstanden ist und Rollen wieder verändert werden können.

Kommunikation der verwaisten Geschwister über das verstorbene Geschwister

Unterschiedliche Bedürfnisse nach Kommunikation und Beschäftigung mit dem gestorbenen Geschwister kann unter zurückbleibenden Geschwistern ebenfalls zu Gefühlen von Einsamkeit und Konflikten in der Beziehung führen. Hilfreich ist eine offene Kommunikation mit den Geschwistern darüber, dass Bedürfnisse unterschiedlich sind und sich wandeln dürfen. Geschwister sollten dazu angehalten werden, das Trauerverhalten anderer Geschwister nicht zu bewerten und es zu respektieren. Zudem sollten mögliche Konkurrenzgedanken in Bezug auf die Beziehung zum gestorbenen Geschwister, die trauernden Eltern (»Ich kümmere mich besser als du um Mama«) und das Trauerverhalten in den Blick genommen und bearbeitet werden.

Praxisbeispiel: In der Begleitung von zwei Geschwistern (Marie, 7 Jahre, und Madita, 5 Jahre) nach dem Tod der mittleren Schwester zeigt sich, dass die Geschwister darum konkurrieren, wer die bessere Beziehung zur verstorbenen Mia hatte und wer »am schlimmsten traurig ist«, weil sie nicht mehr da ist.

Nähe und Distanz

Nach dem Tod eines Geschwisters können Geschwisterbeziehungen lebender Geschwister zeitweise oder lebenslang distanzierter werden. Diese Distanz kann von einem oder mehreren Geschwistern ausgehen. Es kann zu unterschiedlichen Bedürfnissen an die Geschwisterbeziehungen in Bezug auf Nähe und Distanz kommen. Distanz zu anderen Geschwistern kann durch die intensive oder unterschiedliche Beschäftigung mit persönlichen Entwicklungs- und Trauerprozessen entstehen und zudem beeinflusst sein durch ungleiche Lebensthemen und große Altersunterschiede. Manchmal fehlt das gestorbene Geschwister als Brücke zwischen den zurückgebliebenen Geschwistern.

Verlustangst

Selbstschutz beziehungsweise Verlustangst kann ebenfalls eine Ursache sein, sich nicht binden und mit überlebenden Geschwistern in engem Kontakt sein zu wollen. Die Angst, noch ein Geschwister zu verlieren, führt zu Rückzug und Ablehnung. Sie zeigt sich durch Abweisung, Desinteresse und Aggression. Für die Geschwister, die sich gerade wegen des Verlusts Nähe und Bindung wünschen, kann das Verhalten des anderen Geschwisters zusätzliches Leid und Einsamkeit bedeuten sowie zu Selbstwertproblemen führen, weil sie das Verhalten nicht verstehen, auf sich beziehen und als Ablehnung empfinden.

Wechselhaftes Verhalten
Nicht immer ist das ablehnende Verhalten stringent. Es kann Zeiten geben, in denen Geschwister sich zugewandt und herzlich zeigen, weil sie sich auch Nähe wünschen. Zugleich sorgt die Verlustangst, diese Nähe erneut zu verlieren, für wechselhafte Verhaltensweisen. Diese Wechsel können für andere Geschwister anstrengend, verletzend und verwirrend sein, ganz besonders, wenn der Wunsch nach Nähe zum überlebenden Geschwister sehr stark ist. Der Tod des Geschwisters kann dazu beitragen, dass zurückbleibende Geschwister eine sehr enge Bindung zueinander entwickeln.

Tipp: Geschwister benötigen in solchen Situationen Unterstützung, die Verständnis und eine offene Kommunikation schafft. Wird der Hintergrund dieses ablehnenden oder wechselhaften Verhaltens nicht erkannt, womöglich von Bezugspersonen oder dem sozialen Umfeld verurteilt und sanktioniert, kann das für betroffene Geschwister zu Folgeschäden wie Störungen des Selbstwerts, Identitätskrisen, Bindungsunfähigkeit oder Selbstablehnung führen. Neue Beziehungsstrukturen und Rollen im gesamten Familiensystem sowie der zurückbleibenden Geschwister können durch Einzel-, Geschwister- und Familienbegleitungen reflektiert werden. Psychoedukation sowie die Förderung der Bearbeitung der Traueraufgaben des Einzelnen und im System können zu mehr Selbstverständnis, Selbstvertrauen und Offenheit führen und damit das System sowie Geschwisterbeziehungen entlasten.

4.3 Verwaiste junge Geschwisterkinder

Die Auswirkungen eines einschneidenden Verlusts im Familiensystem, wie der Tod einer Schwester, eines Bruders, ist für Geschwister spürbar, ganz gleich, wie alt sie sind. Das gestorbene Geschwister fehlt, Eltern verändern sich in ihrer Trauer und oftmals bleibt der Lebensalltag nicht so erhalten, wie Kinder es gewohnt waren. Diese Veränderungen können Geschwister in ihrem Grundvertrauen und in ihrer Sicherheit erschüttern. Deshalb benötigen sie ihrer Entwicklung entsprechende Unterstützung auf unterschiedlichen Ebenen (Witt-Loers, 2017).

Eltern sollten über mögliches Verhalten verwaister junger Geschwister informiert werden, damit nicht fehlendes Verständnis das Geschwister und die Eltern-Kind-Beziehung unnötig belasten.

Praxisbeispiel: Eine Mutter berichtet nach dem Tod ihrer älteren Tochter, dass die vierjährige Alina sich nur wichtig tun wolle mit ihrem Gerede über die verstorbene Schwester. Eine andere Mutter ist wütend auf ihre lebende ebenfalls vierjährige Tochter, da sie zu fröhlich sei und nicht genug um das Geschwister trauere.

Säuglinge und Kleinkinder

Geschwister reagieren mit ihren Möglichkeiten, wie zum Beispiel Schlaf-, Essstörungen, Unruhe, vermehrtes Schreien, Daumenlutschen und Angst, auf den Verlust. Kleinkinder können zudem durch Bauchschmerzen oder trotziges Verhalten signalisieren, dass sie sich unwohl fühlen. Säuglinge und Kleinkinder sind ganz besonders auf Erwachsene angewiesen, die sie sensibel wahrnehmen, da sie ihre Bedürfnisse noch nicht verbalisieren können. Sie benötigen liebevolle Zuwendung, möglichst konstante Bezugspersonen, stabile Strukturen und Rituale, die erhalten bleiben.

Geschwister im Vorschulalter

Vorschulgeschwister unterscheiden noch nicht zwischen belebt und unbelebt. Darum sind sie ernsthaft besorgt um unbelebte Dinge (z. B., dass die Puppe nichts zu essen hat). Ihr zeitliches und räumliches Verständnis ist noch in der Entwicklung, auch wenn sie bereits deterministisch denken (ein Ereignis auf eine Ursache zurückführen).

Der Tod in seinen drei Dimensionen (Endgültigkeit, Universalität, Kausalität) kann in dieser Entwicklungsphase noch nicht ganz verstanden werden und Konsequenzen, die der Tod auslöst, können daher nur bedingt eingeordnet werden. Das sogenannte »magische Denken«, die Vorstellung, dass das eigene Handeln und Denken Einfluss auf die Umwelt habe, also Ereignisse bewirken oder verhindern kann, kann dazu führen, dass Geschwister glauben, schuld am Tod des Bruders oder der Schwester zu sein (»Ich habe mir gewünscht, dass Lea stirbt, und jetzt ist sie tot«). Gerade weil sie sich tatsächlich schuldig fühlen, behalten sie ihre Schuldgedanken für sich und leiden oftmals lange Zeit darunter. Deshalb ist es sinnvoll, Geschwister aktiv auf mögliche Schuldgedanken anzusprechen und nicht zu glauben, dass sie sich jemandem anvertrauen würden, wenn sie sich schuldig fühlen.

Grundschulkinder und ältere Kinder

Die Endgültigkeit, Kausalität und Universalität des Todes können verstanden werden, wenn Geschwister sachliche Erklärungen zum Themenkomplex bekommen. Geschwister beantworten sich selbst ihre Fragen mit eigenen, oftmals bedrohlichen, Fantasien oder bruchstückhaftem Wissen, wenn Informationen fehlen.

Praxisbeispiel: Luca ist nicht sicher, warum ihre Schwester Rebecca gestorben ist, weil in der Familie nicht darüber gesprochen wird. Sie glaubt, Oma sei schuld an Rebeccas Tod, weil sie einmal gehört hat, wie sich ihre Eltern heftig mit ihrer Oma gestritten haben. Eigentlich mochte sie ihre Oma sehr, möchte sie aber seither nicht mehr besuchen und hat Angst vor ihr. Ihre Eltern können sich Rebeccas Verhalten nicht erklären.

Ausgeschlossen und erinnerungsarm

Sind Geschwister noch sehr jung beim Tod ihres Bruders, ihrer Schwester, glaubt das Umfeld häufig, dass es besser sei, sie so wenig wie möglich in das Geschehen zu involvieren und mit der Realität zu konfrontieren. Dadurch erhalten junge Geschwister, oft als Einzige aus der Familie, nicht die Möglichkeit, sich zu verabschieden, oder erfahren nur lückenhaft, was geschehen ist. Nicht am Abschied von Bruder oder Schwester beteiligt zu werden, kann auch in jungen Jahren als Gefühl, ausgeschlossen zu sein, wahrgenommen werden. Mit zunehmenden kognitiven Fähigkeiten und der Möglichkeit, Vergangenes zu reflektieren, können Gefühle von Wut, Ungerechtigkeit, Trauer und Einsamkeit hinzukommen, weil Wesentliches vorenthalten wurde und die Beziehung zu Bezugspersonen belasten. Zudem haben Geschwister wenig eigene Erinnerungen an das gestorbene Geschwister und kaum geteiltes Leben, auch das verstärkt schnell das

Gefühl, ein Außenseiter in der Familie zu sein. Deshalb ist es ist notwendig, Geschwisterkinder einzubinden und sie ihrer Entwicklung entsprechend bedürfnisorientiert zu unterstützen. Sie haben ein Recht darauf, zu wissen, dass es ein Geschwister gegeben hat.

Tipp: Vor einigen Jahren habe ich ein spezielles Angebot einer Trauergruppe für Kinder auf den Weg gebracht, die noch sehr jung beim Verlust waren. Die Erfahrungen in der Begleitung zeigen, dass »erinnerungsarme« Kinder und Jugendliche sehr von den Erfahrungen miteinander und der Bearbeitung der Traueraufgaben mit Fokus auf Biografie- und Erinnerungsarbeit profitieren.

Weitere Entwicklung behutsam und ehrlich begleiten
Eltern sollten darüber informiert sein, dass sie eine gesunde Entwicklung ihres Kindes fördern, wenn sie offen und ehrlich mit dem Tod des Geschwisters umgehen. Sie können durch Gesten und Worte signalisieren, dass das verstorbene Kind/Geschwister zur Familie gehört und auf seine Weise dort eingebunden ist. Je selbstverständlicher Eltern andere Geschwister von Beginn an und im Fortlauf der Entwicklung mit Wissen beteiligen und emotional einbinden, umso eher entwickeln verwaiste Geschwister eine tröstliche, natürliche Beziehung zum gestorbenen Geschwister. Belastende Konsequenzen aus dem Verlust können in dieser offenen, zugewandten Atmosphäre zudem leichter kommuniziert und verstanden werden.

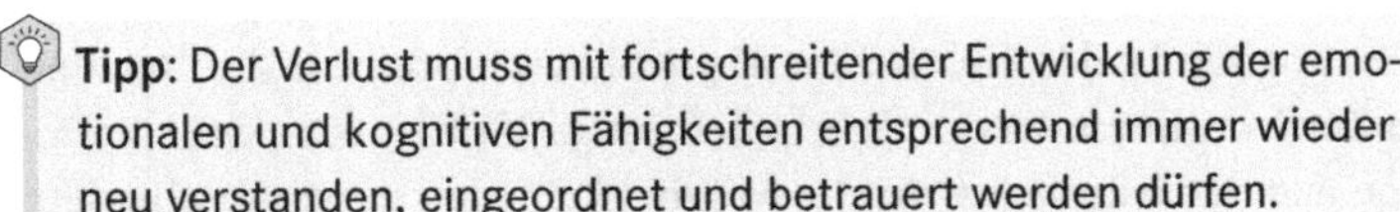
Tipp: Der Verlust muss mit fortschreitender Entwicklung der emotionalen und kognitiven Fähigkeiten entsprechend immer wieder neu verstanden, eingeordnet und betrauert werden dürfen.

4.4 Verwaiste jugendliche Geschwister

In der Adoleszenz ein Geschwister zu verlieren, kann die eigenen Entwicklungsaufgaben erschweren. Der individuelle Umgang und die Bearbeitung des Verlusts werden neben anderen Faktoren von dieser Entwicklungsphase beeinflusst. Einige mögliche Aspekte sollen darum im Folgenden in den Blick genommen werden.

Auswirkungen und Reaktionen
Die Suche nach dem Sinn des Lebens und der eigenen Identität, die Auseinandersetzung mit der Endlichkeit des Lebens, intensive und widersprüchliche Gefühle und körperliche Veränderungen können mit den Auswirkungen des Verlusts kumulieren und Jugendliche heraus- und überfordern. Daraus können sich unterschiedliche Konsequenzen entwickeln, die oftmals nebeneinanderstehen.

Reaktionen wie bereits in Kapitel 2.3 beschrieben: Rückzug, Depressivität, »cooles« oder Suchtverhalten, selbstschädigendes Verhalten, Suizidgedanken und -versuche, Regression (Einnässen, Einkoten, Probleme, woanders zu übernachten), Gleichgültigkeit, Unsicherheit, Aggressivität oder Leistungssteigerung oder -abfall, Essstörungen können Reaktionen auf den Verlust sein und sich verstärken, beispielsweise wenn zusätzliche Verluste wie Trennung der Eltern, der Auszug eines anderen Geschwisters oder die eigene Ablösung vom Elternhaus anstehen.

Regressives Verhalten ist für Jugendliche mit viel Scham verknüpft, denn es passt nicht zum Erwachsenwerden. Klassenfahrten werden aus diesem Grund oftmals verweigert. Jugendliche benötigen gerade hier eine sehr sensible und behutsame Begleitung und Entlastung durch Informationen.

In einer Welt, in der durch den Tod vieles unsicher und unkalkulierbar geworden ist, können Essstörungen und selbstschädigendes Verhalten Mittel sein, um Kontrolle auszuüben. Zugleich können solche Verhaltensweisen Strategien sein, mit intensiven Gefühlen umzugehen. Darüber hinaus kann selbstschädigendes oder besonders riskantes Verhalten dazu dienen, sich selbst spüren zu wollen und/oder auf sich aufmerksam zu machen (Witt-Loers, 2014b, 2015a).

Jugendliche Geschwister verstehen kognitiv den Tod und die daraus folgenden Konsequenzen. Gerade darum kann das Geschehen sie sehr beängstigen und das Gefühl von Verantwortlichkeit für das Familiensystem besonders ausgeprägt sein.

Verschieben Jugendliche zugunsten des Familiensystems eigene Trauerprozesse, wird diese aufgeschobene Trauerbearbeitung von Bezugspersonen und vom sozialen Umfeld nicht er- und anerkannt und oftmals sogar missinterpretiert (»Du willst dich jetzt nur damit in den Vordergrund spielen«, »Jetzt mit der Trauer zu kommen, ist wohl etwas spät. Das kann ja nicht echt sein, dahinter steckt etwas anderes«).

Jugendliche, die ihre persönlichen Ressourcen zur Bearbeitung des Verlusts nutzen, werden vom sozialen Umfeld häufig nicht verstanden. Treffen mit Freunden, der Besuch eines Clubs oder ein PC-Spieleabend nach der Todesnachricht, vor der Trauerfeier oder zu anderen vom Umfeld als unpassend empfundenen Zeiten können für Jugendliche wesentliche Ressourcen sein, um mit dem Verlust umzugehen. Negative Bewertungen (»Der Tod deiner Schwester trifft dich ja scheinbar gar nicht«, »Wie kann man nur so gefühlskalt sein und nur an seine eigenen Interessen denken!«), Verurteilungen und das Unterbinden der Nutzung dieser Ressourcen können wesentliche Kraftquellen im Trauerprozess für Jugendliche nutzlos machen und zerstören. Darüber hinaus werden unnötige Gefühle von Selbstentwertung oder Aggression genährt.

Jugendliche können durch ihre Autonomie räumlich von ihrem Zuhause Abstand nehmen und ihre Lebensmittelpunkte auf Freunde, Familien von Freunden oder Hobbys verlagern, um Distanz für ihr eigenes Überleben zu schaffen. Für Eltern kann das schmerzhafte Gefühl auftauchen, ein weiteres Kind verloren zu haben.

Jugendliche, die einschneidende Verluste erlebt haben, setzen sich meist mit eigenen Werten und Lebenszielen kritisch auseinander. Nicht immer fühlen sie sich in ihren Peergroups damit verstanden. Mit ihren Erfahrungen erscheinen ihnen die Sorgen der anderen Jugendlichen manchmal banal. Das kann zu Gefühlen von Einsamkeit führen und es schwer machen, sich zugehörig zu fühlen (Witt-Loers, 2014b; 2014a).

Praxisbeispiel: Jana ist dankbar, dass sie durch den Tod ihrer Schwester eine wertschätzende Sicht auf die Welt und ihr Leben gefunden hat. Sie geht gelassener mit Angelegenheiten um, die sie früher aufgeregt haben, und freut sich über die kleinen Dinge des Lebens. Sie möchte Medizin studieren, um anderen Menschen zu helfen. Zugleich beschäftigt sie die Frage, ob ihre Schwester erst sterben musste, damit sie zu diesen Einsichten gelangt, und schämt sich. Von ihren Freundinnen versteht nur Klara, wie sie sich fühlt.

Die anderen befassen sich damit, auf Instagram genügend Aufmerksamkeit zu bekommen. Jana ist manchmal wütend, dass sie nicht einfach so sein kann wie die anderen.

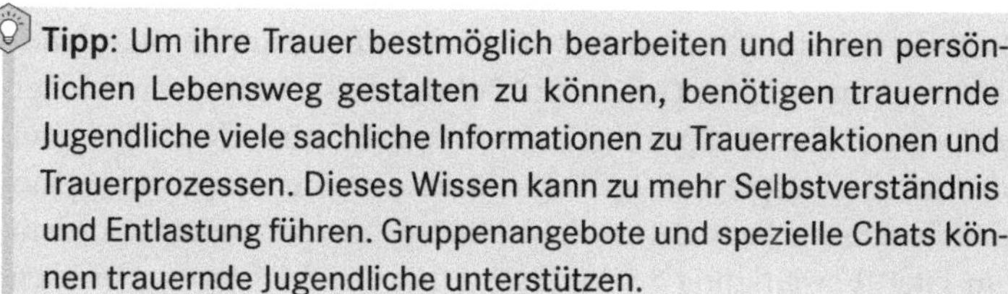

Tipp: Um ihre Trauer bestmöglich bearbeiten und ihren persönlichen Lebensweg gestalten zu können, benötigen trauernde Jugendliche viele sachliche Informationen zu Trauerreaktionen und Trauerprozessen. Dieses Wissen kann zu mehr Selbstverständnis und Entlastung führen. Gruppenangebote und spezielle Chats können trauernde Jugendliche unterstützen.

Websites-Tipps

www.doch-etwas-bleibt.de
www.klartext-trauer.de
www.alles-ist-anders.de
www.youngwings.de

Literaturtipps

Witt-Loers, S. (2014b). Trauernde Jugendliche in der Familie. Göttingen: Vandenhoeck & Ruprecht.

Witt-Loers, S. (2015a). Trauernde Jugendliche in der Schule Göttingen: Vandenhoeck & Ruprecht.

Songtipp

Geschwistertrauer: Ingo Pohlmann. »In deinen Schuhen«.

4.5 Exkurs: Auswirkungen auf die Biografie

Karoline Benedikt

Dr.in phil. Karoline Benedikt, BA MA, ist Sozialarbeiterin, Klinische Sozialtherapeutin, promovierte Wissenschaftlerin im Fachbereich Pädagogik, zertifizierte Sterbe- und Trauerbegleiterin, Traumapädagogin und traumazentrierte Fachberaterin i. A., Autorin; Österreich.

»›*Darf ich jetzt überhaupt noch lachen? Wären meine Eltern genauso traurig, wenn ich gestorben wäre?*‹ Diese Fragen stellt man sich oft als Kind« (Aussagen einer hinterbliebenen Schwester).

Mit dem Tod des Geschwisters stirbt ein Stück Familie und damit auch ein Stück eigene Geschichte (Witt-Loers, 2014b), was wiederrum weitreichende Spuren in der Biografie hinterlässt. Folgend möchte ich exzerpiert einige Erkenntnisse meiner empirischen Biografieforschung darstellen, welche im Zuge meiner Dissertation mit dem Titel »Bewältigung des Verlustes eines Geschwisters und dessen Auswirkungen auf die Biografie« (Benedikt, 2017) ausgewiesen wurden. Der Verlust eines Geschwisters manifestiert sich nach Davies (2014, S. 173 f.) in vier Bereichen, die jeweils in verschiedenen Ausprägungen auftreten können und welche durch meine Forschung in allen vier Dimensionen bestätigt werden konnten.

»I hurt inside« – »in mir tut alles weh«: Diese Reaktion weist auf die unterschiedlichen Gefühle innerhalb der Trauer hin. Insgesamt wird Trauer bei Geschwistern als ein sehr starkes, überwältigendes und nichtkontrollierbares Gefühl beschrieben, welches häufig auch als körperlicher Schmerz erlebt wird. Auch ist Trauer fest verbunden mit Regression, der Externalisierung von Wut und einer deutlichen Erschwernis der Bewältigung von Alltagsherausforderungen. Ein trauernder Geschwisterteil äußerte sich dazu wie folgt: »I hob ma in der Wochn eigntlich oft docht (spricht weinerlich), so fühlt es sich an, wenn das Herz bricht. Oiso wirklich, wie wemmas physisch gspian tat, dass dei Herzmuskl auseinonder grissn is« (Benedikt, 2017, Interview Nr. 12: 00:31:07–5). Zusätzlich weisen hinterbliebene Geschwisterkinder meist enorme Schuldgefühle auf, welche sich vor allem durch ein »magisches Denken« als Entwicklungsschritt und Denkmuster von Kindern erklären lassen, gepaart mit natürlicher Geschwisterrivalität.

»I don't understand« – »Ich verstehe nicht«: Ausschlaggebend für das Unverständnis kann einerseits die kognitive Entwicklung des Kindes sein, wenn Denkmuster und Todeskonzepte der Irreversibilität noch nicht vollständig ausgeprägt sind, und andererseits – vor allem – auch die Kommunikation innerhalb der Familie. Entsprechende Aufklärung, kindgerechte Information und Offenheit

für Fragen und Austausch können negativen Auswirkungen entgegenwirken. Allerdings zeigen die Ergebnisse auf, dass trauernde Familien über den Verlust häufig schweigen und sich dadurch des Abwehrmechanismus der Verdrängung bedienen. Das bedeutet, dass keine Sprache für ihre tiefe Trauer gefunden und über den Schmerz nicht offen kommuniziert wird, bis hin zu einem Nicht-wahrhaben-Wollen des Schicksalsschlages. Allerdings kann die Trauer niemals übersprungen oder geleugnet werden – nicht umsonst spricht man von der Trauerarbeit. Die Traueraufarbeitung wird durch das Schweigen für alle Familienmitglieder behindert und beeinflusst auch ihre Handlungsfähigkeit im Alltag. Die Literatur beschreibt es als einen »Kreislauf der Vermeidung«, somit ringen alle Trauernden aus Sorge um den jeweils anderen um Beherrschung. Trauernde Geschwisterkinder fungieren dabei häufig als die Tröster ihrer Eltern und imitieren ihr Verhalten, indem sie ihre Traurigkeit verbergen und versuchen stark zu sein. Obwohl dabei die Familienwahrheit über viele Jahre nicht offen an- und ausgesprochen wird, wird trotzdem von Seiten der Geschwisterkinder rückblickend den Eltern Verständnis für ihr Verhalten entgegengebracht.

»I don't belong« – »Ich gehöre nicht dazu«: Von einem Tag auf den anderen ist durch den Verlust eines Kindes plötzlich alles anders. Routinen und Gewohnheiten im Alltag lösen sich auf und verlieren an Bedeutung. Eltern sind mit ihren Gefühlen überfordert und versinken im Kummer. Hinterbliebene Geschwister fühlen sich in dieser plötzlich neu entstandenen Welt nicht mehr ihnen zugehörig. Sie werden von den Gesprächen und den Entscheidungen der Erwachsenen meist ausgeschlossen. Gleichzeitig fühlen sie sich bei den Gleichaltrigen ebenso ausgeschlossen, da sie sich durch die Erfahrung des frühen Schicksalsschlags »anders« erleben und häufig eine Außenseiterrolle einnehmen. Auch zeigt sich, dass die ganze Anteilnahme des sozialen Umfelds der Mutter zugutekommt und dadurch trauernde Geschwisterkinder auch außerhalb der Familie kaum einen Raum erhalten, über ihre Trauer, ihre Gefühle und ihre Bedürfnisse zu sprechen. Das folgende Zitat einer trauernden Schwester weist neben dem Verlust des Bruders auch auf weitere Belastungen hin, den Verlust der Unbeschwertheit und den einer »normalen« Familie: »I hob, i hob erm afoch so vermisst, ned nur meinen

Bruder, sondern des Leben von davor … oiso des, dieses irgendwie unbeschwert sein … und afoch a normale Familie sei« (Benedikt, 2017, Interview Nr. 15: 01:13:48–4).

»I'm not enough« – »Ich bin nicht genug«: Die Trauerreaktionen der Eltern sind meist so überwältigend und einnehmend, dass die noch lebenden Kinder glauben, ihre Eltern nie wieder glücklich machen zu können. Folglich kann es vorkommen, dass hinterbliebene Geschwister zu wenig Aufmerksamkeit und Zuneigung bekommen, sich zu wenig wahr- und ernstgenommen fühlen und sie dadurch an der Liebe ihrer Eltern zu zweifeln beginnen. Gedanken wie, das »falsche Kind« sei gestorben, bis hin zu, sie hätten selbst nun kein Recht mehr auf Leben, beeinflussen deren Gefühls- und zukünftige Verhaltenswelt massiv. Beispielsweise verhalten sich hinterbliebene Geschwister besonders angepasst, um ihren Eltern kein zusätzliches Leid zuzufügen und/oder übernehmen nicht alters- und entwicklungsangemessene Verantwortung im Alltag, was sich als soziale Rollenumkehr durch Parentifizierung äußert.

Ebenso kommt es vor, dass sie beginnen, sich mit ihrer verstorbenen Schwester oder ihrem verstorbenen Bruder zu vergleichen beziehungsweise deren Geschwisterrivalität trotz Verlust fortführen. Die verstorbene Person wird dann als Vorbild glorifiziert, welches es unter allen Umständen zu ersetzen gilt. Empfindungen eigener Bedeutungslosigkeit, Identitätsverwirrung und Versagenssymptome bis hin zu schwersten Identitätsfindungsstörungen in Form einer »Ersatzkind-Dynamik« können die Folge sein und ihre Zukunftsgestaltung prägen.

Etwa wird der vorgesehene Lebensweg von den verstorbenen Geschwistern einverleibt, was vor allem in ländlichen Regionen vermehrt zum Tragen kommt. Die Rangreihe bei Geschwistern im bäuerlichen Setting kann nach wie vor eine große Rolle spielen. Der älteste Sohn übernimmt noch überwiegend den elterlichen Familienbetrieb und kümmert sich um dessen weiteres Bestehen. Wenn jedoch das älteste Kind beziehungsweise der älteste Sohn frühzeitig verstirbt, zeigt die Forschung auf, dass die hinterbliebenen Geschwister bemüht sind, dessen Verpflichtungen wahrzunehmen, und werden der Erwartungshaltung gerecht – ausgesprochen oder unausgesprochen. Hinterbliebene werden daher in späteren Lebensphasen oftmals mit der berechtigten Frage konfrontiert: »Wo wäre eigentlich mein eigener Platz, wenn mein Bruder damals nicht verstorben wäre?«

Auswirkungen
Hervorzuheben ist, dass sich der frühe Tod auf alle Lebensbereiche der Geschwister auswirken kann. Die verschiedenen Bereiche des Lebens können allerdings nicht voneinander getrennt betrachtet werden und wirken deshalb wechselseitig aufeinander ein, sodass der Verlust der Schwester oder des Bruders immer mehrere Abschnitte der Biografie beeinflusst. Daher sind eine gelingende Integration des Geschwisterverlustes und eine gesunde Traueraufarbeitung zu fördern, um Stabilität und Kontinuität im biografischen Lebensverlauf zu erlangen. Jedoch fällt es Trauernden in diesem Ausnahmezustand oftmals sehr schwer, um Hilfe zu bitten, sodass ein aufsuchender, nachgehender und niederschwelliger Zugang unumgänglich und obligatorisch für externe Hilfen ist.

Gesunde Traueraufarbeitung
Aufgrund der Erfahrungen, die die hinterbliebenen Geschwister machen, ergeben sich vier Bereiche, die ein gelingendes Coping begünstigen. Die Person selbst, die Familie, das soziale Umfeld und die externe Versorgung können als Ressourcen für eine gesunde Traueraufarbeitung wirken.

Grundsätzlich ist es wichtig, dass die Person selbstständig auf internalisierte Stärken und kraftspendende Bewältigungsstrategien zurückgreifen kann. Sinnstiftende Tätigkeiten und soziales Engagement, Zusammenhalt und gemeinsames Trauern innerhalb der Familie, aktive Traueraufarbeitung durch Erinnerungsarbeit, Musik, Natur, Spiritualität, Schreiben und Lesen, Ablenkung und Struktur im Alltag werden als wesentliche Kraftquellen sichtbar. Des Weiteren wirken ein stabiles soziales Netzwerk und soziale Unterstützung von außen möglichen belastenden Leerräumen und Brüchen in der Biografie von Betroffenen entgegen. Ein junger Mensch kann sich nur soweit selbstverwirklichen und entwickeln, sofern es seine Umgebung zulässt; somit sind die Reaktionen und der Umgang des sozialen Umfelds ebenso ausschlaggebend wie die Kommunikation innerhalb der Familie.

Zusammenschau

Das Menschsein erhebt immer auch Anspruch auf die traurigen Aspekte des Lebens und stellt niemals ein Kontinuum des beständigen Glücks dar, und dennoch wird die Forderung nach rascher Rückkehr in den »Normalzustand«, einem »Funktionieren« in unserer Gesellschaft, von Trauernden stark wahrgenommen. Trauern benötigt Zeit und ist nicht per se pathologisch und behandlungsbedürftig, ein Verlust kann, aber muss nicht traumatisierend wirken. Vielmehr benötigt die Trauer mit all ihren Facetten eine körperliche, emotionale und gedankliche Präsenz, sprich einen mitfühlenden Kontakt und Raum und keinesfalls Druck für Beschleunigung. Das Trauerverhalten wird jedoch geprägt von unzähligen Faktoren wie die Qualität der Bindung zur verstorbenen Person, die Ressource, Emotionen ausdrücken und benennen zu können, das Explorationsverhalten im Allgemeinen, das soziale Netzwerk, der Glaube, die Todesursache und das Alter der verstorbenen Person. Die Todesumstände können einen wesentlichen Einfluss auf die spätere Trauerverarbeitung haben. Folglich kann ein erwarteter Tod nach einer längeren Krankheitsphase einen anderen Umgang mit der Trauer zur Folge haben als beispielsweise ein unerwarteter Tod, traumatische oder gewaltsame Todesumstände wie ein Suizid.

Lebensanschauungen und Todeskonzepte werden in unserem Jahrhundert vielfach selbst konstruiert, was einerseits viel Raum und Gestaltungsfreiheit lässt, andererseits nimmt es auch die Sicherheit und den Schutz beim Erlernen der Umgangsformen mit Sterben und Tod, die über viele Jahrhunderte hinweg durch allgemeingültige Todesvorstellungen, Sterberituale und Handlungen gepflegt wurden.

Trauer ist nicht bloß ein Gefühl der Traurigkeit, vielmehr eine Abfolge von tiefen Empfindungen, welche sich neben den Emotionen auch auf der körperlichen, verhaltensbezogenen, kognitiven und wahrnehmungsbezogenen Ebene zeigen. Die Auswirkungen des Todes einer nahestehenden Person sind folglich enorm komplex. Durch den Verlust eines Geschwisters werden das kindliche Vertrauen in die Welt und das grundlegende Gefühl der Sicherheit erschüttert. Für den Trauerprozess spielen daher die Möglichkeit des Abschiednehmens, die entsprechende altersgerechte Aufklärung und der Miteinbezug eine große Rolle.

Der Trauerprozess bei Kindern und Jugendlichen verläuft zwar ebenso in Phasen, ist allerdings diffuser und daher weniger klar erkennbar. Vor allem die übermäßige Identifizierung mit der verstorbenen Person ist nach den Trauerphasen bei Kindern und Jugendlichen nach Spiecker-Verscharen zu beachten, ebenso wie der Rückzug auf frühere Entwicklungsstufen, das magische Denken und die Gefahr der instrumentellen und/oder seelischen Parentifizierung, wie die Erkenntnisse der Biografieforschung deutlich auswiesen. Eine Atmosphäre des Leugnens und Schweigens verunsichert Kinder, da kindliche Fantasien meist schlimmer erlebt werden. Daher gilt es, klare Worte und Erklärungen zu formulieren, ohne »Verniedlichungen«, denn altersgerechte Informationen geben Sicherheit und begrenzen negative Fantasiebilder.

Zusammenfassend kann durch meine jahrelange Tätigkeit mit Trauernden festgehalten werden, dass Trauernde Mitgefühl statt Mitleid, Unterstützung statt Durchhalteparolen/Aufmunterungen und Erinnern statt Kleinreden benötigen. Abschließen möchte ich mit den sehr berührenden Worten einer hinterbliebenen Schwester, die ihrem eigenen Leben nun wieder Bedeutung schenken kann: »Es ist des erste Mal wieder so eine Zeit, wo ich nicht für meine Kinder leben will oder weil meine Eltern arm sind, sondern wo ich wieder für mich leben will« (Benedikt, 2017, Interview Nr. 11: 00:03:20–3).

4.6 Verlust und Zukunft

Die vielfältigen Erfahrungen, die Geschwister eines lebensverkürzend erkrankten und verstorbenen Geschwisters machen, vor und nach dessen Tod, sind ebenso prägend wie andere Geschwistererfahrungen und sollten nicht einseitig negativ gesehen werden. Mit dem Tod eines Geschwisters nimmt die Biografie verwaister Geschwister eine andere, neue Richtung auf. Es ist mir wichtig, aufzuzeigen, dass das Erlebte und die schweren Erfahrungen die Persönlichkeit und Entwicklung des Geschwisters positiv prägen können, auch wenn die Bearbeitung nie ganz beendet sein wird. Für Eltern, die glauben, dass die Entwicklung des gesunden, überlebenden Kindes durch das erfahrene Schicksal gefährdet und dieses Kind automatisch benachteiligt sei, kann dieses Wissen entlastend sein. Zudem können eine sensible Wahrnehmung sowie hilfreiche Unterstützung von zurückbleibenden Geschwistern negativen Entwicklungen entgegenwirken und positive Auswirkungen fördern.

Trauerbearbeitung geht nie zu Ende und doch ist es gut

Der Tod eines Geschwisters ist ein Lebensereignis, das überlebende Geschwister niemals mehr loslässt und immer wieder eine neue, oftmals schmerzhafte Bearbeitung sowie Integration in das eigene Leben verlangt. Besondere Wendepunkte können hier beispielsweise sein: selbst älter zu werden als das ältere verstorbene Geschwister, besondere Ereignisse zu schaffen, die das Geschwister eigentlich als Erstes in der Familie hätte erleben sollen (Kommunion, Abitur, Führerschein, Reise, Auslandsaufenthalt), die eigene Hochzeit oder eigene Kinder zu haben. Solche Ereignisse können intensive Trauer und Unsicherheit bei verwaisten Geschwistern hervorrufen, darum ist es wesentlich zu wissen, dass dieses Erleben normal ist und weiter zur Lebensbiografie gehören darf.

Im Erwachsenenalter, wenn verwaiste Geschwister selbst Kinder haben, in Krisensituationen, wenn Eltern älter oder pflegebedürftig werden oder sterben, kann das gestorbene Geschwister besonders fehlen. Im Laufe des Lebens wird die Konsequenz der Endgültigkeit dieses Verlusts in immer neuen Facetten schmerzhaft deutlich. Niemals mehr kann es ein Teilen von Freude, Leid, Erinnerungen, Fürsorge und Unterstützung geben, nie wieder wird es dieses Geschwister geben, das eigentlich länger zum eigenen Lebensweg gehört hätte als irgendjemand anderes. Ein Teil der eigenen Lebensbiografie geht auf bestimmte Art verloren und zugleich kann die neugestaltete Beziehung zum gestorbenen Geschwister das Leben bereichernd begleiten. Das Zitat einer jugendlichen Schwester drückt das aus meiner Sicht treffend aus: »Der Tod hat das Leben meiner Schwester beendet, aber nicht meine Beziehung zu ihr« (Clara, 14 Jahre).

Positive Entwicklung und Leid

Das Erleben einer lebensbedrohlichen Erkrankung und der Tod eines Geschwisters können die Entwicklung besonderer Fähigkeiten und Charaktereigenschaften sowie der Resilienz für Geschwister mit sich bringen, die im weiteren Leben positiv genutzt werden können. Bewusst möchte ich nicht den oftmals zitierten Spruch »Jede Krise birgt eine Chance« wählen. Das erscheint mir im Hinblick auf den schweren Verlust zu pauschal und nicht angemessen.

Zu den Konsequenzen von Krankheit und Tod eines Geschwisters kann gehören, dass Geschwister öfter sich selbst überlassen sind und deshalb viele Entscheidungen selbstständig treffen müssen. Das zwingt sie, sich auf sich selbst zu verlassen und eigenen Fähigkeiten zu vertrauen. Sie mussten lernen zu überleben und können die daraus erwachsene Anpassungsfähigkeit in anderen Lebenskrisen positiv nutzen. Hinzu kommt, dass sie eigene Lösungsstrategien oftmals weniger kontrolliert entwickeln und erproben können. Damit eröffnen sich Möglichkeiten, sich als selbstwirksam, flexibel und kreativ zu erleben.

Die Situation erfordert ebenso, dass verwaiste Geschwister Fähigkeiten zur Selbstberuhigung entwickeln und gesunde Strategien für sich finden müssen. Weiterhin können diese Erfahrungen zur Ausbildung eines starken Selbstvertrauens, zu Selbstsicherheit, Pragmatismus und dem Gefühl, überleben zu können, führen. Geschwister berichten, dass das Verlusterleben ihnen ermöglicht hat, tiefe soziale Beziehungen einzugehen, und sie fühlen sich für weitere Lebenskrisen durch ihre Erfahrungen gestärkt.

Verwaiste Geschwister entwickeln darüber hinaus oftmals ein emphatisches Verständnis für Menschen in Krisensituationen sowie eine bewusste Wertschätzung und Dankbarkeit in Bezug auf ihr Leben und die Menschen und Dinge, die ihnen begegnen. Diesen Fähigkeiten kommt in ihrem beruflichen Leben oftmals eine besondere und positive Bedeutung zu. Zugleich bedeutet das nicht, dass Geschwister diese Erfahrungen nicht auch als schmerzhaft und leidvoll erleben.

Auswirkungen auf die eigene Familie

Wenn verwaiste Geschwister älter werden und ihre Biografie reflektieren, werden sie sich oftmals der positiven Auswirkungen auf die Entwicklung ihrer Persönlichkeit, der Gestaltung ihres privaten wie beruflichen Lebens und ihres persönlichen Wertesystems bewusst. Ihre Erfahrungen wirken sich ebenfalls auf die Lebensgestaltung und den Umgang in der eigenen Familie aus. Konnte die eigene

Geschwisterbeziehung nicht gelebt werden, werden Geschwisterbeziehungen bei eigenen Kindern häufig bewusst gefördert und geschützt. Der Zusammenhalt der Familie und ein achtsamer, wertschätzender Umgang miteinander können besonders wichtig sein. Mit den eigenen Kindern kann nachgeholt werden, was als Kind vermisst und nicht gelebt werden konnte. Selbst miterleben zu dürfen, dass die eigenen Kinder erwachsen werden und leben dürfen, kann ganz bewusst als großes Geschenk empfunden werden.

5 Weitere Facetten des Geschwisterverlusts

5.1 Trauernde Geschwister in getrennten Familien

Im Kontext von Trauerprozessen nach dem Tod eines Bruders, einer Schwester in getrennten Familien wird die Komplexität und Vielschichtigkeit von Trauerprozessen noch einmal sehr deutlich und zeigt eindrücklich, dass es obligat ist, jeden einzelnen Menschen sehr wachsam und verantwortungsvoll mit seiner Biografie und in seinem Lebenskontext wahrzunehmen. Die für Trauerprozesse und ihre Bearbeitung wesentlichen Schutzfaktoren Bindung, Struktur, Stabilität, Sicherheit und Orientierung können durch die vorherige Trennung der Eltern und die neue Lebenssituation für verwaiste Geschwister aus getrennten Familien geschwächt oder gestört worden sein (z. B. nicht mehr beide Elternteile zur Verfügung haben, Trennung von Geschwistern, Umzug, Wechsel des sozialen Umfelds, Verschlechterung der ökonomischen Situation, Loyalitätskonflikte, unerkannte Bedürfnisse, Übernahme von nichtentwicklungsgerechter Verantwortung). Zugleich können die vorherige Trennung der Eltern und die damit veränderte Lebenssituation die Flexibilität und Anpassungsfähigkeit des Geschwisters bereits gefördert haben und das Geschwister kann nach dem Tod darauf zurückgreifen.

Wer lebt wann mit wem

Mögliche neue Familienkonstellationen nach der Trennung der Eltern können so unterschiedlich sein wie der Umgang von Eltern nach der Trennung untereinander und mit ihren Kindern. Geschwister leben nach der Trennung der Eltern entweder zusammen, pendeln zwischen den Elternteilen oder sie leben verteilt bei dem jeweils anderen Elternteil. Neue Partner/Partnerinnen und deren Kinder oder Halbgeschwister aus der neuen Beziehung können hinzukommen.

Geschwisterbeziehung nach der Trennung
Geschwisterrollen und Bindungen können sich nach der Trennung der Eltern verändern und intensivieren. So kann ein Geschwister beispielsweise mehr Verantwortung für das andere übernehmen, versuchen, die Lücke des fehlenden Elternteils zu füllen. Die Bindung von Geschwistern kann durch eine Trennung enger werden, weil Sorgen und Ängste geteilt werden, die durch die Trennung der Eltern entstanden sind. Bedürfnisse nach Anerkennung, Liebe und Fürsorge werden möglicherweise eher vom Geschwister wahrgenommen und erfüllt als von Eltern, die selbst mit sich und ihren eigenen Belastungen befasst sind. Durch den Tod geht diese wesentliche, tragende Bindung verloren.

Gemeinsame Zeit nach der Trennung und vor dem Tod
Die Zeit und der Lebensraum, den Geschwister vor dem Tod des Bruders, der Schwester miteinander teilen oder nicht teilen konnten, haben Einfluss auf die Geschwisterbeziehung und auf den Trauerprozess. Mit der Trennung der Eltern kann eine Trennung vom Geschwister durch neue Lebenskonstellationen einhergehen. Trauer um nichtgelebte Beziehung, nicht gemeinsam verbrachte Lebenszeit kann den Trauerprozess ebenso bestimmen wie Selbstvorwürfe oder Wut auf die Eltern, die durch ihre Trennung die »Schuld« dafür tragen, dass zu Lebzeiten keine fortgesetzte Beziehungsgestaltung möglich war.

Allein trauernd im System
Möglicherweise lebt das Geschwister in einem Familiensystem (z. B. Patchwork), welches nicht oder nur partiell um den gestorbenen Bruder, die Schwester trauert. Es kann sein, dass in diesem Familiensystem nicht einmal alle das gestorbene Geschwister kannten. Dann können sich trauernde Geschwister sehr allein und fremd fühlen. Zudem kann der Tod eines Bruders, einer Schwester für Geschwister in getrennten Familien Verlustangst, die die vorhergehende Trennung vielleicht verursacht hat, erneut hervorrufen oder verstärken. Gegenseitiges Anklagen der vielleicht ohnehin zerstrittenen Eltern, Schuld zu tragen am Tod des Kindes, oder Streitigkeiten um die Art und Weise der Trauerfeier sind aus meiner Erfahrung Themen, mit

denen trauernde Geschwister aus getrennten Familien zusätzlich belastet sein können.

Praxisbeispiel: Josephine (15 Jahre) lebt nach der Trennung der Eltern vor drei Jahren bei ihrer Mutter. Sie hat Kontakt zum Vater und seiner neuen Familie. Die Bindung zum Vater empfand sie bis dato als »für die Umstände gut«. Ihre ältere Schwester Michelle (19 Jahre), zu der sie besonders seit der Trennung der Eltern eine enge vertrauensvolle Beziehung hat, stirbt nach kurzer Krankheit. Der Tod der Schwester stürzt die pubertierende Josephine, die ohnehin durch ihre Entwicklungsaufgaben maximal gefordert ist, in eine tiefe Krise. Gerade ihre Schwester hatte sich verständnis- und liebevoll um sie gekümmert und ihre Sorgen ernst genommen. Als die Eltern sich darum streiten, wer wie viel für die Trauerfeier und den Grabstein zahlen soll, fühlt sich Josephine völlig allein gelassen und denkt darüber nach, ihrer Schwester in den Tod zu folgen.

Belastete Beziehungsstrukturen sowie verstörende und schmerzhafte Vorerfahrungen im Familiensystem können den ohnehin schwierigen Trauerprozess nach dem Tod eines Geschwisters erschweren.

Tipp: Geschwistern sollte durch mögliche Konfliktsituationen der Eltern der Trauerprozess nicht zusätzlich erschwert werden. Trauernden Geschwistern muss, unabhängig von elterlichen Beziehungen, Raum, Zeit und Anerkennung für ihren Verlust ermöglicht werden. Sie müssen ihr Geschwister betrauern dürfen, sollten die Chance bekommen, sich zu verabschieden und einbezogen werden in Abschiedsrituale sowie den Umgang mit Erinnerungsgegenständen, auch wenn Eltern Streit miteinander haben.

Grundsätzlich ist es für trauernde Geschwister aus getrennten Familien sehr hilfreich, wenn alle Familiensysteme einen tröstlichen Abschied ermöglichen können und der weitere Umgang mit der Trauer und den durch den Tod entstandenen Folgen achtsam und lösungsorientiert angegangen werden kann. Eltern sollten in dieser Situation unbedingt kooperieren und respektvoll miteinander umgehen. Nicht immer ist das möglich, weil alte Konflikte und Verletzungen gerade in einer extremen Situation wieder aufbrechen. Externe, professionelle Unterstützung kann dabei helfen, den Abschied für alle tröstlich zu gestalten und trauernden Geschwistern zusätzliche Verletzungen zu ersparen.

Literaturtipps

Figdor, H. (2001). Kinder aus geschiedenen Ehen. Zwischen Traum und Hoffnung. Gießen: Psychosozial.

Witt-Loers, S. (2017). Kindertrauergruppen leiten. Ein Handbuch zu Grundlagen und Praxis (veränd. Neuausg.). Göttingen: Vandenhoeck & Ruprecht.

5.2 Trauer nach dem Tod eines Halbgeschwisters

In einer Welt unterschiedlichster Familienkonstellationen mit den damit einhergehenden Beziehungen spielt auch der Tod eines Halbgeschwisters immer wieder eine Rolle. Beziehungen zu Halbgeschwistern können ebenso komplex und verschieden sein wie Trauerprozesse um sie.

Innere Bindungen bestimmen

Trauern Halbgeschwister nach dem Tod des Halbbruders, der Halbschwester, darf ihnen diese Trauer nicht abgesprochen werden, selbst dann nicht, wenn keine vorwiegend positive Bindung bestand, sie nicht zusammengelebt oder sich nicht gekannt haben. Halbgeschwister können sich, wie leibliche Geschwister, eng verbunden fühlen. Sie können miteinander aufwachsen oder ihre Beziehung in anderen Kontexten aufbauen und pflegen. Andere haben nicht die Gelegenheit, sich kennenzulernen, auszutauschen und Bindungen einzugehen. Manche erfahren erst nach dem Tod des Halbgeschwisters von dessen Existenz. Die Trauer um das gestorbene Halbgeschwister kann dennoch stark und schmerzhaft sein, eben weil diese Beziehung nicht gestaltet und gelebt werden konnte und mit dem Tod zukünftig nicht mehr möglich sein wird.

Tipp: Diese Trauer braucht ehrliche Anerkennung, Zeit und Raum. Hilfreich kann es sein, wenn Halbgeschwister noch etwas über ihren Halbbruder, ihre Halbschwester erfahren können. Fotos, Erinnerungsstücke oder Erzählungen sind aufgrund verwickelter

Familienbeziehungen nicht immer einfach zu bekommen. Pragmatische Unterstützung auf der Suche nach Kontakten und »Lebenszeugnissen« des Halbgeschwisters kann den Trauerprozess positiv beeinflussen. Umgekehrt sollte Trauer nicht aufgezwungen oder erwartet werden, denn Halbgeschwister können auch als große Belastung empfunden werden.

Praxisbeispiel: Ein Vater bittet um eine Trauerbegleitung für seinen 14-jährigen Sohn Jakob nach dem plötzlichen Tod des Halbbruders Julian. In der Begleitung stellt sich heraus, dass Jakob nicht, wie sein Vater es tut, um Julian trauert. Er ist sogar erleichtert, dass Julian nicht mehr, wie zuvor schon öfter, aus dem Nichts auftauchen und zu Hause Unsicherheit und Stress verbreiten kann. Er berichtet, dass diese Szenen ihm immer wieder große Angst gemacht haben, weil Julian nicht nur verbal sehr ausfallend, sondern auch dem Vater gegenüber handgreiflich geworden sei.

6 Plötzlicher Tod eines Geschwisters

6.1 Ich lebe noch – verstehen und unterstützen

Stirbt ein Geschwister plötzlich, bleibt die Familie meist unvorbereitet und hilflos zurück. Ein plötzlicher Tod wird zunächst nicht verstanden und als unwirklich erlebt. Zudem fehlt ein bewusster Abschied und die Todesumstände können tragisch mit vielen realen oder Fantasiebildern belastet sein. Schuldgefühle können bei allen Familienmitgliedern auftauchen, weil es Streit und Konflikte gab, zu wenig Zeit mit dem Verstorbenen geteilt wurde, Versäumnisse in der Fürsorge empfunden werden oder die Beziehung auch durch Konkurrenz, Rivalität und Neid geprägt war.

Abschied nehmen und gestalten
Gerade beim plötzlichen Tod eines Geschwisters ist es unbedingt notwendig, zurückbleibende Geschwister einzubeziehen, sie teilhaben zu lassen am Abschied des verstorbenen Geschwisters, damit der Verlust als Realität begriffen und akzeptiert, bestmöglich bearbeitet und somit eine Anpassung an die neue Lebenssituation ermöglicht werden kann.

Tipp: Selbst aktiv sein zu dürfen, noch etwas für das gestorbene Geschwister zu tun, es zu versorgen und liebevoll zu begleiten kann Geschwister vor einem Trauma schützen und überschwemmende Gefühle von Hilflosigkeit und Ohnmacht verhindern. Geschwister sollten einbezogen werden in Rituale, zum Beispiel mit aussuchen dürfen, welche Kleidung das Geschwister im Sarg tragen und was noch mit in den Sarg kommen soll. Sie sollten Verantwortung ihrer Entwicklung entsprechend auch bei der Trauerfeier übernehmen dürfen.

6.2 Exkurs: Familie Valdor: »Paul ist tot - warum er, warum wir?«

Am 18. März 2018 ist unser Sohn Paul mit viereinhalb Jahren am Grippevirus Typ B verstorben. Vormittags war Paul an diesem Sonntag noch fit. Nachmittags begannen Symptome einer einfachen Erkältung. Er hatte Fieber, das wir regelmäßig kontrollierten. Wir kannten das schon von ihm, insofern war es für uns nichts Beunruhigendes. Unser Nachmittag verlief mit Familienkuscheln im großen Bett.

Als wir nach der Gutenachtgeschichte noch einmal zum Fiebermessen ins Zimmer kamen, lag Paul ganz normal in seinem Bett, und wir dachten, er würde schlafen, aber er atmete nicht mehr. Sofort fingen wir mit der Wiederbelebung an. Parallel alarmierten wir den Notarzt, der nach gefühlten Stunden endlich eintraf. Zugleich wurde unser ältester Sohn Nils wach. Ihn brachten wir dann zum Opa, der mit im Haus lebt.

Innerhalb kurzer Zeit stand das gesamte Haus voll mit Notärzten, Feuerwehr und Seelsorgern. Wir hatten immer noch ganz stark die Hoffnung, dass Paul überleben würde, aber die Ärzte teilten uns nach einiger Zeit mit, dass sie nichts mehr für Paul tun konnten.

Paul war tot. Wir hatten die Worte des Arztes zwar verstanden, aber diese Realität war für uns in diesem Moment nicht greifbar, einfach viel zu schmerzhaft.

Da die genaue Todesursache noch nicht feststand, verständigte die Polizei zusätzlich die Kriminalpolizei, bis zu deren Eintreffen wir das Zimmer nicht betreten durften. Erst dann konnten wir uns endlich von unserem Sohn verabschieden.

Aufgrund der unklaren Todesursache musste Paul in die Gerichtsmedizin gebracht werden. Wir mussten uns verzweifelt von ihm trennen. Alles war fremd und taub.

Unser gesamtes Leben geriet von einer auf die andere Minute total aus den Fugen. Unser ältester Sohn Nils, damals sechseinhalb, konnte die ganze Situation nicht verstehen. Er fragte: »Mit wem soll ich denn jetzt spielen?« Uns gingen die Gedanken nicht aus dem Kopf – »Warum wir?«, »Warum haben wir nicht bemerkt, was los war?«, »Warum konnten wir Pauls Tod nicht verhindern?«

Am Dienstagvormittag teilte uns die Kriminalpolizei persönlich mit, dass Paul am Grippevirus Typ B gestorben war. Wir hätten nichts dagegen tun können. Auch die Ärzte hätten die Symptome vermutlich nur als einen »normalen« grippalen Infekt eingestuft, denn dieses aggressive Virus hätte man nur über eine entsprechende Blutuntersuchung entdecken können, die man bei einem grippalen Infekt nicht durchgeführt hätte.

Unser Leben wurde von jetzt auf gleich komplett auf den Kopf gestellt. Wir fühlten uns wie in einer Zwischenwelt, die wir nicht akzeptieren konnten. Zu Anfang war es sehr schwierig, mit der Trauer und all ihren Auswirkungen umzugehen.

Wir konnten uns auf die Familie und auch auf Freunde verlassen. Leider zeigte sich jedoch auch sehr schnell, dass viele unserer sogenannten Freunde mit der Situation nicht umgehen konnten und uns einfach ignorierten.

Für unseren Sohn Nils begann plötzlich als Einzelkind eine schwierige Zeit, auch in der Schule. Wir suchten das Gespräch mit Nils' Lehrerin, die zum Glück sehr verständnisvoll war. Anfangs konnten wir uns mit ihr im engen Kontakt absprechen. Von ihr erfuhren wir auch, dass es Beschwerden von Eltern wegen angeblicher Bevorzugung gab. Jemand hatte nicht verstanden, in welcher Ausnahmesituation sich Familien befinden, wenn der Sohn, der Bruder stirbt. Mit etwas weniger intensivem Kontakt zur Lehrerin konnten wir Nils dennoch gemeinsam unterstützen.

Noch belastender war für uns und Nils das Verhalten einiger Mitschüler. Nie hätten wir es für möglich gehalten, dass Kinder so grausam sein können. Nils hörte Dinge wie: »Du bist ja selber schuld am Tod deines Bruders«, »An einer Grippe stirbt man nicht, du lügst also«. Das alles kostete viel Kraft und brachte viel Verzweiflung mit sich. Es brauchte unendlich viel Zeit und Gespräche, damit Nils nicht seinen eigenen Lebensmut verlor, die Schule nicht verweigerte.

Hinzu kam, dass Nils nur als der große Bruder vom toten Paul angesehen wurde und immer wieder Gespräch in der gesamten Schule war. Das belastete ihn zusätzlich sehr. Er zog sich oft zurück, war verschlossen und wurde teilweise uns gegenüber aggressiv. Daraufhin holten wir uns Hilfe bei einer Psychotherapeutin.

Die Therapeutin schlug uns vor, an einem Programm an der Uniklinik teilzunehmen. Wir stimmten zu. Zunächst klang das Ganze auch sehr gut. Nils wurde mit mir als Mutter stationär aufgenommen und wir sollten in gemeinsamen Stunden das Erlebte aufarbeiten. Gemeinsam mit weiteren Müttern und Kindern mit unterschiedlichen Hintergründen standen wir unter stetiger Beobachtung. Das Fazit des sogenannten Fachpersonals war, an dem Verhalten unseres Sohns seien wir schuld und er habe ADHS. Es war für uns kaum zu begreifen, dass unsere Trauer in der Klink keine Rolle spielte. Letztendlich ist die Diagnose nicht ADHS, sondern Trauer. Die weitere Zusammenarbeit mit der Therapeutin haben wir aufgegeben.

Die Sorgen um Nils belasteten uns stark. Wir wollten, dass Nils wieder gern lebt – auch ohne Paul.

Neben der Sorge um Nils mussten wir schauen, wie wir jeder für sich, wir als Paar und wir als Familie mit der Situation klarkommen konnten. Wir bekamen die Adresse der Kurklinik Tannheim mit dem Schwerpunkt Trauerbewältigung speziell für Familien, in denen ein Geschwisterkind gestorben ist. Letztendlich haben wir mit der Rentenversicherung zwei Jahre um Unterstützung gekämpft, aber all unsere Anträge wurden abgelehnt. Wir fühlten uns allein, verlassen. Uns fehlte die Familienzeit, um den Tod von Paul gemeinsam zu bearbeiten, da Alltags- und berufliche Aufgaben uns sehr stark eingespannt haben.

Über unsere Krankenkasse haben wir eine Kur beantragt, aber bewilligt wurde sie ohne den Schwerpunkt Trauer. Warum nur? Immerhin würden wir uns als Familie einmal nur um uns kümmern können, damit wir wieder zusammenwachsen, auch wenn es ganz anders ist als vorher mit Paul.

Es gibt heute immer wieder Tage, an denen wir gut durch den Alltag kommen, und es gibt Tage, an denen das nicht funktioniert. Wir haben gelernt, uns an kleinen Dingen zu erfreuen, aber es ist häufig sehr schwierig. Gerade im Miteinander. Wir alle stellen uns immer wieder die Frage, wie wäre wohl die Situation, wenn Paul noch da wäre?

Paul wird immer in unserem Leben seinen Platz haben, für Nils genauso wie für uns als Eltern. Dieser Platz ist schmerzhaft und zugleich tröstlich und immer wieder müssen wir neu daran arbeiten.

Wir wünschen uns für uns und vor allem für Nils, dass trauernde Menschen so genommen werden, wie sie gerade sind. Es muss gar nicht viel gesagt werden. Einfach da sein und in den Arm nehmen reicht vollkommen aus. Der eher verletzende Spruch »Es wird schon wieder gut« stimmt einfach nicht. Es wird nie wieder gut, denn Paul kommt nicht wieder. Wir müssen lernen, mit unserer Trauer zu leben. Immer wieder neu. Es ist nie ganz vorbei.

Von der Gesellschaft (insbesondere von Kranken- und Rentenversicherungen) wünschen wir uns sehr dringlich, dass Trauer und ihre Auswirkungen ernst genommen werden, dass Unterstützung früh genug erfolgt, denn sonst kann Trauer auch krankmachen.

Wir danken unserer Trauerbegleiterin und haben großen Respekt vor ihr und ihrer Arbeit. Sie fängt uns immer wieder auf, steht uns zur Seite. Es sollte noch mehr von diesen Menschen geben. Wir wissen nicht, wo wir wären, wenn sie nicht da wäre.

Und am Ende bleibt eines: Paul wird für immer in unseren Herzen sein.

6.3 Exkurs: Interview Pascal

Pascal, 18 Jahre nach dem plötzlichen Tod seiner jüngeren Schwester.

Wie war deine Beziehung zu deiner Schwester vor ihrem Tod? *Ich würde sagen, eigentlich gut, aber im Nachhinein gesehen habe ich auch viel falsch gemacht.*

Hast du gedacht, dass deine Schwester sterben könnte? *Nein, niemals.*

Gibt es ein Ereignis, dass dir besonders in Erinnerung geblieben ist? *Einmal, als Sie einen schweren Unfall hatte und ich sie im Krankenhaus besucht habe, und eine Situation, wo ich Streit mit ihr hatte beziehungsweise sie Ärger wegen mir bekommen hat.*

Konntest du dich von deiner Schwester verabschieden? *Nein, nicht wirklich. Erst, als sie tot war.*

Wie hast du deine Eltern nach dem Tod deiner Schwester erlebt? *Im ersten Moment verzweifelt und hilflos, aber dann kämpferisch nach dem Motto »The show must go on«.*

Was war besonders schlimm für dich? *Nicht zu wissen, auf wen ich sauer sein soll, wer schuld daran ist.*

Was hat dir geholfen? *Wenige Dinge. Sport und weinen, manchmal reden.*

Was ist dir besonders in Erinnerung geblieben? *Die Hilflosigkeit, die man spürt, und die Nichtakzeptanz davon, dass sie wirklich tot ist. Oft auch einfach diese Leere und die Wut, weil man nicht versteht, wieso das passiert.*

An welches Gefühl kannst du dich am besten erinnern? *Hilflosigkeit, Leere, Wut.*

Wie hast du deine Eltern, deine Schwester/deinen Bruder erlebt? *Aufgewühlt und oft genauso hilflos wie mich. Zum Teil todtraurig und meine Eltern manchmal so, als glaubten sie, dass sie etwas falsch gemacht hätten.*

Was hast oder hättest du dir von deiner Umgebung gewünscht? *Kann ich nicht wirklich sagen. In manchen Situationen einfach meine Ruhe. Manchmal aber auch jemanden, der da ist für mich. Und eine Erklärung.*

Welchen Platz hat deine Schwester jetzt für dich? *Mit der Zeit lerne ich, damit zu leben, aber vor allem an Geburtstagen und an ihrem Todestag fällt mir es schwer, zu verdrängen, was passiert ist, und die Situation zu akzeptieren. Außerdem gehe ich gerne zu ihrem Grab, auch wenn mich das traurig macht, und ich will trotzdem, dass sie noch da ist. Oft rede ich noch mit ihr und frage sie um Rat … vor allem wenn ich an ihrem Grab bin. Ich glaube, ihr Platz ist in meinem Herzen, an ihrem Sitzplatz zu Hause und manchmal auch in meinem Kopf.*

7 Lebensverkürzende Erkrankung und Tod

Ein in sich vielförmiger Aspekt ist der Tod nach einer lebensverkürzenden Erkrankung eines Geschwisters. Durch den medizinischen Fortschritt können von der Diagnose bis zum Tod des Geschwisters viele Jahre vergehen. Manche Geschwister wachsen mit krankheitsbedingten Entwicklungen und der Perspektive des Sterbens des Bruders, der Schwester auf. Umbrüche im Familiensystem, Veränderungen des Geschwisters oder des Alltags werden oftmals als »alltäglich« empfunden, weil sie von Beginn an zum Leben gehörten und Geschwister gelernt haben, sich flexibel anzupassen.

Andere, die plötzlich mit der lebensverkürzenden Diagnose konfrontiert sind, müssen die damit verbundenen Verluste bearbeiten und lernen, sich an die damit einhergehenden Lebensveränderungen anzupassen. Oft bleibt der Familie nicht mehr viel Zeit, um sich auf den bevorstehenden Tod vorzubereiten.

7.1 Geschwistertrauer zwischen Leben und Tod

Belastungen der Familie vor dem Tod

Familien mit einem lebensverkürzt erkrankten Kind kommen oft schon vor dem Tod des Kindes an ihre Grenzen, denn der Alltag bringt neben der Angst vor dem Tod vielfältige Belastungen für alle mit sich. Durch die Pflege und medizinischen Untersuchungen kann ein Elternteil in der Berufstätigkeit eingeschränkt sein und ökonomische Nachteile können auftreten. Zudem können die Versorgung des erkrankten Kindes und andere Alltagsaufgaben viel Zeit in Anspruch nehmen, zu Erschöpfung und Überforderung auf vielen Ebenen führen. Eingeschränkte soziale Kontakte oder Hobbys, selten gewordene oder keine gemeinsamen Unternehmungen der Familie, Geschwister, die auf sich gestellt sind, können Entfremdung und Einsamkeit innerhalb der Familie mit sich bringen. Es kann zu Unzufriedenheit, Streit, Ungeduld und Reizbarkeit in der Familie kommen. Körperliche und psychische Störungen (Schlafstörungen, Depression, Substanzmissbrauch oder Abhängigkeit) können auftreten. Insgesamt gehen somit oftmals schon vor dem Tod wesentliche Ressourcen verloren.

Vorgezogene Trauerprozesse

Mit der Diagnose einer lebensverkürzenden Erkrankung eines Familienmitglieds beginnen sogenannte *antizipatorische beziehungsweise vorgezogene Trauerprozesse,* die durch die Veränderungen ausgelöst werden, die die Erkrankung und der absehbare Tod mit sich bringt. Die Themen der Trauer werden bearbeitet und beispielsweise die Diagnose in Zweifel gestellt, nicht akzeptiert, und viele widersprüchliche Gefühle und Gedanken, zwischen Hoffnung, Verzweiflung, Schmerz, Überforderung, Vernachlässigung der eigenen Bedürfnisse, können auftauchen.

Die Bearbeitung der Traueraufgabe, sich an das Leben ohne den Verstorbenen anzupassen, wird von Familienmitgliedern schon vor dem Tod bearbeitet. Oftmals schämen sich Betroffene, weil sie sich mit der Anpassung an ein Leben ohne den Erkrankten befassen. Das soziale Umfeld versteht die Auseinandersetzung nicht immer und es kann zu Verurteilungen kommen.

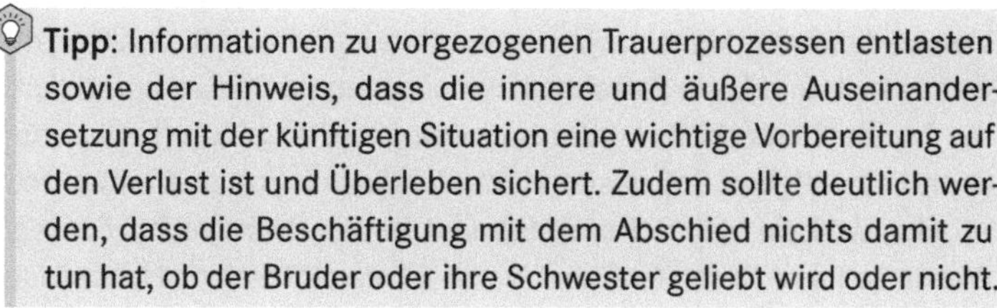

Tipp: Informationen zu vorgezogenen Trauerprozessen entlasten sowie der Hinweis, dass die innere und äußere Auseinandersetzung mit der künftigen Situation eine wichtige Vorbereitung auf den Verlust ist und Überleben sichert. Zudem sollte deutlich werden, dass die Beschäftigung mit dem Abschied nichts damit zu tun hat, ob der Bruder oder ihre Schwester geliebt wird oder nicht.

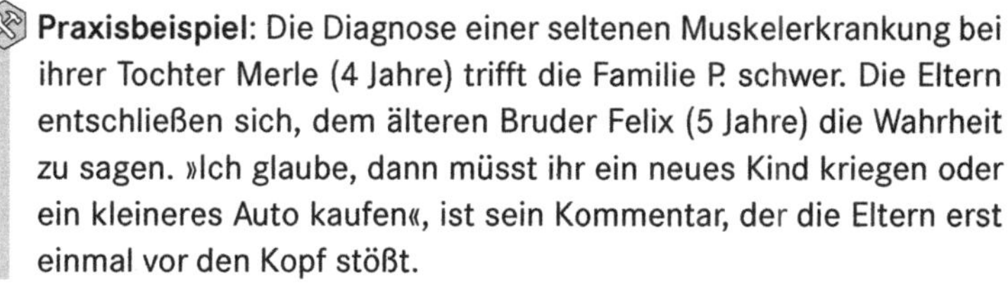

Praxisbeispiel: Die Diagnose einer seltenen Muskelerkrankung bei ihrer Tochter Merle (4 Jahre) trifft die Familie P. schwer. Die Eltern entschließen sich, dem älteren Bruder Felix (5 Jahre) die Wahrheit zu sagen. »Ich glaube, dann müsst ihr ein neues Kind kriegen oder ein kleineres Auto kaufen«, ist sein Kommentar, der die Eltern erst einmal vor den Kopf stößt.

Erklärungen von Beginn der Diagnose an fließend
Geschwister sollten unbedingt zeitnah über die lebensverkürzende Erkrankung, die Auswirkungen für den Erkrankten, die Prognose mit allen Veränderungen, auch für das Familiensystem, sachlich und entwicklungsentsprechend informiert werden, denn sie spüren die Konsequenzen auf vielen Ebenen. Alltagsaufgaben, die Sorgen um das kranke Kind, der Progress der Erkrankung und die damit verbundene Angst vor dem Tod machen es Eltern nicht immer leicht, den für Geschwister notwendigen Informationsfluss beizubehalten.

Werden Geschwister nicht oder nur mit Halbwahrheiten informiert, bleiben sie mit Ängsten und Unsicherheiten allein, zum Beispiel der Befürchtung, die Krankheit geerbt zu haben und ebenfalls sterben zu müssen. Weil vieles nur gedeutet werden kann, können Gefühle entstehen wie nicht geliebt zu werden, Selbstvorwürfe, Einsamkeit und Misstrauen (»Ich gehöre nicht richtig zur Familie«, »Was ich spüre, ist nicht richtig, ich bin falsch«, »Ich bin auch krank, deswegen sagen sie mir nichts«). Langfristig können daraus pathologische Entwicklungen folgen wie beispielsweise Depressionen, Bindungs- oder Angststörungen (Verlustangst, Trennungsangst).

Praxisbeispiel: Jule (9 Jahre) kommt nach der Schule nach Hause. Die Mutter öffnet freudestrahlend die Tür. Hinter ihr erscheint ein kleiner, dicklicher Mensch ohne Haare. Jule ist irritiert. Sie weiß nicht, wer das ist, und kann so schnell keine Zusammenhänge herstellen. Die Mutter bemerkt ihre Verunsicherung und sagt: »Ja, kennst du denn deine eigene Schwester Nora nicht?« Jule lügt und antwortet »doch«, weil sie sich schämt. Erkannt hat sie Nora nicht. Dieses Wesen soll ihre Nora sein? Und wieso ist sie plötzlich zu Hause? Ist sie gesund? Wird sie weiter so fremd aussehen? Muss sie doch nicht sterben? Jule stellt ihre Fragen aus Scham nicht. Sie bleibt damit allein und versucht, ihre eigenen Antworten zu finden, die teilweise vage, beängstigend und sachlich falsch sind. Ihre Eltern hatten versäumt, ihr mitzuteilen, dass Nora nach sechs Monaten Krankenhausaufenthalt zum Sterben nach Hause kommen wird und sich äußerlich verändert hat. Jule hatte Nora im Krankenhaus nicht besuchen dürfen und daher die körperlichen Veränderungen der Schwester nicht wie die Eltern miterlebt.

Nicht plötzlich konfrontieren, wenn Vorbereitung möglich ist
Grundwissen um Trauerprozesse, Traueranlässe und Trauerreaktionen im familiären und sozialen Umfeld unterstützen den grundsätzlichen wie situativen Umgang mit der progredienten Erkrankung und stellen Geschwister nicht plötzlich und unvorbereitet vor den Tod des Geschwisters.

Beziehungsgestaltung und tröstlichen Abschied ermöglichen
Es ist und bleibt traurig, wenn ein Geschwister sterben muss. Wenn Geschwister in einem Maß, ohne zu überfordern, in die Pflege des kranken Geschwisters einbezogen werden, kann das situativ sowie für die Zeit nach dem Tod des Geschwisters tröstend und beruhigend sein.

Grundsätzlich sollten Geschwister wissen, dass die Zeit miteinander begrenzt ist. Mit diesem Wissen können sie ihre Beziehung neu ausrichten. Das bedrückende Gefühl, wertvolle Zeit verpasst, Vorwürfe an die Eltern, wichtige Chancen nicht gewährt zu haben, oder Selbstvorwürfe, nicht für das Geschwister dagewesen zu sein, können so, zumindest teilweise, vermieden werden. In der Zeit der Erkrankung, vor und nach dem Tod der Schwester, des Bruders sollte die Familie pragmatische, praktische und psychosoziale Unterstützung bekommen. Geschwister brauchen meist besonderen Beistand für ihre Fragen, Sorgen und anderen inneren und äußeren Anliegen.

Vorbereitung auf den Tod
Geschwister sollten auf den Tod der Schwester, des Bruders ihrem Alter entsprechend vorbereitet werden. Sie brauchen, wie ihre Eltern, häufig viele sachliche Erklärungen und Ermutigungen. So können Ängste abgebaut und eine liebevolle, zugewandte Sterbebegleitung kann ermöglicht werden (siehe Kapitel 3.2).

Stärkere Bindung zu einem Elternteil
In der Zeit der Erkrankung kümmert sich in der Regel (zeitlich, beruflich bedingt) ein Elternteil mehr um das erkrankte Kind. Durch die intensive Zeit und Pflege bindet sich das Elternteil häufig enger an das erkrankte Kind. Das gesunde Geschwister verbündet sich aus der Situation heraus eher mit dem anderen Elternteil, die Bindung wird auf dieser Seite stärker. Manchmal kommt es zur Ablehnung

des Elternteils, der sich mehr mit dem kranken Kind befasst. Nach dem Tod kann sich das Elternteil mit der engen Bindung zum gestorbenen Kind ausgegrenzt fühlen, wodurch in der Familie ein Ungleichgewicht entsteht.

Soziales Umfeld

Menschen aus dem sozialen Umfeld sind mit der Diagnose einer lebensverkürzenden Erkrankung häufig überfordert. Hilflosigkeit, Angst und fehlende Worte können zu Ignoranz führen, die die Situation für betroffene Eltern und Geschwister zusätzlich erschwert. Zugleich kann das soziale Umfeld sehr interessiert sein, zu erfahren, wie es der Familie geht und wie die Erkrankung sich entwickelt. Geschwister werden angesprochen: »Wie geht es deinen Eltern?«, »Ich habe gehört, dass Mona wieder im Krankenhaus war, was war da los?«, »Du passt doch gut auf deine Eltern und Mona auf, oder?« Solche Fragen können belastend sein und es kann zu Überforderung kommen, weil Geschwister aus ihrer inneren Verfassung heraus nicht antworten können oder nicht wissen, was sie antworten sollen oder dürfen. Hinzu kommt, dass ihr Verhalten vom Umfeld falsch interpretiert wird. Zugleich können eine sensible Wahrnehmung und der Austausch mit neutralen Personen außerhalb des Familiensystems sehr entlastend und stärkend für Geschwister sein.

Erleichterung

Geschwister können Erleichterung nach dem Tod des Bruders, der Schwester fühlen. Es kann wohltuend sein, dass keine Fragen mehr zum erkrankten Geschwister kommen und es nicht mehr im Fokus der Aufmerksamkeit steht. Erleichterung kann auch empfunden werden, wenn das Geschwister nach langer Krankheit nicht weiter leiden muss.

Tipp: Gefühle der Erleichterung und Entlastung bringen häufig Scham oder Selbstentwertung mit sich (»Ich bin ein böser Mensch, weil ich so denke und fühle«). Geschwister können durch widersprüchliche Emotionen verwirrt sein. Psychoedukativ sollten darum Gefühle von Erleichterung als normale Trauerreaktion angesprochen werden, damit Geschwister sich von ihrer Selbsterniedrigung lösen können. Die multiplen Anpassungsprozesse und komplexen

Belastungen, denen Familien mit einer progredienten Diagnose ausgesetzt sind, sowie die Konfrontation mit dem absehbaren Tod können mit Psychoedukation und der Förderung, Perspektiven anderer Familienmitglieder einzunehmen, das gesamte Familiensystem entlasten.

Tipp: Lebensverkürzend erkrankte Kinder und Jugendliche sowie deren Familien können inzwischen fast überall in Deutschland bei ambulanten und stationären Kinder- und Jugendhospizen vielfältige medizinische und psychosoziale Unterstützung finden. Es gibt Hilfen im Alltag, Erholungsmöglichkeiten für die Familie, psychologische Unterstützung und Trauerbegleitung vor dem Tod, Angebote um das erkrankte Kind, spezielle komplexe Hilfen für Geschwister, Eltern und die gesamte Familie. Leider hat sich bis heute das falsche Bild gehalten, dass Kinder und Jugendliche, wie beim Erwachsenenhospiz, erst zum Sterben ins Hospiz gehen. Dabei setzt der Beistand für alle aus dem Familiensystem viel früher an und geht nach dem Tod weiter. Viele wesentliche Informationen finden sich auf der Internetseite des deutschen Kinderhospizvereins.

Website-Tipps

www.deutscher-kinderhospizverein.de
www.dhpv.de (Deutscher Hospiz und Palliativ Verband e. V.)

Die in den folgenden Kapiteln geschilderten Erfahrungsberichte einer Familie aus verschiedenen Perspektiven (Mutter, Geschwister) zeigen eindrücklich, wie der Abschied vom Kind/Geschwister gestaltet werden und wie das Leben nach dem Tod weitergehen kann.

7.2 Exkurs: Unsere Familie nach Annas Tod

Vera Schimmöller

Nach Annas Tod habe ich von einem Ritual in einer Trauergruppe gelesen, das den Schmerz, das Absolute, die Tiefe des Verlustes und die Auswirkungen auf das gesamte Familiensystem symbolisieren soll: Die Kursleiterin zeigt ein Mobile mit verschiedenen Figuren, das die Familie als Ganzes darstellen soll. Dann schneidet sie einen der Fäden durch und das gesamte Mobile gerät ins Wanken. Um solch ein Mobile der Geschwister geht es mir im Folgenden, denn dadurch, dass Annas Tod nicht plötzlich und unerwartet kam, sondern mit der Krebsdiagnose begann und ein Jahr andauerte, ist in dieser Zeit viel mit meinen Kindern geschehen.

Die Zeit vor Annas Diagnose
Meine beiden Mädchen sind innerhalb von zwei Jahren geboren, Jacob mit einigem Abstand hinterher. Es war spannend zu sehen, wie sich diese Geschwisterbeziehungen entwickeln, verändern, sich Fäden zu spinnen beginnen, stärker werden. Vieles änderte sich, als Lara in die Pubertät kam, je mehr sie anfing, ihre eigene Welt zu entdecken. Die Fäden zwischen Anna und Jacob waren immer belastbar, zwischen den Mädchen aber begann sich vieles zu ändern. Das gesamte Mobile schien manchmal in sich zu beben, so dynamisch war die Beziehung der beiden Mädchen.

Die Zeit nach der Diagnose und der Krebstherapie
Im Grunde genommen begann hier schon die Trauerarbeit der Kinder; alle drei mussten Abschied nehmen von allen Sicherheiten, die sie bisher hatten. Es war ja nicht nur der veränderte Alltag, sondern auch die Konfrontation mit dem Gedanken, dass sie ihre Schwester verlieren werden.

Lara war sowohl in der Klinik als auch zu Hause immer an Annas Seite und nahm sie mit in ihr Leben hinein, da Anna so vieles von ihrem aufgeben musste. Lara hat in dieser Zeit alles an Zeit und Energie investiert, was ihr zur Verfügung stand. Ein »normales« Teenagerleben war gar nicht möglich. Anna war dadurch plötzlich weicher und zarter: »Mama, jetzt fange ich an zu glauben, dass die Menschen mich wirklich liebhaben.« Die Fäden zwischen den beiden Mädchen wurden immer stärker und belastbarer, etwas, das Lara heute noch Sicherheit gibt.

Jacob hatte keinen Anteil an dieser engen Beziehung zwischen den Geschwistern. Ihm mussten andere Dinge Halt geben: die Familienhilfe, Freunde, unser Hund Oreo.

Annas letzte Wochen

Nachdem wir erfahren hatten, dass der Tumor wieder da war und gestreut hatte, dass es keine Rettung gab, fassten wir zusammen mit Anna den Entschluss, dass sie zu Hause sterben sollte. Lara und Jacob haben in dieser Zeit so viel Mut und Liebe bewiesen, wie es viele Erwachsene nicht können. Sie haben ein sterbendes Kind begleitet, das bewusst vom Leben Abschied nimmt. Alle drei Kinder trauerten, Anna um das, was nicht mehr sein darf, Lara und Jacob um ihre Schwester.

Es waren letztendlich nur drei Wochen, die wir noch einmal in unserer Ferienwohnung verbrachten, wo Anna das letzte Mal schwamm und in denen wir zwei Tage in Holland waren, da Anna noch einmal den Sonnenuntergang am Strand sehen wollte. Nie werde ich vergessen, wie Lara ihre Schwester den Strand hinuntergetragen hat.

Lara ist in dieser Zeit kaum noch von Annas Seite gewichen. Kleine Auszeiten mit ihrem Freund waren zwischendurch wichtig für sie, aber es fiel ihr sichtlich schwer, sich diese kleinen Kraftpausen auch zu nehmen. Anna wollte immer alle um sich haben, auch Jacob, hat immer wieder allen gesagt, wie lieb sie uns hat, und brauchte auch immer sofort unsere Antwort. Jacob war so mutig und so tapfer, hat seine Schwester begleitet und war an ihrer Seite, wurde aber immer stiller und stiller.

Annas Sterben

Es war leise, friedlich und behütet. Lara war in der Nacht um vier Uhr aufgewacht und wusste, dass es soweit war. Wir wussten es alle, als sie sich an diesem Morgen von ihrem Papa nach unten tragen ließ und sich ganz anders als sonst auf das Sofa betten ließ. In diesem Sterben war die tiefe Verbindung zwischen den beiden Schwestern so intensiv zu spüren: Lara wich ihrer Schwester nicht mehr von der Seite, hatte aber gleichzeitig unendliche Angst vor dem Moment, wenn sie aufhören würde zu atmen. Am Morgen habe ich Lara mit ihrer Freundin und dem Hund nach draußen geschickt, und im Nachhinein erzählte sie mir, dass sie wusste, dass Anna dann gehen würde.

Jacob war während der Zeit des Sterbens von Anna viel mit seinem Vater unterwegs und von ihm begleitet. Direkt nach Annas Tod war es für ihn ganz wichtig, mit mir zu spielen. Hier durfte er hoffentlich merken, dass es kein Richtig und Falsch im Umgang mit dem Tod eines geliebten Menschen gibt, sondern dass alles okay ist, auch zu spielen und zu lachen und im nächsten Augenblick zu weinen.

Annas Tod und der Beginn einer neuen Familienzeitrechnung

Lara war für mich nach Annas Tod für einige Zeit in parallelen Welten: Sie hatte auf der einen Seite ihre Seelenverwandte, ihre Vertraute verloren, trauerte sehr. Auf der anderen Seite war da das Leben einer Jugendlichen: Sie feierte mit ihren Freundinnen, war mit ihrer besten Freundin im Urlaub und musste sich auf das Abitur vorbereiten.

Jacob begann sofort nach Annas Tod wieder einen Platz einzunehmen, nie vergesse ich den Moment, an dem er am Morgen nach Annas Tod durchs ganze Haus rief, und ich nur dachte: »Zum Glück, er hat seine Stimme wiedergefunden.« Lange hatte er viel Beiläufigkeit und Zeit gebraucht, um seine Ängste und Gefühle äußern zu können. Beide Kinder waren an Trauergruppen angebunden, da ich als Mutter immer die Sorge hatte, dass sie sich nicht trauen würden, uns ihre Sorgen und Ängste anzuvertrauen, um uns zu schützen.

Drei Jahre Trauer um Anna

Im ersten Jahr nach Annas Tod waren die Kinder mit Überleben beschäftigt. Das zweite Jahr wurde härter. Bei beiden stand so vieles an, aber es wurde auch immer deutlicher, wo Anna überall fehlte.

Jetzt, nach drei Jahren, beginnt die eigentliche Trauerarbeit. Beide Kinder fangen an, das Endgültige wahrzunehmen, was sie unendlich schmerzt. Diese Endgültigkeit kann gerade Jacob immer noch nicht ertragen. Seit Langem kann er nicht mehr zu Annas Ort, denn »dort spüre ich, dass Anna nicht mehr wiederkommen wird.« Lara aber sucht gerade die Konfrontation mit diesem Verlust, da sie gemerkt hat, dass ihr die aufgeschobene Trauer auf Dauer selbst großen Schaden zufügen würde. Für beide ist es ein schmerzlicher Prozess zu realisieren, dass sie durch ihren Verlust und die Zeit vor Annas Tod nie »wie die anderen« sein werden. Lara sagte unlängst noch zu mir, wie gern sie einfach »normal« wäre. Es ist ein Leben mit Ambivalenzen: auf der einen Seite die bedingungslose Freude, das Mitfühlen und Mitfiebern, auf der anderen Seite aber auch immer die Trauer um Anna, die das nicht erleben darf.

Das Geschwistermobile heute
Das ganze Familienmobile gerät immer wieder heftig ins Wanken. Das vollkommen Haltlose aber wird durch die verbindenden Fäden zu Anna, unsere Liebe zu ihr aufgehalten. Die Figuren der Kinder erhalten zudem eine neue Festigung: Lara und Jacob entdecken neue Verbindungen zwischen sich, knüpfen feine, zarte, neue Fäden … ein wunderschöner Weg.

Was ich mir wünsche
Wir sollten unseren Kindern als ihre Wegbegleiter das Recht auf ihren eigenen Weg und die Chance geben zu sprechen, zu lachen und zu weinen, ihrem Bruder oder ihrer Schwester weiterhin einen Platz in ihrem Leben zu geben. Es gibt kein Richtig und kein Falsch.

Ich wünsche allen Eltern, die auch einen solchen Verlust erlitten haben und dennoch für weitere Kinder verantwortlich sind, viel Kraft: Ich weiß, der Schmerz ist gewaltig, gerade in der ersten Zeit, aber unsere Aufgabe ist es, unsere überlebenden Kinder wieder zurück ins Leben zu führen, es ihnen zu ermöglichen, die Fäden zu ihrem Geschwisterkind umzudeuten und selbst einen neuen Platz zu finden.

7.3 Exkurs: Interview Lara

Die Zeit vor Annas Erkrankung: Wie war deine Beziehung zu deiner Schwester vor ihrer Erkrankung? *In der Kindheit waren wir immer ein Herz und eine Seele. Später haben wir uns öfter mal angezickt, wie es in dem Alter so üblich ist. Aber wenn es darauf ankam, haben wir immer zusammengehalten.*

Annas Erkrankung: Wie hast du die Zeit von Annas Erkrankung erlebt? *Intensiv, in der Schule war ich einfach wie ein Roboter, der nur funktioniert hat. Ich kann mir jetzt gar nicht mehr vorstellen, wie ich die Zeit damals geschafft habe. Ich habe versucht, Anna eine größtmögliche Hilfe zu sein, und ich habe an nichts anderes mehr gedacht. Ich wollte vor Anna keine Schwäche zeigen und so tun, als wäre alles einfach normal. Ich habe deswegen auch aufgehört zu tanzen. Vielleicht bin ich deswegen jetzt auch so schwach, es ist, als hätte ich die Kraft für viele Jahre in ein paar Monaten aufgebraucht. Papa und ich haben auch versucht, es für Jacob so gut wie möglich zu gestalten, aber uns war klar, dass er mehr mitbekommt, als man gedacht hätte.*

Gibt es ein Ereignis, das dir besonders in Erinnerung geblieben ist? *Als ich nach der Diagnose sofort in die Klinik gekommen bin, hat Anna mich einfach nur umarmt. Und ab dann war alles anders. Vielleicht ist ihr dann auch wirklich klar geworden, wie sehr ich sie liebe. Ab da wussten wir, dass wir zusammenhalten müssen, wir haben uns nie mehr gestritten.*

Annas Palliativzeit zu Hause: Wie hast du deine Eltern erlebt? *Papa hat viel mit Jacob unternommen, um ihm auch Zeit zu schenken, die er vorher nicht mit ihm hatte. Da hat es auch begonnen, dass die beiden so eine enge Bindung hatten. Mama war halt die ganze Zeit bei Anna und hat sich um sie gekümmert. Wir haben einfach funktioniert, mein Fokus war nur auf Anna, die Menschen um mich herum habe ich gar nicht so wahrgenommen.*

Was war besonders schlimm für dich? *Als Papa mir gesagt hat, dass Anna palliativ wird. Erst haben sie uns gesagt, der Tumor ist weg, und zwei Wochen nachher war sie palliativ. Das verstehe ich bis heute nicht.*

Was hat dir geholfen? *Die Zeit mit Anna, dass ich frei von der Schule bekommen habe und jede Minute bei Anna sein konnte. Und vor allem Jonas, der mich immer wieder rausgeholt hat.*

Was ist dir besonders in Erinnerung geblieben? *Als Anna nach Hause gekommen ist* (Anmerkung: direkt am Tag der letzten Diagnosestellung) *und wir uns lustige Sprüche auf Grabsteinen durchgelesen haben. Jeden Morgen, wenn ich aufgestanden bin, bin ich sofort zu ihr rüber, habe mich zu ihr ins Bett gelegt und wir haben immer irgendwas geguckt. Und dass wir da nicht mehr darauf achten mussten, dass ich immer eine Maske tragen muss, weil ich so oft krank war. Und dass Papa ihr das Eis gebracht hat, dass sie sonst nie essen durfte. Und die Anna-Aktion: Sie wollte unbedingt ihren Brovi-Katheter raushaben, um noch einmal schwimmen zu gehen.*

Die Zeit direkt nach Annas Tod: An welches Gefühl kannst du dich am besten erinnern? *Es hat sich unwirklich angefühlt, ich konnte es da einfach noch gar nicht wahrhaben. Mein Freund hat mir gezeigt, was normale Jugendliche in dem Alter machen.*

Wie hast du deine Eltern, deine Schwester/deinen Bruder erlebt? *Irgendwie kann ich mich an den Alltag nicht mehr richtig erinnern, es ist abgelaufen wie ein Film und ich komme an die Erinnerung nicht mehr ran. An die Urlaube danach kann ich mich aber erinnern, weil wir da alle zusammen waren und versucht haben, neue Erinnerungen zu schaffen.*

Was hast oder hättest du dir von deiner Umgebung gewünscht? *Ein bisschen mehr Verständnis, es war eine große Sache, man hat Mitleid bekundet, aber nach ein paar Wochen gehörte es für die nicht mehr zum Leben.*

Die Jahre nach Annas Tod bis jetzt: Welchen Platz hat Anna für dich? *Anna ist überall mit dabei, auch in meinen Gedanken, und ich versuche, das Leben so gut wie möglich für sie mitzuleben. Es ist aber schwierig, weil man die Folgen eines traumatischen Lebensabschnitts manchmal erst Jahre später bemerkt und auch, was es für eine Auswirkung auf das gesamte Leben hat.*

Wie erlebst du deine Eltern? Hat sich im Laufe der Zeit etwas geändert? *Papas und meine Beziehung ist viel stärker geworden. Mamas und meine war eh immer stark. Sie konzentrieren sich momentan viel auch auf sich, was ihnen am besten tut, und setzen für sich selber auch Grenzen. Vielleicht haben sie aus dieser Zeit auch mitgenommen, dass sie auch auf sich selber achten müssen. Die Beziehung zwischen uns allen ist stärker geworden, wir wissen, wie glücklich wir uns schätzen können, uns zu haben.*

Wie siehst du jetzt deine Rolle in deiner Familie? *Immer noch als Aufpasserin, was den anderen aber nicht so gefällt.*

Was ist für dich besonders schwierig? *Die normale Rolle als Tochter, weil ich das Gefühl habe, alle beschützen zu müssen. Und ich habe so viel Wut in mir gegenüber Menschen, die nicht zu schätzen wissen, was sie haben und wegen jeder Kleinigkeit rumheulen. Meine Trauer ist wie ein riesiger Tsunami, ich muss ihn mit all meiner Kraft weghalten, damit er mich nicht überschwemmt. Ich kann nicht einfach etwas Wasser ablassen, damit er etwas kleiner wird und nicht über mich herbricht. Vielleicht hilft aber auch die Zeit, dass sie etwas Wasser ablässt.*

Was wünschst du dir von deinem Umfeld? *Verständnis dafür aufzubringen, dass ich nicht wie eine normale 20-Jährige leben kann, sondern auch einfach damit glücklich bin, was anderen vielleicht langweilig erscheint. Ich brauche keine krasse Reise oder irgendetwas zu erleben. Mir reicht es schon, meine Leute um mich zu haben und dass gerade nichts Akutes ist.*

Was hat dir die Zeit mit Anna, gerade auch die Zeit ihrer Erkrankung und ihres Sterbens zu Hause, mitgegeben, auch Positives? *Dass Anna und ich noch einmal so eine enge Beziehung aufbauen durften. Ich musste nicht, sondern ich durfte die Person sein, nach der sie morgens gefragt hat, die ihr Halt gegeben hat. Ich durfte diese eine Person sein, die sie immer dabeihaben wollte. Deswegen habe ich auch keine Schwäche gezeigt: Sie wusste, wenn bei mir alles gut ist, musste sie sich keine Sorgen machen. Dadurch bin ich überhaupt erst auf die Idee gekommen, Krankenschwester zu werden. Ich wurde immer wieder auf der Station gefragt, ob ich nicht vorhätte, Krankenschwester zu werden, weil ich Anna so gut gepflegt habe. Es hilft mir auch, die Ausbildung so gut zu machen, weil ich weiß, was eine gute Krankenschwester bewirken kann.*

Was würdest du anderen Kindern oder Jugendlichen wünschen, die in der gleichen Situation sind, in der du auch warst? *Dass sie jemanden haben, zu dem sie gehen können, um zu reden. Es kann einem keiner helfen, wenn man nicht redet.*

7.4 Exkurs: Interview Jacob

Die Zeit vor Annas Erkrankung: Wie war deine Beziehung zu deiner Schwester vor ihrer Erkrankung? *Anna hat mich meistens ignoriert, sie war halt in der Pubertät und wir haben in verschiedenen Welten gelebt. Das heißt aber nicht, dass wir uns nicht gemocht haben.*

Annas Erkrankung: Wie hast du die Zeit von Annas Erkrankung erlebt? *Die Zeit war sehr einsam und sehr still, Anna war meistens nicht da und ich habe nichts mitbekommen. Ich musste nach den Regeln spielen und habe es so hingenommen. Geholfen hat mir mein damaliger Freund Tom, das Spielen mit ihm hat mich immer abgelenkt. Oreo, unser Hund, hat mir auch sehr geholfen, und Barbara* (Anmerkung: die Familienhelferin) *hat mir geholfen, weil sie da war. Weil ein Mensch im Haus war.*

Gibt es ein Ereignis, das dir besonders in Erinnerung geblieben ist? *Als ich Anna das erste Mal nach der Intensiv wiedergesehen habe, war es total surreal. Ich habe nur gedacht: Das ist nicht Anna. Sie hatte keine Haare mehr, ihre Haut war total verletzt. Es war, als ob ich einen Menschen nach zehn Jahren wiedersehe.*

Annas Palliativzeit zu Hause: Wie hast du deine Eltern erlebt? *Papa hat es irgendwie gar nicht wahrgenommen, nicht realisiert. Mama hat versucht, allen zu helfen, deswegen konnte ich nicht wahrnehmen, wie es ihr selber ging.*

Was war besonders schlimm für dich? *Die ganze Zeit.*

Was hat dir geholfen? *Weil ich es gar nicht richtig wahrgenommen habe, weil es total surreal war, konnte mir auch nichts helfen.*

Was ist dir besonders in Erinnerung geblieben? *Als wir in der Ziegelmühle waren, hatte es geschneit, und ich war draußen. Nach dem Spielen habe ich mich zu Anna aufs Sofa gelegt, ganz eng. Das war ein Icebreaker für mich, weil ich gemerkt habe, dass Anna für mich berührbar ist. Ich habe gemerkt, dass ich noch zu Anna gehen kann, auch wenn sie im Sterben liegt.*

Die Zeit direkt nach Annas Tod: An welches Gefühl kannst du dich am besten erinnern? *An gar nichts.*

Wie hast du deine Eltern, deine Schwester erlebt? *Lara hat direkt mit der Schule weitergemacht, sie hat versucht, sich dadurch von der Trauer abzulenken. Dadurch kam aber auch noch mehr Stress mit dazu. Papa ist sehr viel spazieren und wandern gegangen, er brauchte sehr viel Freiraum. Bei Mama kann ich es gar nicht genau sagen.*

Was hast oder hättest du dir von deiner Umgebung gewünscht? *Ich wollte einfach normal behandelt werden. Ich wollte mehr Freiraum und Zeit für mich, mehr Zeit zum Nachdenken. Stattdessen wurden mir immer wieder Vorschläge gemacht, was ich tun kann, wie die Trauergruppe, aber eigentlich wollte ich nur Zeit für mich.*

Die Jahre nach Annas Tod bis jetzt: Welchen Platz hat Anna für dich? *Ich merke halt, dass Anna körperlich weg ist, aber manchmal spüre ich noch ihre Aura, sie ist geistig nicht weg. Ich glaube, dass es so bleiben wird.*

Wie erlebst du deine Eltern? Hat sich im Laufe der Zeit etwas geändert? *Papa hat sich sehr verändert, auch äußerlich. Mama hat früher belebter gewirkt, beide sind weiser und ruhiger geworden. Lara war danach so süchtig nach Nähe und Zuneigung, was Jonas, ihr Freund, ihr gegeben hat.*

Wie siehst du jetzt deine Rolle in deiner Familie? *Ich bin derjenige, der da ist, wenn man Hilfe braucht, zum Reden oder im Alltag.*

Was ist für dich besonders schwierig? *Ich bin oft so furchtbar genervt von allen. Vor allem bin ich von Gleichaltrigen genervt, wo ich denke: Was haben die denn für Probleme? Mich nervt es, wenn Menschen mir zu nahe kommen, wenn ich keine Zeit für mich habe.*

Was wünschst du dir von deinem Umfeld? *Ich möchte einfach normal behandelt werden, das war eh die ganze Zeit so.*

Was hat dir die Zeit mit Anna, gerade auch die Zeit ihrer Erkrankung und ihres Sterbens zu Hause, mitgegeben, auch Positives? *Ich habe keine Angst mehr vor dem Tod. Das hat mich so beeindruckt, als Anna im Sterben lag: dass sie so entspannt war, obwohl sie wusste, dass sie sterben wird. Dass sie keine Angst hatte. Und die habe ich jetzt auch nicht mehr. Und ich habe gelernt, anderen Menschen gut zuzuhören und dass sie so sein dürfen, wie sie sind.*

Was würdest du anderen Kindern oder Jugendlichen wünschen, die in der gleichen Situation sind, in der du auch warst? *Dass sie ihren Freiraum und die Zeit kriegen, dass man sie nicht sofort bedrängt, sondern dass sie erst einmal selber darüber nachdenken dürfen, was sie eigentlich wirklich brauchen.*

8 Tabuisierte und stigmatisierende Todesarten

Trauerprozesse nach dem Tod eines Geschwisters durch Suizid, Substanzmissbrauch oder im Rahmen von kriminellen Handlungen werden durch verschiedene Faktoren zusätzlich behindert und verkompliziert. Auf einige davon, die mir in meiner Praxisarbeit immer wieder aufgefallen sind, möchte ich im Folgenden näher eingehen.

In der Begleitung sollte die individuelle Beziehung zum gestorbenen Geschwister in den Blick genommen werden. Nicht die Todesursache sollte im Vordergrund stehen, sondern dass ein Mensch gestorben ist.

8.1 Zwischen Tabu, Schuld und Scham

Gewaltsamer Tod ohne Abschied

Die vorab genannten Todesursachen sind neben der Gewalt, die sie mit sich bringen, meist plötzliche Tode. Sie waren nicht absehbar und die Möglichkeit, Abschied zu nehmen, fehlt. Die Frage nach dem Warum oder eine erkennbare Erklärung für das Geschehen bleibt ebenfalls oftmals ohne Antwort. Gerade weil häufig viele Fragen offenbleiben, sollten Spekulationen und Verurteilungen nicht genährt werden. Die Frage nach dem Warum kann nicht immer sachlich geklärt werden. Es ist wesentlich, dass Geschwister für sich eine tröstliche Sichtweise entwickeln dürfen.

Vorenthalten, Halbwahrheiten oder Wahrheit

Eltern sind oft ratlos und unsicher, wie sie ihren Kindern die Todesursache (Suizid, Drogentod, Verbrechen) erklären sollen und wie viel Wahrheit sein darf. Aus gut gemeinter Fürsorge werden daher Informationen vorenthalten, Konstrukte oder Halbwahrheiten zum Geschehen vermittelt.

Geschwister spüren meist, dass sie nicht die ganze Wahrheit wissen dürfen, fühlen sich zurückgesetzt, verlieren ihr Vertrauen zu

Bezugspersonen und/oder zu sich selbst. Es kann zu starken Selbstzweifeln, dem Verlust von Selbstwert und weiteren Folgeschäden kommen. Die individuelle Einordnung des Geschehens und die Bearbeitung des Verlusts werden dadurch erschwert.

Die meisten Konstrukte werden mit der Zeit ohnehin durch Widersprüche oder Informationen aufgedeckt, die aus anderen Quellen hinzukommen. Für alle Beteiligten kann es daher einfacher sein, die Todesursache entwicklungsgerecht, ehrlich und ohne Wertungen zu erklären. Zugleich sollte nicht alles bis ins Detail beschrieben und Sicherheit vermittelt werden. Geschwister sollten nachfragen dürfen, wenn sie mehr wissen möchten.

Tabuisierung und Stigmatisierung

Bis heute sind Todesarten wie Suizid, Drogentod und teilweise auch Verbrechen für Hinterbliebene stigmatisierend und oftmals tabuisiert. Zusätzlich können das übliche polizeiliche Vorgehen bei einem Suizid oder Drogentod sowie polizeiliche Ermittlungen bei einem Verbrechen, mögliche Berichterstattungen in der Presse und den sozialen Medien den Trauerprozess erheblich erschweren.

Nicht nur Geschwister und ihre Familien, auch Menschen aus dem Lebensumfeld des gestorbenen Geschwisters fühlen sich häufig mitschuldig oder verantwortlich für den Tod. Andere fühlen sich provoziert oder angeklagt. Dadurch kommt es oft zu Verdächtigungen, Beschuldigungen und Verurteilungen innerhalb der Familie und/oder im sozialen Umfeld. Die negativen Auswirkungen bekommen Geschwister zu spüren (z. B. Tuscheln, Ausgrenzung, als schlechten Umgang abstempeln, Schmierereien, Schuldzuweisungen). Das bedeutet zudem, dass Geschwister sich mit zusätzlich belastenden Themen befassen müssen und die Bearbeitung der eigenen Trauer keinen oder wenig Raum hat (Witt-Loers, 2017).

Stillschweigen oder Konstrukte

Zur Todesursache des Geschwisters kann in der Familie geschwiegen oder die Vereinbarung getroffen werden, dass nur in der Familie über »die Wahrheit« gesprochen werden darf. Dabei wird diese Abmachung, nach außen zu schweigen, nicht immer offen kommuniziert.

Stillschweigen oder Konstrukte nach außen bringen zusätzliche Verunsicherung und das bedrückende Gefühl für trauernde Geschwister mit sich, ein dunkles Familiengeheimnis hüten zu müssen. Es kann sie viel Energie kosten, sich an solche Vereinbarungen zu halten. Wenn sie gebrochen werden, kann es zu Schuldgefühlen und Scham kommen. Dem daraus folgenden Druck, ein doppeltes Geheimnis leben zu müssen, sollten Geschwister möglichst nicht zusätzlich ausgesetzt werden.

Zugleich kann das Schweigen zur Todesursache eine negative Sicht auf das gestorbene Geschwister nähren, die Ambivalenzen und Loyalitätskonflikte in der Beziehung zum verstorbenen Geschwister auslösen kann. Geschwister verbieten sich womöglich eine tröstliche, liebende fortgesetzte Bindung zum verstorbenen Bruder, zur Schwester, weil er oder sie etwas »so Entsetzliches« getan hat. Stigmatisierungen von außen werden durch diese Haltung in der Familie begünstigt.

Unklare oder angezweifelte Todesursache, vermisste Leiche

Erschwert wird die Bearbeitung des Verlusts, wenn die Todesursache von der Familie und/oder dem Geschwister in Frage gestellt wird oder sie nicht klar ermittelt werden kann. Nicht immer wird die Leiche des verstorbenen Geschwisters sofort gefunden. Die Zeit vom Vermissen bis zum Auffinden ist für die gesamte Familie kaum zu ertragen. Eine ungeklärte Todesursache oder das Anzweifeln der Todesursache (z.B. Suizid) kann für den Einzelnen und das gesamte Familiensystems zusätzliche große Verunsicherung und Verzweiflung mit sich bringen. Geschwister können starke Ängste und Panik entwickeln, die pathologisch werden können.

Praxisbeispiel: Luis (15 Jahre) wird drei Wochen nach seinem plötzlichen Verschwinden in einem Waldstück angelehnt an einen Holzstapel tot aufgefunden. Polizeiliche Ermittlungen bestätigen einen Suizid als Todesursache. Die Eltern glauben nicht daran, dass sich ihr Sohn das Leben genommen hat, sondern an ein Verbrechen. Die verwaisten Geschwister erleben große Ängste, dass auch sie, wie ihr Bruder, von einem Unbekannten ermordet werden könnten.

Schuld und unterschiedliche Hypothesen

Gedanken eigener Schuld, Schuldzuweisungen oder unterschiedliche Hypothesen um die Todesursache können Stolpersteine im Trauerprozess eines trauernden Geschwisters im Rahmen von stigmatisierten Todesarten sein. Verwaiste Geschwister geraten durch Anschuldigungen ihrer Familie/Familienmitglieder in innere Konflikte oder werden selbst beschuldigt und gemobbt. Spekulationen, die sie hören, können verwirrend sein und Beziehungen innerhalb der Familie durcheinanderbringen. Aus Angst vor möglichen Konsequenzen sprechen Geschwister solche Themen meist nicht an. Anschuldigungen innerhalb der Familie können sie zudem in Loyalitätskonflikte bringen.

Tipp: Geschwister sollten nach den genannten Todesarten schnellstmöglich professionelle, qualifizierte Unterstützung und damit Raum für ihre Ängste und Sorgen erhalten, damit Traumatisierungen sowie die Entwicklung anderer psychischer oder physischer Störungen verhindert werden.

Praxisbeispiele: Hanna (15 Jahre) hat sich zu Hause erhängt. Die Eltern möchten, dass als offizielle Todesursache an das soziale Umfeld kommuniziert wird, dass sie sich beim Sport das Genick gebrochen hat. Die jüngere Schwester Mila (9 Jahre) hat mitbekommen, dass sich ihre Schwester suizidiert hat. Sie traut sich nicht, die Todesursache offen anzusprechen und dazu ihre dringenden Fragen zu stellen. Sie ist verunsichert, auch weil sie nicht weiß, wer aus der Herkunftsfamilie und des weiteren Familienkreises die wahre Todesursache kennt und wer nicht. Sie empfindet Misstrauen, hat Angst, etwas falsch zu machen, und bleibt mit vielen Fragen und Unsicherheiten allein.

Auch in Marians (13 Jahre) Familie wird der Suizid des älteren Bruders Mirko nicht kommuniziert, zu dem er eine sehr enge, liebevolle Beziehung hatte. Mirko fehlt ihm und in der Familie fühlt er sich einsam. Mit seinen Freunden spricht er aus Scham nicht über den Tod des Bruders. Das Schweigen in der Familie um den Suizid vermittelt ihm, dass sein Bruder für das große Leid in der Familie verantwortlich gemacht wird. Er hat den Eindruck, Mirkos Leid wird nicht gesehen, was die Äußerung der Oma noch verstärkt (»Wie konnte er euren Eltern so etwas Schreckliches antun?«). Marian hat das Gefühl, Mirko verteidigen, sich mit ihm zu verbünden zu müssen, und fühlt sich von den anderen vergessen. Er entwickelt starke Nachsterbewünsche.

Schuld und Scham in der Familie
Auseinandersetzungen mit Schuld und Scham in interfamilärem Kontext kann für Geschwister sehr einnehmend und überfordernd sein und die Beziehungen sowie das Vertrauen in der Familie grundsätzlich erschüttern. Es kann zu Spaltungen und großen Konflikten in der Familie kommen, wenn Eltern sich gegenseitig Schuld geben, überlebende Geschwister oder verstorbene Geschwister beschuldigt werden. Durch elterliche gegenseitige Beschuldigungen fühlen sich Geschwister zerrissen. Sie wissen nicht mehr, wem sie trauen, sich anvertrauen können. Zumeist lieben sie beide Elternteile, möchten keines verlieren. Das Schuldthema stürzt Geschwister in schwere Loyalitätskonflikte. Hinzu kommt, dass diejenigen, die sich schuldig fühlen, starke Scham empfinden können oder Geschwister sich für Beschuldigte schämen. Die Beschäftigung mit der Todesart rückt viele emotionale und gedankliche Verstrickungen in den Vordergrund.

Verurteilung des Geschwisters und Vermittlerrolle
Ein Suizid oder Drogentod kann in der Familie oder Teilen der Familie große Wut auf den Verstorbenen auslösen. Verstorbene Geschwister werden in diesem Zusammenhang oftmals für die zerstörte Zukunft der Familie verantwortlich gemacht (z. B. durch »falsche Beziehungen« an Drogen geraten und/oder kriminell geworden). Zurückbleibende Geschwister geraten häufig zwischen die »Fronten von Eltern und dem gestorbenen Geschwister« und übernehmen eine Vermittlerrolle. Geschwister stehen vor der schwierigen Aufgabe, das gestorbene Geschwister zu »entschulden«, zu verteidigen, und möchten zugleich den »Familienfrieden« wiederherstellen.

Kontakt zu Freunden des Verstorbenen
Manchmal suchen Geschwister bewusst den Kontakt zu Freunden des Gestorbenen. Hintergrund können Wünsche sein, offene Fragen zu klären, mehr Verständnis zu finden, Nähe zum toten Geschwister

herzustellen oder Wertschätzung für das gestorbene Geschwister zu erleben. Geschwister versuchen manchmal über den Kontakt zu Freunden des Bruders, der Schwester das Geschwister zu imitieren und dessen Lebensstil fortzusetzen, sich auf diese Weise mit ihm gegen die Eltern zu verbünden, verherrlichen oder idealisieren es auf diese Weise.

Tipp: Wesentlich ist aus meiner Erfahrung, dass Geschwister Möglichkeiten erhalten, ihre Fragen, Sorgen und Gedanken offen in einem geschützten Rahmen zu besprechen und mit qualifizierten Menschen an ihrem Trauerprozess zu arbeiten. Zudem muss jedes Familienmitglied den Verstorbenen lieben und wertschätzen dürfen und auf individuelle Weise mit ihm verbunden bleiben. Neue Bindungen zum Verstorbenen sollten nicht von außen belastet werden. Auch wenn andere aus dem Familiensystem eine negative Sicht auf den Verstorbenen haben, muss dem zurückbleibenden Geschwister eine tröstliche Beziehung zum gestorbenen Geschwister ermöglicht und zugleich darauf geachtet werden, dass diese keine selbstgefährdende Auswirkungen hat.

Polizeiliche Ermittlungen und Prozesse

Das obligate polizeiliche Vorgehen (bei ungeklärter Todesursache, Suizid) kann den Anschein verstärken, dass eine kriminelle Handlung vorliegt. Dies oder eine kriminelle Tat des verstorbenen Bruders, der Schwester können für verwaiste Geschwister sehr verstörend sein. Es kann der Eindruck entstehen, den »wahren« Bruder, die »wahre« Schwester nicht gekannt zu haben, mit der Folge von Selbstentwertung oder dem Verlust von Selbstvertrauen. Zudem können Scham und Schuld, verwirrende Gefühle, einen »Verbrecher« zum Geschwister zu haben, zu lieben oder es nicht lieben zu dürfen, zu Beeinträchtigungen der Integrität und Identität des Geschwisters führen.

Ist das Geschwister durch ein Verbrechen gestorben, kann es erfahrungsgemäß lange dauern, bis Familien zumindest teilweise Antworten auf ihre dringlichen Fragen zum Sterben des Kindes/Geschwisters bekommen. Die zeitlichen und bürokratischen Abläufe rund um die Ermittlungen sind für Angehörige anstrengend und kosten viel Energie. Hinzu kommt die Konfrontation mit dem Täter (oder den Tätern) oder das Nichtwissen, wer die Tat verübt hat. Oftmals bleibt vieles undurchsichtig und ungeklärt. Da es dadurch keine konkrete Auseinandersetzung mit dem realen Geschehen geben kann, beanspruchen eigene, meist belastende Bilder und Fantasien viel Raum und es bleiben kaum Kapazitäten und Möglichkeiten für die Bearbeitung der individuellen Trauer. Trauerprozesse geraten durch diese Faktoren oft ins Stocken.

Tipp: Geschwister sollten schnellstmöglich professionelle Unterstützung bekommen, um das Geschehen bestmöglich bearbeiten zu können und traumatische Trauerprozesse sowie weitere psychische wie physische Störungen zu verhindern. Trauma-Ambulanzen, der Opferschutz der Polizei und andere Organisationen können Geschwister und deren Familien hilfreich zur Seite stehen (siehe auch den Bericht der Kriminalhauptkommissarin auf Seite 185 ff.).

8.2 Trauer nach dem Suizid des Geschwisters

Achtsame Sprache, Informationen und Prävention
In Deutschland sterben jährlich circa 9.000 Menschen durch einen Suizid.[1] Die Todesursache Suizid wird bis heute oftmals aufgrund mangelnden Wissens über mögliche Motive (z. B. psychische Störungen, die oftmals unerkannt bleiben) in der Familie und im sozialen Umfeld verurteilt oder stigmatisiert. Zusätzliche unnötige Belastungen durch eine abwertende oder verurteilende Sprache mit Begriffen wie »Selbstmord«, »Selbstmörder«, »hat sich umgebracht«, sollten vermieden und durch einen einfühlsameren Sprachgebrauch ersetzt werden (»Suizid«, »er hat sich das Leben genommen«).

Geschwister sollten entwicklungsentsprechend über die Faktoren aufgeklärt werden, die zu einem Suizid führen können. Die Sicht auf eigene Schuldgedanken oder Schuldzuweisungen kann damit entlastend verändert werden.

---

1 https://www.destatis.de/DE/Themen/Gesellschaft-Umwelt/Gesundheit/Todesursachen/Tabellen/suizide.html.

Der Suizid eines Geschwisters kann die Gefahr des Nachahmens mit sich bringen. Darum sollten Familien möglichst schnell professionelle Unterstützung bekommen.

Zu den Risikofaktoren für ein suizidales Verhalten oder einen Suizid gehören:

- eigene Suizidversuche oder Suizide/Suizidversuche im Lebensumfeld,
- Vereinsamung,
- situative Belastungen, Kränkungs- und Verlusterlebnisse.

Risikogruppen für suizidales Verhalten oder Suizid:

- Menschen in vulnerablen Lebensphasen wie alte Menschen, Jugendliche, Männer,
- Menschen mit psychischen Erkrankungen (Depression, Schizophrenie, Suchterkrankungen),
- Menschen in traumatischen Situationen und in Lebenskrisen (Überforderung, zu wenig Ressourcen),
- Menschen mit chronischen körperlichen Erkrankungen.

Es ging vor dem Tod doch gut

Entlastend kann es zudem sein, Geschwister darüber zu informieren, dass es häufig vorkommt, dass Menschen, die vorhaben, sich zu suizidieren, in den letzten Wochen vor ihrem Tod nicht selten sehr entspannt wirken, als ginge es ihnen gut. Diese häufig wahrnehmbare Stimmung entsteht durch die entlastende Vorstellung, bald von Problemen und Qualen durch den Suizid befreit zu sein. Deshalb fällt es schwer, zu begreifen, dass das Geschwister sich das Leben genommen hat.

Andere weisen subtil auf ihren geplanten Suizid hin. Solche versteckten Ankündigungen nicht verstanden oder nicht ernst genommen zu haben, kann bei Geschwistern und der gesamten Familie schlimme Selbstvorwürfe oder Schuldzuweisungen provozieren, gerade weil sie im Nachhinein durch den Tod eine andere Bedeutung erhalten. Der Suizid eines Geschwisters kann als Ablehnung der eigenen Person und als persönliches Versagen empfunden werden, weil man den Tod nicht verhindern konnte und das Leid des Verstorbenen nicht erkannt hat.

Tipp: Hier sollte an einer anderen Sicht auf das Geschehen gearbeitet werden, denn eine nachträgliche Bewertung des Geschehens impliziert meist bereits dessen Folgen. Wären diese antizipierend eingeflossen, wäre die Konsequenz ein anderes Verhalten gewesen.

Gemeinsam gelebtes Leben kann in Frage gestellt werden und erscheint verwaisten Geschwistern im Rückblick oftmals nicht mehr glaubhaft. Damit wiederum geht eine wesentliche Ressource im Trauerprozess verloren, sich tröstlich zu erinnern.

Selbst wenn es im Fall eines Suizids einen Abschiedsbrief gibt, wird dieser nicht immer als entlastend empfunden. Zudem kann er aufgrund ihrer kognitiven Fähigkeiten für Geschwister (noch) nicht verstehbar sein oder wird Geschwistern wegen seines Inhalts vorenthalten.

Jede Trauer braucht tröstende Erinnerungen

Es ist deshalb wesentlich, den Blick nicht nur auf Erinnerungen, Fantasien und Bilder zu richten, die mit der Todesursache zusammenhängen und belastend sind, sondern daran zu arbeiten, schöne Lebenszeiten und Bilder zu aktivieren. Geschwister sollten ein lebendiges, würdiges Bild ihres gestorbenen Geschwisters haben dürfen.

Erleichterung – endlich Ruhe

Geschwister können nach dem Suizid eines Geschwisters starke Erleichterung empfinden, weil der Tod des Geschwisters ersehnte Ruhe und Frieden mit sich bringt. Zugleich können Geschwister sich dafür schämen.

Erleichterung kann besonders dann empfunden werden, wenn Geschwister zuvor viel Aufmerksamkeit auf sich gelenkt haben. Hat der Bruder, die Schwester zuvor den Familienalltag durch auffälliges, dominierendes, gewalttätiges oder kriminelles Verhalten bestimmt, kann der Wegfall dieser Belastungen und Ängste ebenso zu Gefühlen von Erleichterung führen.

Das Wissen, dass hinter einem Suizid meist eine (nicht immer diagnostizierte) psychische Störung (Depression, narzisstische Persönlichkeitsstörung, Schizophrenie, Substanzmissbrauch, Bipolare Störung, Borderline) steckt, kann Geschwister und die Familie entlasten und zu einer tröstlichen fortgesetzten Bindung zum Verstorben beitragen.

Praxisbeispiel: Freds älterer Bruder Anton hat sich das Leben genommen. Fred schämt sich, behält diese Gefühle jedoch für sich. Er leidet und fühlt sich schlecht, weil er keine Traurigkeit empfindet, sondern hauptsächlich Erleichterung. Anton hatte sich Fred gegenüber immer sehr aufgespielt, ihn nicht ernst genommen, ihn oft vor seinen Freunden lächerlich gemacht. Mit seinen ewigen Eskapaden, seinem Drogenkonsum und Schwierigkeiten in der Schule hatte er seine Eltern immer wieder an deren Belastungsgrenze gebracht. Fred sorgte sich um seine Eltern, um deren Gesundheit, weil er sah, wie sehr sie unter der Situation litten und alles versuchten, um ihrem Sohn Anton zu helfen. Als Anton sich das Leben nahm, fühlte Fred sich entlastet. Er dachte daran, dass das Geschrei, der Streit und die Sorgen nun endlich ein Ende gefunden hatten. Zugleich fühlte er sich wie ein Verräter und mieser Bruder.

Möglicherweise geschieht eine Auseinandersetzung mit dem Geschehen erst Jahre danach, wenn der Entwicklungsstand des Geschwisters dies zulässt, die Kommunikation oder Kenntnisse zur Todesursache eröffnet werden.

Professionelle, qualifizierte Unterstützung für Geschwister und deren Familien aus verschiedenen spezifizierten Bereichen kommt sehr große Bedeutung zu. Betroffene profitieren von einer guten Vernetzung der einzelnen Angebote.

Website-Tipps

www.agus-selbsthilfe.de (hier gibt es Flyer, Broschüren und Veranstaltungen für Trauernde nach Suizid und ab 2022 eine neue Broschüre zum Thema »Erwachsene Geschwister im Kontext der Todesursache Suizid«).

www.tabusuizid.de (Informationen und Unterstützungsangebote für Suizidgefährdete und deren Familien).

www.leuchtturm-on.de (für trauernde Jugendliche nach einem Suizid im Lebensumfeld).

Weitere Literatur findet sich im Anhang.

Jede Suizidankündigung und jeder Suizidversuch müssen ernst genommen werden. Suizidalität muss erfragt werden. Hilfreiche Adressen zur Suizidprävention:

 **Website-Tipps**

https://www.suizidpraevention.de
www.telefonseelsorge.de/krisenkompass (hilfreiche App)
https://www.drk.de/hilfe-in-deutschland/bevoelkerungsschutz/psychosoziale-notfallversorgung/

8.3 Exkurs: Suizid des Bruders

Margot C.

Am 30. September 2017 ist Nabil, der Ältere unserer beiden Söhne, gestorben. Er war 16 Jahre alt. Ein halbes Jahr zuvor hatte er mir gesagt, dass es ihm schlecht gehe. Sehr schlecht. Ich war zum einen erleichtert und froh, weil er mit seinen Sorgen zu mir gekommen war, zum anderen aber natürlich auch schockiert, weil ich nie damit gerechnet hätte. Er war immer sehr stark gewesen und sehr früh selbstständig. Er war ein wunderbarer Sohn, auf den ich unglaublich stolz war. Sein ganzes Leben lang hat er mir, abgesehen von den großen Sorgen am Ende seines Lebens, immer nur Freude gemacht.

Ich habe sofort alles in die Wege geleitet und sehr bald eine, wie ich dachte, gute Psychologin für ihn gefunden. Eine junge Frau, die sehr empathisch wirkte und mit der er gut zurechtkam. Er hatte eine Freundin, die er sehr liebte. Mit Haut und Haaren. Die Freundin hatte, wie es scheint, nicht dieselben starken Gefühle für ihn, sodass er sehr unter dieser Beziehung litt. Ob er krank geworden ist und dann die schwierige Beziehung noch dazukam oder ob er wegen der schwierigen Beziehung krank geworden ist, lässt sich nicht mehr nachvollziehen. Die Psychologin fand das alles nicht weiter besorgniserregend, obwohl Nabil sich an Armen und Beinen mit einer Rasierklinge selbst verletzt hatte. Als ich schon lange begonnen hatte, mir wahnsinnige Sorgen zu machen, wobei das unsäglich schreckliche Ende für mich nicht im Rahmen des Möglichen lag, meinte sie immer noch, es komme nicht selten vor, dass

Jugendliche sich selbst verletzen. Mein Mann hatte sich natürlich auch Sorgen gemacht, aber er meinte immer, das würde schon von allein vorbeigehen.

Mein jüngerer Sohn, der damals 13 Jahre alt war, wusste auch, dass es seinem großen Bruder nicht gutging, aber von der Selbstverletzung wusste er nichts. Als wir einmal nachts mit Nabil in der Notaufnahme waren, weil er sich mit einer Rasierklinge so sehr am Handgelenk verletzt hatte, dass er fast eine Sehne durchtrennt hätte, die genäht werden musste, bekam er das natürlich mit, weil Nabil einen großen Unterarmgips hatte, aber über die genauen Umstände haben wir nicht mit ihm geredet. Wir dachten ja, es würde sich alles mit der Zeit zum Guten wenden.

Nabil war sehr weit für sein Alter. Mit 14 Jahren hatte er im neunten Schuljahr ein Schülerpraktikum bei der hiesigen Staatsanwaltschaft gemacht. Er kam begeistert nach Hause und wollte von da an Jura studieren und Staatsanwalt werden. Er war ein sehr guter Schüler und hatte sich in der ganzen Zeit auf die zentrale Abschlussprüfung für seine Fachoberschulreife mit Qualifikation für die Oberstufe vorbereitet und seiner Freundin geholfen, die keine so gute Schülerin war. Immer hatte er sich um sie gesorgt, weil sie es wirklich schwer hatte. Er war vor Sorgen um sie oft verzweifelt und dann umso geschockter und trauriger, als er merkte, dass sie sich mit ihren Freundinnen darüber lustig machte, dass er ihr hinterhertelefonierte. All das hatte er mir erzählt und trotzdem hatte ich nicht verstanden, wie es um ihn stand. Aus heutiger Sicht hätte ich die Signale zu deuten gewusst, aber damals konnte ich die Gefahr nicht erkennen.

Einige Tage, bevor er starb, rief er mich an und bat mich, ihn abzuholen. Das hatte er in der ganzen Zeit öfter getan. Ich fuhr zum verabredeten Treffpunkt in dem Stadtteil, in dem seine Freundin wohnte, und holte ihn ab. Später sahen wir, dass er den Text in seinem WhatsApp-Profil geändert hatte. Da stand jetzt einfach nur »La Mort«, der Tod. Ich hatte das nicht gesehen. Es war ein Hilferuf, den ich nicht verstanden hatte. Nachdem er gestorben war, begriff ich, dass er sein Leben möglicherweise schon an diesem Montagabend beenden wollte. Am darauffolgenden Samstag war ich auf der Geburtstagsfeier einer Freundin, und als ich nach Hause kam, fand ich Nabils Abschiedsbrief. Zwei lange Seiten, die er geschrieben hatte, bevor er mit der Bahn in den Stadtteil fuhr, in dem seine Freundin wohnte, und sich von der zehnten Ebene eines Parkhauses stürzte.

Allein das hier jetzt so aufzuschreiben, ist so unwirklich, dass ich mich selber über meine nüchternen Worte wundere. Ich sehe mich am Schreibtisch sitzen mit aufgerissenem Herz. Unser Leben geht weiter und ich muss für meinen jüngeren Sohn da sein und funktionieren. Das Leben ist nicht mehr schön, aber es ist erträglich. Ich kann mich über Dinge und Freundschaften freuen, aber sobald ich meinen Gedanken an Nabil wieder freien Lauf lasse, bin ich nur noch tieftraurig. Zum Glück schaffe ich es immer besser, diesen Gedanken und meiner grenzenlosen Sehnsucht Raum zu geben und diesen Raum nach einiger Zeit wieder abzuschließen und den Schlüssel sorgfältig wegzulegen, bis ich die Tür erneut aufschließe.

Nabils Bruder war fassungslos, als er hörte, dass sein geliebter und bewunderter großer Bruder tot war. Er war damals ja erst 13 Jahre alt und noch ein Kind. Er lenkte sich mit seinem Computer und Filmen ab und wir ließen ihn gewähren. Zum Glück hat uns die Gesamtschule, auf die meine beiden Kinder gingen, sehr unterstützt. Es gab, als mein jüngerer Sohn noch nicht wieder in der Schule war, eine Versammlung in der Aula, wo die Schulgemeinde darüber informiert wurde, was passiert war, damit keine Gerüchte die Runde machten. Es wurde ein Trauerraum für Nabil eingerichtet, wo die Schülerinnen und Schüler sich aufhalten und ihre Gedanken in ein Gedenkbuch schreiben konnten. Es hat meinen jüngeren Sohn sehr beeindruckt, dass er so viele Menschen in diesen Trauerraum hat gehen sehen, denn so hat er erfahren, dass sehr viele Menschen sehr erschüttert und traurig über den Tod seines Bruders waren. Die Lehrerinnen meines jüngeren Sohnes haben sich sehr um ihn und seine ganze Klasse gekümmert. In den vergangenen Jahren habe ich vieles von anderen verwaisten Eltern gehört, deren überlebenden Kindern die schlimmsten Dinge gesagt wurden, die man sich überhaupt vorstellen kann. All das ist Nabils Bruder und uns zum Glück erspart geblieben. Dafür bin ich der Schule sehr dankbar.

Wenige Wochen nach Nabils Tod schickte mir die Lehrerin seines Bruders ein Foto von der Tafel in der Klasse, auf die er in riesigen Buchstaben ganz verschnörkelt und in ineinander verschlungenen Linien »TOD« geschrieben hatte. Das Foto habe ich meiner Trauerbegleiterin, der Autorin dieses Buchs, gezeigt, die mir den Kontakt zu einer kinder- und jugendpsychiatrischen Praxis vermittelte, an die wir bis heute angebunden sind. Zwei- bis dreimal im Quartal geht er dorthin und spricht mit einer Therapeutin über das, was ihn gerade bewegt, und das muss nicht unmittelbar mit dem Tod seines Bruders zusammenhängen. Allein der Blick von außen und der Kontakt zu jemand Fachkundigem, der Bescheid weiß, ist sehr wertvoll.

Kurz nach Nabils Tod hatte ich noch die Hoffnung, dass sein Bruder vielleicht auch zu meiner Trauerbegleiterin gehen möchte, denn mir helfen die Gespräche mit ihr wirklich sehr. Für mich war es ganz besonders in der ersten Zeit nach Nabils Tod sehr wichtig, mich zu öffnen und mit meiner Psychologin und meiner Trauerbegleiterin, mit Freundinnen und Nachbarinnen zu reden. Mein Mann sucht Trost in seiner Religion und bei seiner großen Familie, die ihm Halt gibt, und Nabils Bruder hat sich einen Weg irgendwo dazwischen gesucht. Nachdem er circa vier Monate nach Nabils Tod eine Stunde lang mit meiner Trauerbegleiterin geredet hatte, meinte er, er würde lieber nicht noch mal zu ihr gehen, denn dann müsste er ja die ganze Zeit über Nabil reden und das könnte er nicht.

Sein Weg besteht darin, dass er in Nabils Zimmer wohnt. Nabil hatte ihm in seinem Abschiedsbrief alles vermacht, was ihm gehörte, und schon wenige Tage nach Nabils Tod ist sein Bruder in sein Zimmer im Dach unseres Hauses gezogen. Er hat alles übernommen, seine eigenen Sachen hinzugefügt und auf diese Weise Nabils Zimmer zu seinem eigenen gemacht. Für mich war es ganz besonders am Anfang sehr schwer, dieses Zimmer zu betreten. Auch da sind wir Menschen, denen so etwas passiert ist, sehr unterschiedlich. Aus Gesprächen mit meiner AGUS-Selbsthilfegruppe von Angehörigen um Suizid weiß ich, dass manche immer wieder an den Unglücksort gehen und andere wiederum oft auf den Friedhof, während ich meinen Sohn in meiner Erinnerung und in meinem Herzen mit mir herumtrage und sowohl den Ort, an dem er sich das Leben nahm, als auch den Friedhof meide, wobei ich Letzteren allein für die Grabpflege und zum Geburtstag und Todestag ab und zu aufsuche.

Die Jahrestage sind Nabils Bruder sehr wichtig und gerade beim letzten Mal, dem vierten Todestag, hat er so sehr geweint, dass er kaum aufhören konnte. Er verarbeitet Nabils Tod in Etappen und eher langsam, aber gerade in jüngerer Vergangenheit können wir besser miteinander über Nabil und zum Beispiel über den Umstand reden, dass man, wenn man als Kind oder Jugendlicher irgendwo neu ist, immer die vermeintlich unverfängliche Frage nach den Familienverhältnissen und damit natürlich auch nach den Geschwistern gestellt bekommt. Oft ist diese Frage ein Eisbrecher, aber in unserem Fall bewirkt sie natürlich das Gegenteil.

Ich wünsche mir für meinen Sohn, der gerade 18 Jahre alt geworden ist und sein Leben noch vor sich hat, und für uns als Eltern, dass wir irgendwann die Kraft finden, Nabil in unserer Mitte zu bewahren, denn noch kämpfen wir als Familie um unsere Existenz und unseren Platz in der Welt, indem wir unseren unermesslichen Verlust mit uns selbst herumtragen, weil wir es noch nicht schaffen, unseren Alltag zu bewältigen und dabei gleichzeitig über Nabil zu sprechen in dem Wissen, dass er nicht mehr da ist und nie mehr wiederkommen wird.

8.4 Trauer nach dem Tod durch ein Verbrechen

Der Tod durch ein Verbrechen gehört zu unserer Lebenswelt. In Begleitungen hatte ich bereits mehrfach damit zu tun, deshalb möchte ich Auswirkungen auf damit verbundene Trauerprozesse an dieser Stelle aufnehmen. Einige Aspekte wurden bereits in den vorhergehenden Abschnitten benannt.

Fakten, Bilder – Wo ist die Leiche? Wer ist der Täter?
Ermittlungen, Fakten, die Konfrontation mit realen Bildern, dem Täter (Täter aus der eigenen Familie), Verfahren, all das erschwert die Auseinandersetzung mit dem Verlust und die Anpassung an das Leben ohne das gestorbene Geschwister. Hinzu kommt der Umgang der Presse mit Angehörigen, Opfer und Tat. Leider habe ich erlebt, dass nachgestellte Fotos zur Tat im Netz veröffentlicht wurden, die Geschwister für real gehalten haben. Trauerfeiern wurden von der Presse belagert und mussten unter polizeilichen Schutz gestellt werden. Wenn die Leiche oder Täter nicht gefunden werden oder andere offene Fragen in Bezug auf die Todesursache bestehen, entstehen meist belastende Fantasien und große Ängste.

Trauerreaktionen nach dem Tod durch ein Verbrechen können verstärkt und über lange Zeit auftreten (Wut, Aggression, Verzweiflung, Erstarrung, Schmerz, Schlafstörungen, Herzrasen, Schweißausbrüche, Übelkeit, Essstörungen, Vermeidung, Überlebensangst, Angst, allein zu sein, sich bedroht fühlen, Rachegefühle, Hass, Ohnmacht, Hilflosigkeit). Geschwister, die ihren Bruder oder ihre Schwester durch ein Verbrechen verlieren, fühlen sich oftmals sehr für die physische und psychische Gesundheit der Restfamilie verantwortlich. Enge Bindungen untereinander und starke Verantwortlichkeiten füreinander können Geschwistern natürliche Loslösungsprozesse erschweren.

Schuld, Warumfragen und Spekulationen

Fragen nach dem »Warum« tauchen in vielen Trauerprozessen auf, sind jedoch im Kontext von Verbrechen besonders qualvoll. Da oftmals keine sachlich erklärenden Antworten gefunden werden, bleibt viel Raum für Spekulationen und Schuldzuweisungen. Gibt es keine Antwort auf das »Warum« und »Wie musste er sterben?«, führt dies zu Verunsicherung und das Geschehen kann schwerer in den eigenen biografischen Kontext integriert werden. Die Traueraufgabe, die »Realität« des Verlusts zu begreifen und zu akzeptieren, wird erschwert. Verkompliziert werden Trauerprozesse zum einen durch Beschuldigungen aus dem Umfeld, dass der Verstorbene durch sein Verhalten an seinem Tod selbst schuld sei, zum anderen durch Hypothesen, mit denen dafür gesorgt werden soll, dass sich ein solches Geschehen im persönlichen oder weiteren Umfeld nicht wiederholt. Spekulationen und Hypothesen bieten darum »Lösungen« zu offenen Fragen, mit denen es sich leichter leben lässt, weil sie beruhigen und/oder Distanz und Abwehr schaffen. Solche Antworten beinhalten häufig beängstigende, grauenhafte Bilder.

Tipp: In der Trauerarbeit müssen eigene tröstliche Bilder gefunden werden, mit denen das Geschwister sich verankern kann. Die Traueraufgabe, dem Verstorbenen einen tröstlichen, neuen Platz zuzuweisen, wird nicht nur durch die Todesursache selbst, sondern auch durch Spekulationen, die Schuldthematik und belastende Bilder äußerst erschwert und verkompliziert.

Opferschutz der Polizei

Gerade Suizide, Unfälle und Verbrechen hinterlassen Angehörige oftmals mit vielen offenen Fragen und somit mit belastenden Fantasiebildern. Trauernde Geschwister müssen sich dann nicht mit einem realen Bild auseinandersetzen und dort Akzeptanz und Integration finden, sondern sind immer wieder gefordert, sich mit vielen dieser Bilder zu befassen. Das kostet enorm viel Kraft und wird als sehr quälend erlebt.

Um bildlich zu sprechen: Das Puzzle zu Todesumständen und zur Todesursache ist unvollständig. Es gibt quälende leere Stellen, die mit Teilen gefüllt werden, die durch Gerüchte, Spekulationen und Fantasie geprägt sind. Oftmals gibt es für eine leere Stelle eine große Auswahl von Puzzleteilen, die beängstigende Bilder beinhalten, die die leeren Stellen ausfüllen könnten.

Trauernde probieren immer mal wieder dieses oder jenes Puzzleteil und müssen sich mit den dazugehörigen Gedanken und Gefühlen auseinandersetzen. Das ist enorm anstrengend. Entlastend kann es daher für Geschwister und deren Familien sein, freie Stellen mit jeweils einer realen sachlichen Antwort zu füllen, die im Sinne der Traueraufgaben bearbeitet werden können. Sehr positive Erfahrung habe ich in diesem Zusammenhang inzwischen über viele Jahre in der Zusammenarbeit mit dem Opferschutz der Polizei gemacht.

Viele Trauerprozesse konnten durch diese vernetzte Zusammenarbeit erleichtert werden. Sich mit einem realen Bild auseinanderzusetzen, nimmt nicht den Schmerz oder das Grauen, es erleichtert jedoch die Integration des Geschehens und somit die Anpassung an ein Leben ohne den Verstorbenen.

Der Opferschutz der Polizei oder eine zuvor beantragte Akteneinsicht können helfen, offene Fragen, die noch eine sachliche Antwort finden können zu klären. Der Beitrag der Kriminalhauptkommissarin Susanne Krämer zu den Angeboten des Opferschutzes soll hierzu weitere Perspektiven eröffnen (Kapitel 8.6). Opferschutzberatungsstellen gibt es in jedem Bundesland und fast allen großen Städten im Bundesgebiet.

 **Website-Tipp**

www.anuas.de (Bundesverband Anuas e. V., für Angehörige von gewaltsamen Tötungen, zweifelhaften Suiziden, Vermisstenfälle, Täterangehörige, Anuas Sorgentelefon: 030-25 04 51 51).

Trauma – PTBS und KTBS

Verlusterfahrungen können in einem traumatischen Ausmaß erlebt werden und müssen dementsprechend fachärztlich diagnostiziert und behandelt werden. Damit wird noch einmal deutlich, welche Bedeutung der Qualifizierung und der Vernetzung in der Begleitung Trauernder zukommt, damit eine angemessene und hilfreiche Unterstützung erfolgen kann. Geschwister, die sich im Zusammenhang mit dem Verlust als sehr hilflos und ohnmächtig gefühlt haben, die beispielsweise das Sterben, den Tod, die Todesursache, die Todesumstände, das Erfahren der Todesnachricht als verstörend und bedrohlich empfunden haben (z. B. den Unfall des Geschwisters miterlebt, den gestorbenen Bruder, die Schwester gefunden haben oder mit einem Suizid oder Verbrechen konfrontiert waren), können traumatisiert sein.

Voraussetzung für die Diagnose einer der Posttraumatischen Belastungsstörungen ist der konkrete Bezug der Symptome auf das erlebte Trauma. Die Symptome müssen erstmalig nach dem Erleben des Ereignisses auftreten oder stärker geworden sein. Diagnostisch kann nach dem Manual des ICD-11 zwischen der einfachen (PTBS) und der komplexen Posttraumatischen Belastungsstörung (KPTBS) unterschieden werden, wobei die Einordnung in Bezug auf Kinder erschwert ist, da keine entwicklungsangepassten Symptome bei den ICD-Diagnosekriterien aufgeführt werden (Eilers u. Rosner, 2021).

Symptome einer PTBS (ICD-11, F43.1) sind, dass wesentliche Elemente des traumatischen Erlebnisses in der Gegenwart immer wieder erlebt werden. Hinzu kommen Vermeidung (z. B. des Sterbeortes) und Übererregung (Hypervigilanz).

Die komplexe PTBS (KPTBS) ist im ICD-11 ein eigenes, neues Krankheitsbild. Die Störung muss mindestens seit zwei Jahren bestehen. Neben den bereits genannten Symptomen kommen Defizite in der Affektregulation, Beeinträchtigungen des Selbstkonzepts und Beziehungsprobleme hinzu.

Tipp: Traumatisierte Geschwister sollten möglichst schnell fachliche Unterstützung von qualifizierten, erfahrenen Traumatherapeuten bekommen. Die psychotherapeutische Behandlung bei Kindern und Jugendlichen kann nach Verfahren der traumafokussierten kognitiven Verhaltenstherapie (TK-KVT) oder dem Behandlungsmodell nach Cohen, Mannarino und Deblinger (2009) erfolgen (Eilers u. Rosner, 2021). Grundsätzlich ist es wesentlich, betroffene Geschwister zunächst zu stabilisieren, ihnen Sicherheit zu vermitteln und sie über die Ursachen und Auswirkungen des Traumas zu informieren sowie Möglichkeiten zu schaffen, sich als selbstwirksam zu erleben.

8.5 Exkurs: Mord an meinem Bruder

Veronika S., 29 Jahre

Unsere letzte Begegnung, deine Umarmung, dein Lächeln – es fühlt sich so weit weg an und doch, als wäre es gestern gewesen. Es war bei Mama zu Hause, es war kurz vor Weihnachten, ich war gerade aus meinem Auslandssemester in Schottland wiedergekommen und habe dir dein Weihnachtsgeschenk überreicht: einen Whisky. Ich hatte ihn bei einem Tasting entdeckt und er hatte mir von allen am besten geschmeckt. Niemand konnte damals ahnen, dass das der letzte Moment sein würde, an dem wir uns bewusst gegenüberstanden. Du hast das Geschenk angeschaut, gegrinst und gesagt: »Woher wusstest du, dass das mein Lieblingswhisky ist?« Dieser Moment, dein Lächeln und die Umarmung, die folgte, haben mich überglücklich gemacht, denn Umarmungen waren bei uns eher selten. Es gibt keinen Menschen, mit dem ich mich besser streiten und den ich gleichzeitig so bedingungslos lieben konnte. Wir konnten uns noch so sehr für etwas hassen, wenn es darauf ankam, konnten wir uns aufeinander verlassen und hätten füreinander Berge versetzt.

Nur einen Monat später kam der Anruf, der mir den Boden unter den Füßen weggezogen hat. Ich habe direkt gespürt, dass etwas Schreckliches passiert sein musste. Denn du wärst niemals einfach so verschwunden, ohne Bescheid zu geben. Dafür kenne ich dich zu gut. Mein Körper hat gezittert, ich habe geschrien und geweint. Ich wollte das Unausweichliche nicht wahrhaben. Du warst weg. Und ein Teil von mir ist an diesem Tag mit dir gegangen. Alles, womit ich mich bisher identifiziert hatte, stand plötzlich Kopf. Meine Bezugsperson, mein Heimathafen, mein Ruhepol, meine Konstante im Leben waren nicht mehr da. Du warst nicht mehr da. Stattdessen war da ein unausweichlicher, kaum erträglicher Schmerz und eine Leere, der ich für Monate nicht entkommen konnte.

Die Tatsache, dass du wundervoller und unschuldiger, mir so wichtiger Mensch einem Mord zum Opfer gefallen bist, kann ich bis heute nicht begreifen. Und alles nur, weil du zur falschen Zeit am falschen Ort warst und den falschen Menschen über den Weg gelaufen bist. Es kommt mir nicht real vor. Als wäre das Ganze nur ein Film und nicht unsere Realität. Damals war mein Kopf voll mit tausenden Fragen, Gedanken und Bildern, die sich wie eine kaputte Spule unaufhörlich vor meinen Augen abgespielt haben: »Warum musste dir so etwas Schreckliches passieren? Warum hast du so gehandelt, wie du gehandelt hast? Wie sehr musstest du leiden? Hätte ich etwas tun können, um es zu verhindern?« Ich wollte krampfhaft versuchen, das Geschehene zu verstehen, eine Erklärung für eine so schreckliche Tat zu finden. Doch egal, wie oft ich es in meinem Kopf durchging, drehte und wendete, es ergab einfach keinen Sinn.

So dominant diese Fragen damals für mich waren, sind sie heute weitestgehend verstummt oder in den Hintergrund gerückt. Ich habe sie nicht vergessen und ab und an kommen sie wieder an die Oberfläche. Aber es ist ruhiger in meinem Kopf geworden. Der Sturm der Fragen ist der Akzeptanz gewichen, dass keiner einem eine Antwort darauf geben kann. Und falls doch: Will ich es dann wissen? Ändert es etwas an der Tatsache, dass du weg bist? Nein, das tut es nicht. Schreckliche Dinge passieren, ohne dass wir die Kontrolle darüber haben. Jeden Tag gelingt es mir ein Stück weit mehr, mit diesem Gedanken meinen Frieden zu finden. Ich möchte weder ununterbrochen darüber nachdenken, wie schrecklich deine letzten Momente waren, noch einen Gedanken an die Täter und ihre Motive verschwenden. Beides endet in einer unaufhörlichen Abwärtsspirale, die mich mutlos zurücklässt. Nichts davon bringt mir dich wieder zurück.

Der Plan hatte vorgesehen, dass wir alle Bürden und Freunden des Lebens bis ans Ende zusammen teilen würden. Hochzeiten, die Geburt unserer Kinder, die Fürsorge für unsere Eltern, die Erfolge sowie Misserfolge. Stattdessen stehe ich jetzt allein vor allen Facetten, die diese Welt uns bietet. Dein Verlust ist auch nach fünf Jahren noch unbegreiflich für mich. Ich vermisse deinen Humor, deine muffelige Art am Morgen, deine Fürsorge, deine Angewohnheit, dich in Rage zureden, deine Liebe, deine Begeisterung für Dinge, deine Gelassenheit und Ruhe. Vor allem in Zeiten der Umschwünge, ob in schwierigen oder freudigen Lebenslagen, fehlen mir unsere Gespräche, dein Rat, deine Unterstützung und deine Freude über meine Meilensteine. Du fehlst bei jedem meiner Schritte.

Trotz all dem beginnt für mich jetzt ein neuer Lebensabschnitt. Ich will für uns beide nicht nur überleben, sondern weiterleben. So schwer es mir auch manchmal fällt, habe ich gelernt, meine neue Lebenssituation anzunehmen. Neue Wege auch ohne dich zu gehen. Und doch bist du auf eine Art immer bei mir und hast einen festen Platz bei allem, was ich tue. Übermannen mich meine Emotionen, erinnerst du mich daran, Ruhe zu bewahren und durchzuatmen. Komme ich vom Weg ab, erinnerst du mich daran, was wirklich wichtig ist im Leben. Und bin ich mal traurig, erinnerst du mich daran, wieder aufzustehen und jeden Tag mit neuem Mut zu beginnen. Dank dir werde ich nie ein Einzelkind sein. Ich werde immer mit Stolz sagen können, dass ich die Schwester von Samuel bin.

8.6 Exkurs: Polizeilicher Opferschutz als Unterstützung im Trauerprozess

Susanne Krämer, Kriminalhauptkommissarin

Kreispolizeibehörde Rheinisch-Bergischer Kreis, Kriminalkommissariat Kriminalprävention/Opferschutz.

Im Opferschutz der Polizei bin ich für die Betroffenen von belastenden Einsatzlagen zuständig. Opfer im Sinne unserer Definition können Geschädigte einer Straftat sein, Betroffene eines Unglücksfalls oder Angehörige in einem Sterbefall oder Suizid, sofern die Polizei involviert war. Auch bei Verkehrsunfällen gibt es einen polizeilichen Opferschutz, der dann auf alle Beteiligten und nicht nur auf Geschädigte oder Verletzte bezogen ist. Wenn beispielsweise eine Fahrzeugführerin versehentlich eine rote Ampel übersieht und dabei ein Kind anfährt, gerät sie wie das Kind in eine Opferrolle. Dass sie dabei einen Verhaltensfehler gemacht hat, ist für den Opferschutz unbeachtlich.

Innerhalb der Polizei ist der Opferschutz nach Sachgebieten geteilt. Als Angehörige der Kriminalpolizei fällt alles, was Straftaten, sonstige Unglücksfälle und Sterbefälle im Alltagsleben betrifft, in meinen Bereich. Alles wiederum, was dem Straßenverkehr zuzuordnen ist, wird vom Verkehrsopferschutz betreut.

Der Opferschutz der Polizei ist eine soziale, aber keine psychologische Dienstleistung. Als ausgebildete Polizeibeamte und -beamtinnen haben wir die Aufgabe, besondere Betroffenheit bei Beteiligten in polizeilichen Einsätzen menschlich aufzufangen und zusätzliche Traumatisierungen durch unangemessene Behandlung zu verhindern. Das Ziel ist nach Möglichkeit die Vermittlung passender Hilfsangebote. Darüber hinaus sollen wir Sorge tragen, dass Geschädigte ihre Rechte kennen und Unterstützung für die Ausübung ihrer Rechte erhalten. Dabei sind wir nicht in jedem Einsatz präsent, das wäre nicht zu leisten.

Es gibt mehrere Wege, wie eine Opferberatung ins Spiel kommen kann. Der häufigste Weg ist, dass Beamte oder Beamtinnen von den Wachen innerhalb eines Einsatzes besondere Hilfsbedürftigkeit bei einer Person erkennen und in diesem Fall Visitenkarten der Opferschutzdienststelle herausgeben. Durch das Internet kommt es außerdem immer öfter dazu, dass Menschen sich selbstständig telefonisch oder per E-Mail melden und um Beratung bitten. Parallel kann die Beamtin oder der Beamte bei der Fallbearbeitung innerhalb der Kommissariate den Eindruck gewinnen, dass weiterer Hilfsbedarf bei einer beteiligten Person vorhanden ist. Dann erfolgt von dort aus eine Vermittlung an die Opferschutzdienststelle. Und manchmal melden sich Personen aufgrund einer Empfehlung durch andere Beratungs- oder Kontaktstellen außerhalb der Polizei.

In den 15 Jahren, die ich bereits im Opferschutz tätig bin, hatte ich immer wieder mit belastenden, ungewissen, tragischen oder schockierenden Sterbefällen zu tun. In solchen Situationen mit Angehörigen umzugehen, die trauern und sich größtenteils in einem Schockzustand befinden, ist eine besondere Herausforderung für alle Polizisten und Polizistinnen. Jede Familienkonstellation ist anders und eine stereotype Reaktion könnte in diesen Momenten großen Schaden anrichten. Ich kann nicht wissen, wie die Beziehungen untereinander sind, zum Beispiel, dass der verstorbene Opa keinen Kontakt zu seinen Enkeln hatte und mit seiner Tochter zerstritten war oder ob er vielleicht so unter Depressionen litt, dass seine Ehefrau seinen Tod heimlich als Erleichterung empfindet. Deswegen ist es wichtig, offen und neutral an ein Gespräch heranzugehen.

Geschwister sind genauso verletzlich wie Eltern oder Söhne und Töchter, sie geraten im Trauerprozess schnell in den Hintergrund. Möglicherweise werden sie oft nur unter »ferner liefen« wahrgenommen. Dabei erleben sie eine ganz eigene Not und Intensität der Trauer. Häufig ist eine mehr oder weniger schwerwiegende Verschiebung im Familiengefüge die Folge des Todesfalls. Da müssen Geschwister besonders wahrgenommen und aufgefangen werden.

Über den Opferschutz der Polizei bietet sich sowohl in unfall- oder kriminalitätsbedingten Sterbefällen als auch bei vollendetem Suizid die Möglichkeit, das Todesereignis selbst behutsam noch einmal zu betrachten. Das kann für Eltern und Geschwister von großer Bedeutung sein. Denn vielfach quälen sich Angehörige mit noch verbliebenen Unklarheiten. Für den Trauerprozess ist es wichtig, auf Fragen, die sachlich aufgeklärt werden können, eine Antwort zu erhalten. Soweit sie der Polizei bekannt sind, können fehlende Informationen eingeholt und Angaben über die letzten Momente der verstorbenen Person zu einem schlüssigen Ablauf zusammengefügt werden. Das entlastet viele Trauernde.

In meiner Aufgabe spielt die Vernetzung mit anderen Organisationen und Behörden eine zentrale Rolle. Nur durch den Austausch und das Wissen über andere Hilfsangebote ist es möglich, die richtigen Ansprechpartner für die weitere Verarbeitung des Todesfalls zu vermitteln.

9 Jung gestorbene Geschwister

9.1 Sternenkinder, früh- und totgeborene Geschwister

Der Tod eines vor dem Geschwister verstorbenen oder eines ungeborenen, früh geborenen oder jung gestorbenen Geschwisters kann zu Belastungen des verwaisten Geschwisters führen, weil zu wenig Informationen weitergegeben wurden. Ohne sie können Geschwister Verhaltensweisen ihrer Eltern und Bezugspersonen nicht einordnen und beziehen sie auf sich. Fehlen auch im Nachhinein Informationen zum Geschehen, kann das für Geschwister multiple negative Auswirkungen nach sich ziehen. Die Existenz eines Geschwisters, ob es kennengelernt wurde oder nicht, kann für lebende Geschwister, auch nach vielen Jahren, sehr bedeutend sein. Die anfangs beschriebenen Geschwisterbeziehungen und Rollen können schmerzhaft vermisst werden.

Tod des ungeborenen Geschwisters
Nicht immer werden Geschwister über eine bestehende Schwangerschaft informiert. Stirbt das ungeborene Geschwister, ist das veränderte Verhalten der Eltern umso schwerer zu begreifen. Trauerprozesse für Geschwister nach dem Tod des ungeborenen Geschwisters können schwierig sein, weil das soziale Umfeld die Trauer der Familie nicht anerkennt und das verstorbene Geschwister im Alltag noch nicht präsent war. Eltern stehen oft vor einer großen Herausforderung, wenn es darum geht, ihre Kinder in den Abschied des ungeborenen Geschwisters entwicklungsentsprechend einzubeziehen. Hebammen und Trauerbegleiter können hier hilfreiche Unterstützungen sein.

Tipp: Zudem sollten Eltern im Blick behalten, dass besondere Tage, an denen sie intensiver an ihr verstorbenes Kind denken (ausgerechneter Geburtstermin, Todestag, Muttertag), mit Gefühlen und Verhaltensweisen einhergehen, die lebende Geschwister wahrnehmen, auch wenn nicht darüber gesprochen wird. Ohne Erklärungen können lebende Geschwister dadurch irritiert sein, sich ausgeschlossen oder schuldig fühlen.

Je nach Entwicklung des Geschwisters kann es hilfreich sein, Fotos aus der Zeit der Schwangerschaft und der Entwicklung des Embryos zum Fötus anzuschauen. Ein Rückblick auf die Schwangerschaft des lebenden Geschwisters kann helfen, das Geschehen zu verstehen und einzuordnen.

Überlebende Geschwister im Kontext von Mehrlingsgeburten können sich schuldig am Tod des gestorbenen Geschwisters fühlen (»Ich habe meinem Bruder zu wenig Platz gelassen, deshalb musste er sterben«). Wesentlich ist, dass solche Gedanken geäußert werden können und ihre Berechtigung haben dürfen.

Geschwister können um ungeborene Geschwister stark trauern, sodass das Umfeld die Trauerreaktionen für unangemessen hält. Hier möchte ich daran erinnern, dass die Trauer dennoch intensiv sein kann, gerade weil Hoffnungen und Lebensperspektiven mit dem zukünftigen Geschwister verbunden werden, die bei dessen Tod zu tiefer Trauer führen.

Erleichterung und Scham

Geschwister können sich nach dem Tod eines ungeborenen Geschwisters erleichtert fühlen, weil sie ihre Eltern doch nicht mit jemandem teilen müssen. Zugleich kann, wenn die leidenden Eltern wahrgenommen werden, große Scham empfunden werden. Oftmals trauen Geschwister sich nicht, diese Gefühle und Gedanken jemandem mitzuteilen, und bleiben mit ihren Nöten vielfach allein.

Abschied vom toten Geschwister

Ist das verstorbene Geschwister in seiner Entwicklung so weit gewesen, dass es geboren werden konnte, kann es sehr hilfreich sein, Geschwister mit ins Krankenhaus oder zum Bestatter zu nehmen. Dort können Geschwister ihren Bruder, ihre Schwester wenigstens kurz kennenlernen und der verstorbene Mensch bekommt ein »reales Gesicht«. Auch wenn es traurig bleibt, dass die Geschwister keine Lebenszeit miteinander verbringen konnten, ist so wenigstens ein wichtiger Kontakt möglich und das lebende Geschwister kann zumindest etwas für sein Geschwister tun (etwas mitnehmen, malen, singen, erzählen) und die kurze Geschwisterbeziehung selbst aktiv gestalten. Zudem kann es die Verbundenheit und Integrität der Familie stärken, wenn gemeinsam Abschied vom verstorbenen Kind genommen kann. Gerade weil der verstorbene Mensch nicht oder nicht lang ein lebendiges Familienmitglied sein konnte, kann so eher verstanden werden, dass er dennoch zur Familie gehört und das Familiensystem prägt (siehe Kapitel 3.2).

9.2 Plötzlicher Säuglingstod

Beim plötzlichen Säuglingstod kann belastend hinzukommen, dass das soziale Umfeld verurteilend in Bezug auf die Eltern oder Geschwister reagiert. Vorwürfe von Missbrauch, Vernachlässigung oder Gewalt stehen schnell im Raum.

Praxisbeispiel: Eine Familie, deren zweites Kind durch den plötzlichen Säuglingstod starb, erlebte offene und verdeckte Vorwürfe aus dem sozialen Umfeld, die den Trauerprozess zusätzlich erschwerten. Von »Ihr habt nicht gut aufgepasst, sonst wäre das nicht passiert« bis hin zu Beschuldigungen: »Er hat dem Kind sicher ein Kopfkissen aufgedrückt, weil es zu laut geschrien hat.«

Genährt werden solche Gerüchte durch die Ermittlungen der Polizei und die Obduktion, die in solchen Fällen notwendig sind. Geschwister nehmen sensibel wahr, wie belastet die Eltern sind, und spüren zudem im Lebensumfeld die negative Stimmung und das Misstrauen ihrer Familie gegenüber. Das kann zu großer Unsicherheit, zu Scham und Rückzug aus dem sozialen Leben führen oder dazu, dass sie glauben, Schuld am Tod des Geschwisters zu tragen. Hier kann gerade bei jüngeren Kindern das »magische Denken«, der Glaube, mit dem eigenen Denken das Weltgeschehen beeinflussen zu können, verstärkend hinzukommen, sprich: »Ich wünschte, der Bruno wäre tot.«

Literaturtipps

Meyer, D. (2019). Sternenschwester. Ein Buch für Geschwister und Eltern von tot geborenen Kindern. Frankfurt a. M.: Mabuse.

Wolter, H.; Masaracchia, R. (2014). Lilly ist ein Sternenkind. Das Kindersachbuch zum Thema verwaiste Geschwister. Salzburg: Edition Riedenburg.

Langenscheid, S. (2019). Maxi verliert sein Geschwisterchen. Ein Trauerbuch für verwaiste Geschwister von Sternenkindern. Selbstverlag.

9.3 Nachgeborene Geschwister: Bürde und Chance

Kinder, die nach dem Tod eines älteren Geschwisters geboren wurden, wachsen in einer Familie auf, die bereits einen Verlust mit vielfältigen Folgen erleben musste. Einige mögliche Aspekte dazu möchte ich beleuchten.

Eltern können dazu neigen, das nachgeborene Kind als Stellvertreter des verstorbenen Kindes anzusehen, und damit dessen Identitätsfindung erschweren. Aus Furcht davor, ein weiteres Mal den Tod eines Kindes erleben zu müssen, kommt es zu Überbehütung. Eltern packen ihr Kind »in Watte«, behindern damit jedoch die Entwicklungsprozesse und das Selbstkonzept des Kindes.

Praxisbeispiel: Ella ist plötzlich, mit drei Jahren, vor der Geburt von Emma gestorben. Die Eltern sind überglücklich, dass Emma gesund zur Welt gekommen und bisher auch gesund geblieben ist. Sie haben Angst, dass Emma nicht älter als Ella werden könnte, und beobachten sie daher sehr genau. Es kommt zum Streit der Eltern, als die Mutter aus Sorge nicht erlauben möchte, dass der Vater mit Emma zum Schwimmen geht.

Stellvertreter

Die Rolle des Stellvertreters oder Vergleiche zwischen den Geschwistern können dazu führen, dass nachgeborene Kinder sich minderwertig, nicht angenommen und ungeliebt fühlen. Die Stellvertreterrolle kann unbewusst gelebt werden, ohne Wissen darum, dass es ein Geschwister gegeben hat.

Nachgeborene Kinder können die Trauer ihrer Eltern häufig nicht zuordnen, insbesondere dann, wenn das verstorbene Geschwister ein Tabu ist. Geschwister beziehen das Verhalten der Eltern auf sich, was zu mangelndem Selbstwert und Selbstvertrauen führen kann. Sie können auch den Eindruck haben, sich der Trauer der Eltern anpassen zu müssen. Die Chance auf eine gesunde Entwicklung nachgeborener Geschwister ist gegeben, wenn Eltern ihre Trauer um das verstorbene Kind bearbeiten und eine offene Kommunikation im System gelebt wird, in der das gestorbene Kind seinen eigenen, nicht übermächtigen Platz hat.

Tipp: Nachgeborene Geschwister müssen wissen, dass sie ein älteres Geschwister hatten. Eltern und das Umfeld sollten ihre Erinnerungen mit dem nachgeborenen Geschwister teilen, ohne dass das gestorbene Geschwister idealisiert wird. Trauer um das gestorbene Kind dürfen Eltern ihrem nachgeborenen Kind zeigen. So kann es erfahren, dass ein Mensch nicht vergessen ist und nicht ersetzt werden kann. Nachgeborene Kinder sollten in die Trauerrituale um das verstorbene Kind einbezogen und selbst aktiv werden dürfen. Wesentlich ist, dass Eltern pendeln zwischen Trauer, schönen Erinnerungen und Ritualen um das verstorbene Kind und der Freude über das lebende Kind, dessen Entwicklungsschritten und den Zukunftsperspektiven der lebendigen Familie. Nachgeborene Geschwister können durch präventive, psychoedukative Begleitung der Eltern unterstützt werden. Begleitung kann sich positiv auf die Beziehung zum nachgeborenen Kind auswirken, da Eltern oft unsicher sind, wie sie sich in Bezug auf das verstorbene Geschwister verhalten sollen.

Geschwister sollten haptische, visuelle und auditive Erinnerungsstücke ihres Bruders, ihrer Schwester kennenlernen dürfen. Verstorbene Geschwister können für das nachgeborene Geschwister biografisch und psychisch eine große Bedeutung haben, denn sie können dennoch beispielsweise die Rolle des Beschützers, Verbündeten oder Ratgebers einnehmen. Solche Rollen können eine wichtige Ressource für nachgeborene Geschwister sein. Eine Bürde wird das verstorbene Geschwister, wenn die Eltern und das Bezugssystem es zum »unsterblichen Helden« und damit zum Rivalen des nachgeborenen Geschwisters machen.

 **Praxisbeispiel:** Lena spürt die Erwartungen der Eltern und Großeltern nach dem Tod ihrer großen Schwester Mia, die im Alter von zwei Jahren vor Lenas Geburt gestorben war. Mia war der Sonnenschein der Familie. In der Einzelbegleitung äußert der Vater und später auch die Großmutter, dass sie nicht glauben, jemals ein Kind wieder so lieben zu können wie Mia, die eben ein ganz besonderes Kind gewesen sei. Lena wächst also bereits mit dieser Bürde und dem Mysterium um die große Schwester auf.

9.4 Exkurs: Anton

Viel weiß ich eigentlich nicht über meine Schwester. Ich kenne sie von Bildern, von Erzählungen, aber, so sagt es meine Mutter, in der Zeit, als wir im Krankenhaus gemeinsam im Bettchen lagen, hat sie immer meine Nähe gesucht und sich an mich gekuschelt. Heute bin ich 16 Jahre alt, meine Schwester Luzie ist mit einem halben Jahr im Krankenhaus gestorben.

Meine Eltern waren immer sehr offen und haben mir, wenn ich es wollte, von den Tagen im Krankenhaus berichtet, sie nahmen mich immer mit zum Grab und auch hier haben wir ganz offen über die Geschehnisse gesprochen. Sicherlich war ich traurig, aber es verging auch wieder.

Speziell in den letzten Jahren gab es immer wieder Momente, in denen ich sehr traurig war, mich einsam fühlte (obwohl ich dies nie war), ich musste plötzlich weinen und wusste einfach nicht warum. Meine Traurigkeit wurde auch von meinem Umfeld bemerkt. In einem Gespräch mit meiner Mutter äußerte ich, dass mir meine Schwester immer wieder in den Sinn kommt und ich mich immerzu frage, warum nicht sie weiterleben durfte und nicht ich gestorben bin. Ich äußerte Schuldgefühle, die auch meine Mutter mir nicht ausreden konnte.

So kam es dazu, dass ich mir Hilfe bei einer professionellen Trauerbegleitung suchte. Wenn es mir auch bis dato komisch vorkam, über einen Menschen nachzudenken und Gefühle zuzulassen, den ich eigentlich ja kaum kennengelernt habe, so wurde ich in der Trauerbegleitung hier sehr bekräftigt. Die Trauerbegleitung tat mir gut. Es tat mir gut, mit einer verständnisvollen Person außerhalb der

Familie über meine Schwester, meine Beziehung zu ihr, ihren frühen Tod und was dieser für mein eigenes Leben bedeutet zu sprechen.

Mir wurden meine Gefühle nicht ausgeredet, ich durfte sie zulassen, denn sie haben durchaus ihre Berechtigung – auch konnte ich die Tatsache annehmen, dass ich meine Schwester zunehmend vermisse, obwohl ich eigentlich gar nicht genau weiß, wen ich da vermisse.

Wenn wir in der Schule über Themen wie Tod, Verlust oder Trauer gesprochen haben, habe ich mich nur sehr ungern beteiligt. Ich musste nämlich früh erfahren, dass die meisten Mitschüler und Mitschülerinnen kein Verständnis für meine emotionale Befindlichkeit hatten. »Das mit deiner Schwester kann doch gar nicht so schlimm sein, du kanntest sie doch kaum« oder »Du erzählst das doch nur, weil du Mitleid möchtest« waren beliebte Sätze. In den Stunden, in denen ich mich zu den Themen äußerte, wurde ich im Anschluss häufig mit Fragen zu meiner Schwester »bombardiert«. Das war nie sehr angenehm für mich und ich wollte meistens nur noch schnell aus dem Raum. Wahrscheinlich hätte es mir gutgetan, mit meinen Mitschülern über meine Schwester zu sprechen. Das Thema wurde von ihnen jedoch nie wirklich ernst genommen. Wenn ich erzählte, dass ich eine Trauerbegleitung besuche, wurde ich meist belächelt. Das tat sehr weh, immerhin waren das sehr private und intime Details aus meinem Leben. Auch wenn die Reaktionen nur ein kurzes Zucken oder ein leises Geräusch war, schmerzten sie sehr.

In diesem Fall konnte mir allerdings niemand richtig helfen, die Trauerbegleitung und meine Eltern meinten beide, dass die Schüler einfach überfordert mit der Situation sind und nicht wissen, wie sie damit umgehen sollten. Dies linderte zwar ein bisschen meinen Schmerz, aber es »heilte« ihn natürlich nicht vollständig.

Erst nachdem meine Mutter zu meiner Klassenlehrerin gegangen war und diese dann mit den betroffenen Personen gesprochen hatte, hörten diese blöden Kommentare endlich auf. Es fühlte sich trotzdem immer noch ätzend an, da viele hinter meinem Rücken darüber tuschelten.

Es sind so viele Dinge, die ich gerne mit Luzie erlebt hätte. Es sind vor allem die Dinge, die für viele Menschen, Geschwister, normal erscheinen, wie zum Beispiel Eis oder Pizza essen gehen und sich dabei über den neusten Klatsch und Tratsch austauschen. Das vermisse ich – sowas könnte ich zwar auch mit Freunden machen, aber es ist, glaube ich, niemals das Gleiche.

Zusammen wären wir einfach viel »stärker«, wir könnten uns gegen unsere Eltern »verbünden« und uns gegenseitig trösten.

Die gerade aufgezählten Dinge erscheinen Ihnen wahrscheinlich merkwürdig oder Sie würden spontan vielleicht an anderes denken, das Sie gern mit Ihrem »Geschwisterchen« unternehmen würden, aber für mich sind es einfach diese Situationen, welche für viele selbstverständlich sind, die ich so sehr vermisse.

Wenn ich meine Schwester vermisse, stelle ich mir oft vor, dass sie von oben auf mich hinabschaut und mich beschützt, über mich wacht. Das hilft mir meistens, die Schmerzen zu ertragen. Dann stelle ich mir vor, wie der heutige Tag mit ihr gewesen wäre, was wir so alles unternommen hätten.

Natürlich frage ich mich auch, wie sie aussehen würde, ob wir uns ähnlich wären – immerhin waren wir ja Zwillinge. Ich würde sie auch gern fragen, ob sie findet, dass ich gut gekleidet bin. Vielleicht wären wir auch ganz unterschiedlich – vielleicht hätten wir uns auch viel gestritten? Vielleicht hätte sie Tennis gespielt wie ich und wir könnten zusammenspielen. Vielleicht wären wir später mal in unterschiedliche Städte gezogen und hätten uns dann immer besuchen können. Natürlich wird sie mir auch in der Zukunft fehlen, besonders dann, wenn meine Eltern nicht mehr da sein werden. So schön wäre es gewesen, wenn nicht nur ich hätte leben dürfen, sondern auch Luzie, auch dann, wenn es ihr vielleicht gesundheitlich nicht ganz so gut gegangen wäre.

10 Trauernde Geschwister und ihr soziales Umfeld

Krankheit und Tod eines Kindes – Schock für das Umfeld

Nun möchte ich verschiedene soziokulturelle und gesellschaftliche Aspekte in den Blick nehmen, die Trauerprozesse verwaister Geschwister beeinflussen können. Der Tod eines Kindes konfrontiert das soziale Umfeld nicht nur mit einem einschneidenden Verlust »in der falschen Reihenfolge«, sondern auch mit der eigenen Endlichkeit.

Werden Geschwister nicht als Trauernde wahrgenommen, kann dies zu vielfältigen negativen Konsequenzen für das betroffene Geschwister führen. Zu viel Aufmerksamkeit kann ebenfalls als belastend empfunden werden. Für das soziale Umfeld ist es daher nicht leicht herauszufinden, wie viel, wann, von wem und wo Aufmerksamkeit und Zuwendung als hilfreich empfunden wird – zumal jedes trauernde Geschwister andere, sich verändernde Bedürfnisse hat. Darum gilt auch hier, ins Gespräch und in den Austausch zu kommen mit der trauernden Familie.

Beginnen möchte ich dieses Kapitel mit den Worten von Nils, 7 Jahre, dessen jüngerer Bruder Felix plötzlich bei einem Unfall verstarb:

»Ich möchte ein normaler Mensch sein, nicht nur Nils, der große Bruder vom toten Felix. Die Kinder sollen normal mit mir umgehen.« – »Es stört mich, dass ich immer wieder gefragt werde, wie und warum Felix gestorben ist. Das macht mich müde. Ich habe keine Lust, das jedes Mal neu zu erklären.« – »Ich will keine Mitleidwelle. Ich will in Ruhe leben.« – »Ich weiß oft nicht, was ich sagen soll, wenn mich einer fragt, ob ich Geschwister habe.«

Geschwister informieren in Bezug auf das Umfeld

Immer wieder habe ich verwaiste Geschwister erlebt, die in der Schule oder im Freundeskreis negative Erfahrungen gemacht, sich aufgrund dessen zurückgezogen haben und sich in anderen Kontexten nur schwer erneut öffnen konnten. Dieser Rückzug wurde im sozialen und schulischen Umfeld häufig als absonderliches Verhalten interpretiert, was wiederum zu einer Außenseiterrolle führte.

Tipp: Geschwister benötigen in Bezug auf das Verhalten des Lebensumfelds auf das Ereignis und sie als Geschwister sowie ihr eigenes Verhalten im sozialen Netz Erklärungen. Damit können zusätzliche und unnötige Belastungen vermieden werden. Allein die Information, dass Unsicherheit, Hilflosigkeit und Angst vor dem Tod in nächster Nähe zu verletzenden Verhaltensweisen führen können, die möglicherweise nicht so gemeint waren, kann hilfreich sein.

10.1 Die Geschwisterfrage

Hast du Geschwister? Wie viele? Diese Fragen bewegen viele verwaiste Geschwister zeit ihres Lebens. Wie und ob sie beantwortet werden können, hängt von vielen Faktoren ab. Die aktuelle Lebens- und Tagesform, die Beziehung zum Fragenden, ob noch weitere Zuhörer anwesend sind, wie diese empfunden werden, ob sich das Geschwister mit der Frage überrumpelt fühlt, ob der oder die Fragende zugewandt ist, eine ehrliche Antwort aushalten kann, all dies bestimmt mit über die Antwort und das Verhalten des verwaisten Geschwisters. Die Angst, ausgelöst durch die Frage, die Kontrolle über Gefühle zu verlieren, kann ebenfalls mitschwingen und als bedrohlich empfunden werden.

Erfahrungsgemäß benötigt die Frage nach Geschwistern häufig innere Anstrengung und verlangt in ihrer Beantwortung Flexibilität, um in kürzester Zeit die eingangs genannten Faktoren einzubeziehen. Verwaiste Geschwister fühlen sich in manchen Kontexten mit der Frage überfordert, kommen unter Druck, weil sie das gestorbene Geschwister nicht leugnen, sich zugleich jedoch schützen möchten. Fragende wiederum wissen zumeist nicht, in welche Konflikte sie befragte Geschwister stürzen.

Tipp: Hilfreich kann es für trauernde Geschwister sein, sich präventiv mit der Frage zu befassen und mögliche Antworten zu unterschiedlichen Situationen zu antizipieren. In der akuten Situation kann das entlasten. In der Familie sollten solche Fragen besprochen werden, denn Eltern werden mit ähnlichen Fragen konfrontiert: »Wie viele Kinder haben Sie?«, »Wie alt sind Ihre Kinder?«

Je nach Alter der Geschwister können Spiele mit Handpuppen oder Rollenspiele hilfreich sein und die Sorge vor solchen Fragen minimieren. Zudem kann das Selbstbewusstsein gestärkt werden, um selbstschützend und zugleich authentisch antworten zu können. Die Offenheit und Ehrlichkeit der Kommunikation in der Familie bestimmen mit darüber, wie Geschwister im sozialen Umfeld kommunizieren und somit Nähe zulassen, Grenzen setzen können und ernst genommen werden.

10.2 Kita- oder Schulbesuch

Sensibilisierung des Umfelds

Gerade im Bereich Kita und Schule kann noch viel für trauernde Geschwister getan werden. Präventive Konzepte sollten selbstverständlich in jedem Kita- und Schulsystem verankert werden, damit verwaiste Geschwister hier nicht zusätzlich belastet werden.

Praxisbeispiele: Der Ruf eines Lehrers drei Wochen nach dem plötzlichen Tod des Bruders über den Flur – »Du musst noch die Bücher von Tom zurückgeben« – traf den jüngeren Bruder Ben wie ein Faustheb. Er musste anschließend nach Hause.

Jessica hörte von ihrer Lehrerin zwei Wochen nach dem Unfalltod ihrer jüngeren Schwester Rebecca, den Jessica miterlebt hatte, dass es doch nun schon lang genug her sei und sie sich jetzt wieder auf die Schule konzentrieren solle, so gehe es nicht weiter.

Solche, meist unbedachten, Äußerungen belasten trauernde Geschwister zusätzlich und können zu Schulvermeidung führen. Das soziale Umfeld sollte nach dem Tod eines Geschwisters sensibilisiert beziehungsweise informiert und einbezogen werden. Hier muss, wie generell, von Fall zu Fall verantwortlich und individuell entschieden werden, in welcher Form das geschehen soll.

Direkt nach dem Tod des Bruders, der Schwester steht oftmals die Frage im Raum, ob das Geschwister in die Kita oder Schule gehen soll. Aus meiner Sicht kann es hierzu keine pauschale Antwort geben.

Vorbereitung des Umfelds und des Geschwisters
Nach einem Austausch und sensiblem Nachfragen sollte eine individuelle Entscheidung mit dem Geschwister getroffen werden. Viele unterschiedliche Faktoren bestimmen mit darüber, ob ein Kita- oder Schulbesuch ressourcenfüllend oder eher ressourcenzehrend ist. Auch nach individuellem Abwägen kann sich die Entscheidung für das Geschwister ambivalent anfühlen. Dann sollte ausprobiert werden, ob ein Kita- oder Schultag auszuhalten ist.

Geschwister fühlen sich sicherer, wenn ihnen Möglichkeiten zur Verfügung stehen, die sie nutzen können, wenn sie es in der Schule nicht mehr aushalten (jemanden anrufen, der sie abholen kommt, oder eine Auszeit nehmen, allein oder begleitet). Diese Möglichkeiten sollten zuvor konkret besprochen werden, um die Situation bestmöglich vorzubereiten und dem Geschwister Sicherheit zu vermitteln.

Tipp: Hilfreiche Fragen können sein:
- Wie fühlst du dich in der Kita/Schule grundsätzlich?
- Wie fühlst du dich mit den anderen Kindern/Jugendlichen/Mitschülern? Mit wem verstehst du dich? Wer ärgert dich?
- Hast du Freunde in der Kita/Schule?
- Wie ist deine Stimmung in der Gruppe, Klasse generell?
- Möchtest du, dass die anderen wissen, was passiert ist, oder nicht? Falls ja: Möchtest du es mitteilen oder soll das jemand anderes tun? Möchtest du dabei sein, wenn die Nachricht weitergegeben wird?
- Möchtest du von den anderen auf den Tod deiner Schwester, deines Bruders angesprochen werden?
- Wie kannst du reagieren, wenn du nicht über den Verstorbenen und das Geschehen sprechen möchtest?
- Was kannst du tun, wenn andere schlecht über den Verstorbenen sprechen?

Zudem sollten grundsätzliche Möglichkeiten besprochen werden, die bei Überflutung von Gedanken und Gefühlen in der Schule genutzt werden können.

Tipp: Mögliche Hilfen könnten sein:

- Wenn du spürst, dass starke Gefühle kommen, die du möglicherweise nicht mehr kontrollieren kannst, und wenn du nicht möchtest, dass alle im Raum sie mitbekommen: tief durchatmen, rausgehen auf den Flur, an die Luft, kaltes Wasser über den Puls laufen lassen, das Gesicht mit kaltem Wasser waschen, an einem ungestörten Ort (Toilette) weinen, schimpfen, brüllen, einen Schluck trinken, zählen, einen Knetball drücken, sich von einer Freundin/Freund begleiten lassen, einen Riechstift zur Beruhigung verwenden, ein Bonbon lutschen, Imagination: einen »Stärkungsanzug« anziehen,
- Auszeit im Krankenzimmer oder, falls vorhanden, bei der Sozialarbeiterin nehmen,
- mit Musik ablenken,
- Lehrer sollten verwaisten Geschwistern Themen, die Trauerreaktionen triggern können, vorher ansagen (Familie, Geschwister, Zuhause, Krankheit, Sterben, Tod),
- das Umfeld vorbereiten darauf, dass Trauernde mit intensiven, widersprüchlichen, schwankenden Gedanken und Gefühlen umgehen müssen und darum häufig nicht sagen können, was ihnen aktuell hilft.

Bestenfalls sind Pädagoginnen auf den Themenkomplex vorbereitet, verfügen über Wissen und Möglichkeiten des Umgangs. Hilfreich ist ein Austausch zwischen Lehrern und Eltern oder einer anderen engen Bezugsperson des Geschwisters, wenn Eltern mit einem Gespräch überfordert sind, damit eine bestmögliche Begleitung in diesem wichtigen Lebensbezug ermöglicht werden kann.

Literaturtipps

Witt-Loers, S. (2009). Sterben, Tod und Trauer in der Schule. Eine Orientierungshilfe. Göttingen: Vandenhoeck & Ruprecht.

Witt-Loers, S. (2015). Trauernde Jugendliche in der Schule. Göttingen: Vandenhoeck & Ruprecht.

10.3 Stolpersteine im sozialen Umfeld

Die Kommunikation und der Umgang mit verwaisten Geschwistern von Seiten des sozialen Umfelds können schwierig sein, denn verwaiste Geschwister konfrontieren das Umfeld durch ihre Gegenwart mit der Realität des Todes. Hilflosigkeit, Ohnmacht und Unsicherheit können ausgelöst werden und zu Verhaltensweisen führen, die für Geschwister belastend sind.

Reduziert auf das Geschwister von …
Geschwister fühlen sich im sozialen Umfeld häufig reduziert auf den Bruder beziehungsweise die Schwester des gestorbenen Geschwisters. Es kann passieren, dass sie nicht mehr mit ihren Namen angesprochen werden, sondern: »Du bist doch die Schwester von Jacky.« Geschieht dies vermehrt, kann es zu Störungen der Identität und Integrität des verwaisten Geschwisters kommen.

Forderungen, wie zu trauern sei
Kein oder falsches Wissen zu Trauerreaktionen und Trauerprozessen kann zu Forderungen führen, wie zu trauern sei, oder zu negativen Bewertungen des trauernden Geschwisters. Nehmen Geschwister sich beispielsweise in der Bearbeitung der eigenen Trauer zurück, kann dies als Nichttrauer interpretiert und negativ bewertet werden.

Ausgesprochene oder unausgesprochene Forderungen und gesellschaftliche Normen erschweren Geschwistern ihren Trauerprozess. Lob für angepasstes Verhalten ermutigt Geschwister ebenfalls nicht, sich bedürfnisorientiert mit den verschiedenen Facetten und Themen ihrer Trauer zu befassen. Gerade in einer Zeit, die ohnehin von Unsicherheit und Schmerz geprägt ist, in einer Zeit, in der trauernde Geschwister und deren Familien sich selbst nicht mehr kennen, sind Erwartungen, wie richtig zu trauern sei, oder Ratschläge zum Umgang miteinander und der eigenen Trauer zusätzlich verwirrend und nicht hilfreich. Verfügt das soziale Umfeld nicht über Informationen zu möglichen natürlichen Trauerreaktionen wie Wut, Zorn, Rückzug, »cooles« (um die Kontrolle über Gefühle zu behalten) oder aggressives Verhalten, bleibt dem Geschwister wesentliche Unterstützung aus dem sozialen Umfeld verwehrt.

Tipp: Bedacht werden sollte auch, dass das soziale Umfeld Geschwistern keine Rollen (Familienretter, Tröster, Ersatzkind) oder fortgesetzte Bindungen zum Geschwister (Held, Sonnenschein) oder eigenes Trauerverhalten aufdrängt. Das Lebensumfeld entscheidet grundlegend mit darüber, ob Geschwister nach dem Tod ihres Bruders, ihrer Schwester bestmöglich mit diesem tiefen Lebenseinschnitt umgehen können.

Ignoranz und übertriebenes Interesse
Sprachlosigkeit, Schweigen, Ausweichen (in der Schule, bei Freunden, in der Freizeit), so tun, als sei nichts geschehen, kann für trauernde Geschwister ebenso verletzend sein wie übermäßiges Interesse am Geschehen, an der Todesursache, am trauernden Geschwister als »Studienobjekt« oder als Informationsquelle.

Studienobjekt
Trauernde Geschwister fühlen sich nach dem Verlust häufig von Lehrern oder Mitschülern (wenn sie davon wissen) sehr beobachtet. Es ist verständlich, dass das Umfeld wissen möchte, wie es jemand schafft, nach einem tiefen Lebenseinschnitt weiterzuleben. Neugierde dient einerseits dazu zu lernen, wie man selbst eine solche Krise überwinden könnte. Sie kann andererseits auch Distanz schaffen. Details zu erfahren und zu dem Schluss zu kommen, dass die eigene Situation und die Voraussetzungen nicht mit denen des verwaisten Geschwisters übereinstimmen, kann helfen, sich von dessen Schicksal zu distanzieren.

Geschwister als Informationsquelle
Geschwister werden auch als Informationsquelle missbraucht. In den Begleitungen haben mir Geschwister immer wieder erzählt, dass sie von Nachbarn, Lehrerinnen, Mitschülern, Vereinsmitgliedern, fremden Menschen (im Geschäft, auf der Straße) angesprochen und zum Tod des Geschwisters ausgefragt wurden. Solche Fragen suchen Informationen zur Todesursache (»Warum ist deine Schwester gestorben?«) oder zu Todesumständen (»Ist er wirklich von der Schaukel gefallen?«). Menschen des sozialen Umfelds wenden sich gerade an Geschwister, da sie von ihnen Informationen erhoffen, nach

denen sie die trauernden Eltern nicht fragen würden. Kinder/Jugendliche, belastet mit ihrer eigenen Trauer, trauen sich häufig nicht, sich gegen übergriffige, manchmal insistierende Fragen einer erwachsenen »Respektsperson« zu wehren. Fragen und Gerüchte (»War es ein Suizid? War es ein Verbrechen? Die Polizei war ja auch da! Er war doch nicht krank vorher?«) aus dem sozialen Umfeld können darum für trauernde Geschwister sehr belastend und anstrengend sein.

Tipp: Hier können Geschwister unterstützt werden, wenn sie gleich zu Beginn gestärkt werden und wissen, dass sie nicht allen Menschen Rede und Antwort stehen müssen, dass sie nein sagen dürfen. Rollenspiele oder mein »Neinkästchen« (selbstgestaltetes Schatzkästchen mit unterschiedlichen Neins, resolut, freundlich), können hier ein hilfreiches Instrument sein, um selbstschützend auf unangenehme Fragen zu reagieren.

Praxisbeispiele: Nina ist in der dritten Klasse. Ihr Bruder ist seit einem Jahr tot. Er hat sich suizidiert. Die Lehrerin möchte, als sie mit Nina allein ist, wissen, warum ihr Bruder gestorben ist. Nina möchte nicht darüber sprechen und sagt, dass sie es nicht wisse. Die Lehrerin insistiert nochmals und meint, dass Nina wohl lüge, denn es könne nicht sein, dass sie so etwas Wichtiges nicht wisse. Nina gerät in einen Konflikt, da sie mit der Lehrerin nicht aneinandergeraten und zugleich nicht mit ihr und in der Schule über das schreckliche Ereignis sprechen möchte.

Paul (11 Jahre) wird von einem Jungen aus der Parallelklasse gefragt, ob es stimme, dass seine Schwester gestorben sei. Paul ist noch nicht lange auf der weiterführenden Schule und hatte sich vorgenommen, dort »Paul« und nicht nur »Bruder von Sophie« zu sein, die gestorben ist. Auf die Frage antwortet er darum mit nein, sie sei nicht tot. Später hat er ein schlechtes Gewissen, weil er etwas Falsches über Sophie erzählt hat, und hat seitdem Angst, dass der Junge doch die Wahrheit herausfinden und ihn ärgern könne. Er geht nur ungern zur Schule und ist dort unkonzentriert.

Aus meiner Erfahrung kann ich sagen, dass trauernde Geschwister schnell im sozialen Umfeld unter Druck geraten, Angst haben, etwas falsch zu machen, sich sorgen, ausgelacht oder Außenseiter zu werden. Die hieraus resultierende Unsicherheit lässt Geschwister manchmal unverständlich antworten oder reagieren und erschwert die ohnehin schwere Situation zusätzlich.

Praxisbeispiel: Max reagiert schroff und abweisend als Kira, die eigentlich Mitgefühl zeigen möchte, ihn fragt, wie es für ihn ohne seine Schwester Anna sei. »Ja, wie schon?«, antwortet Max, dreht sich um und lässt Kira stehen, die Max danach nie mehr anspricht.

Überschütten mit Geschenken

Der Tod eines Kindes kann im Lebensumfeld große Erschütterung und tiefe Anteilnahme auslösen. Dieses starke Mitgefühl kann dazu führen, dass überlebende Geschwister sehr ins Blickfeld gerückt und mit Geschenken und Süßigkeiten überhäuft werden. Das kann auf Geschwister sehr ambivalent wirken und es ihnen schwer machen, auch wenn es gut gemeint ist. Denn einerseits freuen sie sich über die Aufmerksamkeit, die schönen Sachen, andererseits kann ein schlechtes Gewissen dem verstorbenen Geschwister gegenüber hervorgerufen werden. Schließlich bekommen sie diese Geschenke nur, weil das Geschwister gestorben ist.

Der Tod wird sozusagen zugleich ein Ereignis mit erfreulichen Folgen. Außerdem kann der Eindruck entstehen, mit Materiellem wolle und könne der Verlust wiedergutgemacht werden. Zudem können die Geschenke zu negativem Konsumverhalten und Süßigkeiten zu Übergewicht führen.

Praxisbeispiele: Nach dem Tod ihres Bruders Ben bekam die jüngere Schwester Lina zum nächsten Osterfest 15 Schokoosterhasen. Natalie bekam nach dem Tod ihrer Schwester Vivien eine Play Station und David nach dem Tod seines Bruders jede Menge Bücher und Gutscheine für Events.

Jenseitsvorstellungen

»Wie kommt Jonas in den Himmel, wo er doch in der Erde liegt?« Fragen wie diese, aus der Verwirrung und Unsicherheit spricht, begegnen mir so oder in ähnlicher Form in Begleitungen bei jüngeren

Kindern immer wieder. Mit Jenseitsvorstellungen, der Frage, wo der Verstorbene nach dem Tod ist und ob etwas von ihm weiterlebt, befassen sich Erwachsene wie Kinder immer wieder. Ein tröstlicher Glauben daran, dass nach unserem Tod noch etwas von uns weiterlebt, findet sich in fast allen Religionen und Kulturen. Der Glaube, dass der Verstorbene gut aufgehoben ist, kann für diejenigen, die zurückbleiben eine Beruhigung und Ressource sein.

Gern beantwortet das Umfeld Fragen nach dem Jenseits von Geschwistern mit – aus ihrer Sicht – tröstlichen Vorstellungen. Nicht immer ist das für trauernde Geschwister hilfreich. Dabei spielt auch die kognitive Entwicklung eine wichtige Rolle. Sind Geschwister noch jung, nehmen sie das Gesagte wörtlich und die gut gemeinte Vermittlung einer Jenseitsvorstellung kann gegenteilig wirken. Geschwister können Ängste entwickeln oder Misstrauen, weil das Gesagte nicht mit ihrem Erleben zusammenpasst. Kinder können mit folgenden oder ähnlichen Fragen befasst sein:

»Wie ist er dort hingekommen? Ist er komplett dort oder nur ein Teil von ihm? Warum besuchen wir ihn am Grab, wenn er dort gar nicht mehr ist? Lebt er jetzt im Himmel weiter? Und wenn ich mit dem Flugzeug fliege, kann ich ihn dann besuchen? Was liegt denn jetzt noch in der Erde? Sieht meine Schwester jetzt etwa alles, was ich mache? Auch wenn ich mit den Sachen spiele, die sie mir eigentlich nie leihen wollte?«

Tipp: Um zusätzliche Belastungen und Ängste zu vermeiden, sollten Jenseitsfragen ehrlich beantwortet werden. Wo der Verstorbene ist, weiß niemand sicher. Noch niemand ist zurückgekehrt. Darum sind Jenseitsvorstellungen persönliche Glaubensauffassungen. Es sollte letztendlich darum gehen, eine tröstliche persönliche Vorstellung zu finden, die sich wandeln darf. In der eigenen Vorstellung gut und liebevoll für den Verstorbenen zu sorgen, kann Gefühlen von Hilflosigkeit und Ohnmacht entgegenwirken und zu einer Ressource im Trauerprozess werden. In der Jugendgruppe tauschen sich Jugendliche ganz offen und auf Augenhöhe zur Jenseitsfrage aus. Religiöse, philosophische, biologische, esoterische, kulturelle Aspekte und persönliche Erfahrungen fließen dabei ein.

Aufbruch und Entwicklung in unserer Trauerkultur
Vor noch nicht allzu langer Zeit war festzustellen, dass trauernde Eltern gesellschaftlich weitaus mehr Unterstützung erfahren haben als zurückbleibende Geschwister. Inzwischen sind wir erfreulicherweise im Aufbruch. Auch wenn sich Forschungen und die Fachliteratur noch intensiver mit Trauerprozessen von Geschwistern befassen könnten, hat die Wahrnehmung dieser Gruppe Trauernder sowie das Angebot an professioneller Unterstützung für trauernde Geschwister in den letzten Jahren zugenommen.

In unserer Gesellschaft ist Trauer, gerade um »außerplanmäßige« Verluste, vielfach noch tabuisiert oder wird durch Mythen einseitig geprägt. Dennoch stehen wir zugleich in einem lebendigen Prozess, was unsere Trauerkultur betrifft. Ich finde es wesentlich, hoffnungsvoll darauf zu schauen, was sich in den letzten Jahren sehr positiv entwickelt hat: die neueren Rituale, zum Beispiel die Kreuze am Straßenrand, die Solidarität mit Trauernden in der Öffentlichkeit, in Kitas und Schulen, die diese Lebensthemen in ihre Institutionen holen, und nicht zuletzt die sozialen Medien, die auch positiv dazu beitragen, dass wir uns in einer sich wandelnden und öffnenden Trauerkultur bewegen.

Fazit: Weiterhin Aufklärung und Unterstützung
Aufklärung ist weiterhin notwendig, damit trauernde Geschwister es im sozialen Umfeld nicht zusätzlich schwer haben, und dennoch gibt es viel hilfreiche Unterstützung. Ich bin dankbar, dass ich immer wieder miterleben darf, dass trauernde Geschwister sehr liebevoll und fürsorglich in ihrem sozialen Umfeld wahrgenommen und begleitet werden. Es tut diesen Geschwistern und ihren Familien gut, ehrliche Nähe und Zuwendung zu erfahren. Ich möchte von Herzen dazu aufrufen, behutsam auf trauernde Geschwister und ihre Familien zuzugehen, denn nur so kann man erfahren, welche Ansprache angemessen und welche Unterstützung als hilfreich empfunden wird. Mutig sein und sensibel nachfragen, ehrliche Anteilnahme zeigen, Reaktionen aushalten, verbale und nonverbale Gesten und dauerhaft da sein sind grundlegende Verhaltensweisen in der Begegnung mit trauernden Geschwistern und ihren Familien.

Literaturtipps

Witt-Loers, S. (2016). Wie Kinder Verlust erleben … und wie wir hilfreich begleiten können. Göttingen: Vandenhoeck & Ruprecht.

Franz, M. (2021). Tabuthema Trauerarbeit. Kinder begleiten bei Abschied, Verlust und Tod. München: Don Bosco.

11 Familienorientierte Begleitung

11.1 Familiensysteme begleiten bedeutet Geschwister unterstützen

Niemand im System bleibt unberührt
Der Vergleich des durcheinandergeratenen Familienmobiles macht das verlorene Gleichgewicht, die Verwirrungen und Verstrickungen deutlich, die durch den Tod des Kindes/Geschwisters entstehen. Werden Familiensysteme bedürfnisorientiert begleitet, bedeutet dies zugleich spürbare Unterstützung von verwaisten Geschwistern.

Ziele familiensystemischer Begleitung
Systemische Begleitung sollte die Unterstützung der gemeinsamen und individuellen Bearbeitung der Traueraufgaben sein, die zugleich die komplexen Auswirkungen des Verlusts, die Einflussfaktoren auf Trauerprozesse (Mediatoren) sowie mögliche Stolpersteine berücksichtigt. Es geht darum, die Entwicklungsverläufe im Trauerprozess des Einzelnen und des Systems bedürfnisorientiert zu begleiten. Weiterhin müssen die Anpassung und Neuorganisation der Familie sowie der Aufbau und die Stärkung von Ressourcen unterstützt werden. Alle im Familiensystem sollten durch der Entwicklung entsprechendes Wissen zu Sterbe- und Trauerprozessen langfristig entlastet werden.

Respektvolle und offene Kommunikation
Die intrafamiliäre, offene Kommunikation sollte ebenso wie ein von Toleranz, Respekt und Verständnis geprägter Umgang gefördert und die Beziehungen untereinander gestärkt werden. Häufig ist es notwendig, die Bedürfnisse der Mitglieder im System für andere Familienmitglieder sichtbar zu machen und eine sensible, verständnisvolle Wahrnehmung aufzubauen, gerade dann, wenn es beispielsweise nach dem Tod des Kindes/Geschwisters um die Nut-

zung von eigenen Ressourcen geht (wie tanzen gehen, Tattoos stechen lassen, Autos reparieren) oder um den Umgang mit Vermächtnissen (innere Bindungen, Erinnerungsgegenstände, Orte).

Bewältigungsstrategien aktivieren und stärken
Strategien zur Bewältigung im System sollten aktiviert und entwickelt werden, wie beispielsweise die Flexibilität, die notwendig ist, um einen gemeinsamen Konsens zu wesentlichen Fragen zu finden. Zugleich sollten gemeinsame Aktivitäten, Strukturen und neue Aufgaben unterstützt, Aufgaben, Rollen und Beziehungen im System neu geordnet und Wechselwirkungen zwischen den Beteiligten entzerrt sowie systemspezifische und individuelle Rituale und eine gemeinsame Trauerkultur entwickelt werden.

Familienorientierte Interventionskonzepte
Angebote zur Trauerbegleitung sollten qualifiziert und selbstverständlich zur Verfügung stehen und als Möglichkeit verstanden werden, das gesamte System einzubinden und zu entlasten. Eine kombinierbare, kostenfreie Trauerbegleitung (Einzel-, Familien-, Paarsetting und Gruppenangebote) sollte für alle im Familiensystem nach einem ausführlichen Erstgespräch angeboten und gestützt werden. Je nach familiärer Situation sollten ein Zusammenwirken verschiedener Unterstützungssysteme (Jugendämter, Erziehungsberatungsstellen, Schulpsychologische Dienste, Opferschutz, Psychotherapeutinnen, Psychiater, Schuldnerberatungsstellen) auf den Weg gebracht sowie zusätzliche präventive Hilfen und Rehabilitationsmaßnahmen eingeleitet werden. Familien sollten Ermutigung erfahren, selbst aktiv zusätzliche Hilfen in Anspruch zu nehmen (z. B. Selbsthilfegruppen, Trauerchats, Trauerforen, Telefonseelsorge).

Erweiterung und Qualifizierung von Unterstützungssystemen
Die bislang oftmals unbefriedigende Situation für betroffene Geschwister und ihren Familien könnte spürbar verbessert werden, wenn familienorientierte Begleitungskonzepte selbstverständlich wären. Zudem sollte eine fundierte Qualifizierung von bestehenden Hilfesystemen erfolgen. Fachkräfte, Bezugspersonen und soziale Systeme müssen sensibilisiert werden, damit Trauerprozesse wahr-

genommen und bedürfnisorientiert unterstützt werden können. Qualifizierte Weiterbildungen für Institutionen und professionsübergreifend für Kitas, Schulen, Psychotherapeuten auch im Hinblick auf den ICD-11 sollten daher eingerichtet werden. Darüber hinaus müssen Kooperationsstrukturen weiterentwickelt und verbessert werden. Durch Öffentlichkeitsarbeit sollte der Themenkomplex enttabuisiert und Mythen revidiert werden. Solche präventiven Maßnahmen können dazu beitragen, dass Ängste abgebaut sowie Konflikte und zusätzliches Leid vermieden werden.

Als Unterstützerinnen und Unterstützer müssen wir bereit sein, eigene Verluste zu reflektieren, vergangene und aktuelle sowie persönliche Möglichkeiten und Grenzen zu akzeptieren, um wirklich hilfreich für Betroffene da zu sein. Vor allem ist es notwendig, dass wir als Einzelne und als Gesellschaft lernen, uns einerseits auf Ressourcen zu fokussieren und andererseits zugleich Leid anerkennen und aushalten. Leid können wir nicht immer verhindern – wir können Geschwister und ihre Familien in Verlustsituationen bestmöglich unterstützen und da sein. Darum muss Unterstützung jetzt verbessert werden.

11.2 Exkurs: Bundesverbands Verwaiste Eltern und trauernde Geschwister in Deutschland e. V.

Kathrin Schreier, Geschäftsführerin

Wenn ein Kind stirbt, ist dieser Verlust mit keinem anderen im Leben vergleichbar. Das ist ein Ereignis, welches das eigene Leben in allem erschüttert, kein Stein ist mehr auf dem anderen. Die ganze Familie ist zutiefst, manchmal sogar lebensbedrohlich, verwundet. Der Tod eines Kindes ist ein Abschied zu einer völlig falschen Zeit und mit keinem anderen Todesfall vergleichbar. Einen anderen Menschen verliert man, bildlich gesprochen, von seiner Seite. Aber ein Kind verliert man aus sich heraus, direkt aus dem Herzen.

Neben den Hilfen, welche verwaisten Eltern an die Hand gegeben werden, baut der Bundesverband Verwaiste Eltern und trauernde Geschwister in Deutschland e. V. (VEID) seit Jahren seine bundesweiten Angebote für trauernde Geschwister aus. Beginnend im

Jahr 2016 initiierte der VEID gemeinsam mit der Medical School Berlin unter der Leitung von Prof. Dr. Birgit Wagner, unterstützt vom Bundesministerium für Familie, Senioren, Frauen und Jugend, ein Online-Programm für trauernde Geschwister. Ziel der Studie war zum einen, die Wirksamkeit eines Online-Programms zu untersuchen sowie das Erleben der Beziehung zum Therapeuten zu erfragen. Erkenntnis war, dass internetbasierte Kurzinterventionen eine Behandlungsalternative für trauernde Menschen darstellen. Die Online-Therapie kann zu Hause durchgeführt werden und damit auch in Zeiten stattfinden, in denen äußere Umstände ein Aus-dem-Haus-Gehen unmöglich machen oder das Geschwister sich dazu nicht in der Lage fühlt. Außerdem zeigte sich, dass es manchmal leichter ist, über den Tod eines Geschwisters zu schreiben, als darüber zu reden. Dennoch, so das Fazit, ist die internetbasierte Intervention keine Konkurrenz zu persönlichen Begleitungen, sondern bietet neue Ergänzungsmöglichkeiten für spezifische Trauergruppen, die sonst keine Hilfe erhalten würden. Insbesondere profitieren davon Patientinnen und Patienten, die aufgrund der geografischen Unterversorgung keine Therapie erhalten oder spezifische Therapieangebote benötigen (www.trauernde-geschwister.org).

Die wissenschaftlichen Erkenntnisse, ergänzt um die Erfahrungen der Begleitung trauernder Geschwister, lassen die Angebote des VEID für Geschwister stetig wachsen. Neben den (meist anfänglichen) Einzelbegleitungen sind es vor allem die Gruppenerfahrungen, die sich als hilfreich erwiesen haben.

Beim Bundesverband Verwaiste Eltern und trauernde Geschwister in Deutschland e. V. finden Geschwister Informationen und Veranstaltungen zum Thema »Trauer«. Der Bundesverband hat deutschlandweit Regionalstellen aufgebaut, von denen die meisten auch Selbsthilfegruppen für trauernde Geschwister und Einzelberatungsgespräche anbieten. Auf der Website des Bundesverbands (www.veid.de) können Geschwister nach Angeboten und Kontaktstellen in ihrer Region suchen. Außerdem bietet er eine Reihe von Informationsmaterial sowie einen Überblick über die aktuelle Literatur, die für betroffene Geschwister hilfreich sein kann.

Die Angebote der Geschwistergruppen des VEID, der Kontakt mit Menschen, die außerhalb der Familie und des engsten Umfelds stehen, die als Gesprächspartner bereitstehen, Vergleichbares erlebt haben und die Trauer des anderen nicht an der Menge der Tränen messen, wird von trauernden Geschwistern als hilfreich erlebt. Es tue gut, mit anderen über die eigenen Ängste und Sorgen und vor allem auch über den verstorbenen Bruder oder die verstorbene Schwester zu sprechen, so berichten sie von ihrem Empfinden. Das wird umso wichtiger, wenn die Eltern aufgrund ihrer eigenen Trauer kaum in der Lage sind, emotional für ihr lebendes Kind da zu sein, das lebende Geschwisterkind mit all der Liebe und Aufmerksamkeit zu versorgen, wie es sie gerade jetzt benötigt, da es nach diesem Ereignis vor den Trümmern seines Geschwisterdaseins steht. Auch in ihrem eigenen unmittelbaren Freundeskreis sprechen Geschwister kaum über ihren verstorbenen Bruder oder über ihre verstorbene Schwester, weil der Freundeskreis in seinen gewohnten Strukturen auch als Rückzugsort erlebt werden kann, an dem man an etwas anderes denken und auch fröhlich sein darf, wie auch die Beibehaltung der gewohnten Alltagsstrukturen mit Kindergarten-, Schul- und Ausbildungsbesuch als haltgebende feste Größe wahrgenommen werden.

Ein nicht zu vernachlässigender Aspekt der Unterstützung trauernder Geschwister ist neben deren guter Begleitung die Begleitung der Eltern, in welcher diese sensibilisiert werden für die Gefühlswelt ihrer überlebenden Kinder. Bleiben mehrere Kinder in einer Familie am Leben, so ist nicht einfach davon auszugehen, dass diese sich gegenseitig ausreichend stärken und unterstützen können. Jedes Kind trauert individuell und für sich allein und hat zudem, abhängig von Alter und Entwicklung, verschiedene Bedürfnisse und Ausdrucksformen seiner Trauer.

11.3 Exkurs: Erfahrungen in der Arbeit mit trauernden Geschwistern in der Nachsorgeklinik Tannheim

Jochen Künzel, Ute Löschel, Hilke Fleig

Jochen Künzel, Diplom-Psychologe, ist Leiter der psychosozialpädagogischen Abteilung; Ute Löschel ist Kinder- und Jugendtrauerbegleiterin (BVT); Hilke Fleig ist systemische Trauerbegleiterin für Kinder, Jugendliche und Erwachsene.

Entstehung
Die Nachsorgeklinik Tannheim bietet seit 1997 ein familienorientiertes Rehabilitationsprogramm an. Das Konzept wurde speziell für die Begleitung von Familien mit einem onkologisch erkrankten Kind oder Jugendlichen entwickelt und in Tannheim auf die Indikationen »angeborene Herzfehler« und »Mukoviszidose« erweitert.

Der Umgang der Familie mit dem Thema Erkrankung im Allgemeinen und mit der Erkrankung des Kindes im Speziellen beeinflusst maßgeblich die Krankheitsverarbeitung des Kindes und damit auch den Krankheitsverlauf. Entsprechend hat das Motto der Klinik »Der Patient heißt Familie« in der Umsetzung der vierwöchigen Maßnahme konkrete Auswirkungen: Jede anreisende Familie wird sowohl medizinisch als auch psychosozial »aufgenommen«. Im Aufnahmegespräch wird der Bedarf jedes einzelnen Familienmitglieds, ob krank oder nicht, erhoben und es werden entsprechende therapeutische Maßnahmen aus einem breiten Spektrum verordnet. Der betreuende Arzt kann sowohl medizinisch-therapeutische Anwendungen als auch Anwendungen im psychosozialen Bereich verordnen, wie etwa Gesprächsgruppen und/oder fachtherapeutische Anwendungen.

Konzepterweiterung für verwaiste Familien
Auf Basis dieser Arbeit und der Anfragen ehemaliger Rehabilitationsteilnehmer entstand im Jahr 2001 die Idee, ein ähnliches Konzept für verwaiste Familien anzubieten. Es wurde schnell klar, dass es zum bestehenden Rehabilitationsangebot inhaltlich andere Schwerpunkte geben musste. Die Grundstruktur als solche wurde jedoch als sehr passend erlebt. Zu jedem vierwöchigen Rehabilitationsaufenthalt reisen acht Familien an, die ein Kind aufgrund einer Erkrankung oder eines Unfalls verloren haben. Kernstück für die Eltern sind die thematisch orientierten Gesprächsgruppen mit anderen betroffenen Eltern. Da die Gruppe für vier Wochen zusammenbleibt, entsteht fast immer eine sehr intensive Gruppendynamik. Dabei wird Trauer nicht nur als psychischer, sondern auch als körperlicher Prozess betrachtet, dem durch die zahlreichen medizinischen, physiotherapeutischen und sporttherapeutischen Angebote begegnet werden kann.

Verwaiste Geschwister

Die angereisten Geschwisterkinder der verwaisten Rehabilitationsgruppe werden unter der Woche in altersentsprechende Kinder- und Jugendgruppen der Klinik integriert und verbringen den Tag mit den kranken Kindern und deren Geschwistern aus der Rehabilitationsmaßnahme für Familien mit chronisch kranken Kindern. Schulpflichtige Kinder werden in der Klinikschule unterrichtet. Zusätzlich zu vielen freizeitpädagogischen Angeboten in der Kinder- und Jugendgruppe erhalten verwaiste Geschwisterkinder ab vier Jahren eine eigene Therapie. Wenn möglich, werden sie in altershomogene Gruppen eingeteilt, damit auch sie sich mit ähnlich Betroffenen austauschen können. Allein das Erlebnis, mit der Erfahrung des Verlustes des Geschwisterkindes nicht allein zu sein, kann für betroffene Kinder schon entlastend sein. Falls darüber hinaus Bedarf an einer individuellen Betreuung eines Kindes besteht, kann Heilpädagogik, Kunst- oder Reittherapie verordnet werden.

Kinder unter vier Jahren erhalten keine eigene Trauertherapie, sondern werden im Gruppenalltag beobachtet. Alle Beobachtungen und Einschätzungen der Kinder werden im Team zusammengeführt und durch den Bezugstherapeuten im Verlauf des Aufenthalts an die Eltern zurückgemeldet. Wenn die Kinder an einer trauertherapeutischen Geschwistergruppe teilgenommen haben, erhalten die Eltern am Ende des Aufenthalts ein Rückmeldegespräch mit der begleitenden Therapeutin.

Austausch und Abschlussgespräch

Durch die Rückmeldungen aus den unterschiedlichen Klinikbereichen kann ein breit angelegtes Bild der Kinder wiedergegeben werden. So wissen nicht nur die Erzieherinnen und Kliniklehrer, welche Informationen für die Bezugstherapeuten wichtig sind, sondern auch alle Fachtherapeutinnen, Freizeitpädagogen und Mitarbeiterinnen des Service im Speisesaal bis hin zum Reinigungspersonal. So ergibt sich auch in der relativ kurzen Zeit von vier Wochen ein umfassendes Bild, aufgrund dessen die Eltern entsprechend beraten werden können.

Aus den Rückmeldungen der betroffenen Eltern wissen wir, dass es für sie eines der zentralen Themen des Aufenthalts darstellt, denn fast alle Elternteile sind in der Einschätzung der psychoemotionalen Befindlichkeit ihrer Kinder verunsichert und möchten auf jeden Fall »nichts verpassen«, wie es oft formuliert wird.

Konzept der Geschwistergruppen
Wir haben uns dabei an dem Grundsatz von Monika Specht-Tomann und Doris Topper orientiert, die einmal äußerten, dass »Kinder [...] Menschen [brauchen], die Verständnis für den jeweiligen Trennungsschmerz haben, die einfühlsam die Reaktionen aushalten und die sie behutsam aus den dunklen Tränentälern heraus begleiten können« (2000, S. 55).

Geschwisterkinder
Daher erhalten die Kinder in der therapeutischen Begleitung die Möglichkeit, in einem wertneutralen und kindgerechten Rahmen zu trauern. Da jedes Kind seine Trauer individuell zum Ausdruck bringt, ist es wichtig, jegliche emotionale Befindlichkeit zu unterstützen. Die Geschwister sollen im Austausch in einer altersspezifischen Gruppe erfahren, wie es anderen Kindern in dieser schweren Zeit ergangen ist beziehungsweise geht, was sie erlebt und welche Wege sie für sich gefunden haben. Die Gruppendynamik stärkt, unterstützt, hilft und gibt neue Impulse.

Dabei zeigt sich oft, dass die Kinder schon für sich selbst Wege gefunden haben, mit ihrer Trauer und der familiären Situation altersgerecht umzugehen. Viele Kinder verfügen über große eigene Ressourcen und Stärken, die ihnen helfen, Trauerprozesse zu bewältigen.

Besonders wichtig ist, dass Geschwister ein positives und tröstendes Bild von dem verstorbenen Geschwister entwickeln können. Erfahrungsgemäß haben Kinder einen großen, fantasiereichen Fundus an schönen Bildern und positiven Geschichten über ihre Geschwister parat, die sie gestalterisch und verbal umsetzen können.

Eine andere Methode unseres Konzepts ist das Rollenspiel, welches gerade im Kindergartenalter eine optimale Methode ist, um mit den Kleinen an traumatisierenden Bildern zu arbeiten. Mit zunehmendem Alter nehmen spielerische Prozesse ab und die Kinder setzen sich nicht nur emotional, sondern zunehmend intellektuell mit dem Tod des Geschwisters auseinander. Dabei unterstützen die Therapeuten die Kinder bei ihren individuellen Bedürfnissen in ihrem persönlichen Trauerprozess.

Jugendliche Geschwister

Was ist Pubertät? Was ist Trauer? Dies sind viele Fragen, die Eltern pubertierender Jugendlicher oft beschäftigen. Zugleich sind dies auch in unserer Geschwistergruppe spannende und interessante Themen. Jugendliche entwickeln sich, entdecken ihre Gefühle, öffnen sich für die Welt und möchten sich zunehmend von den Eltern entfernen. Viele Jugendliche tauschen sich nicht mit den Eltern über ihre Sorgen und Nöte aus, sondern nutzen Gleichaltrige, den Freundeskreis, soziale Netzwerke usw. Den Alltag so normal wie möglich zu halten, ist für Jugendliche trotz des Verlustes eines Geschwisters sehr wichtig, so unsere Erfahrung.

Themen in den Geschwistergruppen

1) Die Rolle der Religion: Religion, Kultur und Rituale der Herkunftsfamilie spielen in den Geschwistergruppen eine große Rolle. Da jegliche religiösen Ansichten bei uns willkommen sind, kommt es meist zu einem intensiven Austausch der Geschwister zu diesen Themen. Dabei ist wichtig, dass alle Glaubensrichtungen, unterschiedliche Jenseitsvorstellungen über das verstorbene Geschwisterkind, Ansichten, Werte und Normen nicht bewertet oder gar tabuisiert werden. Glauben kann für Geschwister richtungsweisend sein, um einen guten Umgang mit dem Tod des Geschwisters zu finden. Im Umkehrschluss bedeutet das jedoch nicht, dass Geschwister, die nicht glauben oder keiner Religionsgemeinschaft angehören, nicht ihre eigenen hilfreichen Trauerwege, Methoden und Rituale finden können.

2) Neue innerfamiliäre Rollen: Durch den Verlust eines Geschwisters spielt neben der Trauer und dem Abschiednehmen auch die Neustrukturierung des Verhältnisses der Geschwister unterschiedlichen Alters untereinander eine wichtige Rolle. In der Gruppe werden diese Themen angesprochen. Gemeinsam werden individuelle Lösungsschritte erarbeitet, um den Kindern und Jugendlichen einen Weg aufzuzeigen, über den sie ihren neuen Platz innerhalb der Familie finden können. Dies erfordert jedoch viel Zeit, Erfahrung und die Erprobung im familiären Alltag. Die vier-

wöchige Reha kann daher nur Ansätze für die komplexe Trauerarbeit in der Familie liefern.

3) Ressourcen neu entdecken: Ein weiteres Ziel der Reha ist es, Kinder und Jugendliche in ihren Bedürfnissen, ihrer Persönlichkeit mit all ihren Stärken und Ressourcen zu fördern. Viele Geschwister nehmen sich in der Familie in der schweren Zeit nach dem Tod eines Geschwisters zurück und fordern ihre eigenen Bedürfnisse nicht ein. Daher ist es umso wichtiger, diesen Geschwistern in Tannheim die Möglichkeit zu geben, ihren Bedürfnissen nachzugehen und gut für sich selbst zu sorgen.

Neben eigenen Körperbildern mit von den Kindern selbst attribuierten Eigenschaften bietet das Gestalten sogenannter Krafttiere Geschwistern die Möglichkeit, Stärke, Kraft und Wissen über eigene Ressourcen zu vermitteln. Das Gestalten der Tiere und das Sprechen darüber fördert Geschwister gezielt in Sprache und Tastsinn. Zudem finden sie so auf anderen Ebenen Möglichkeiten, Emotionen zu spüren und auszudrücken. Wichtig ist bei der Arbeit mit Geschwistern aus verwaisten Familien, die Balance zwischen der eigenen Person und der Trauer um das verstorbene Geschwister zu finden.

Fazit

Es ist nun über 20 Jahre her, dass zum ersten Mal Familien, die ein Kind verloren haben, nach Tannheim kamen, um an einer vierwöchigen Rehabilitationsmaßnahme teilzunehmen. Die vielen tollen Rückmeldungen, zum Teil noch Jahre nach dem Aufenthalt, geben uns die Bestätigung, dass wir mit diesem Angebot eine Lücke im Versorgungssystem für verwaiste Familien schließen. Der Aufenthalt bei uns gibt den Familien die Möglichkeit, aus dem Alltag herauszutreten, neue Kraft zu sammeln und die bisherige Trauerberarbeitung sowohl individuell als auch auf der Beziehungsebene innerhalb der Familie als Gesamtsystem fortzusetzen. Bei diesen Prozessen werden sie sorgsam und kompetent begleitet und profitieren von der therapeutischen Begleitung und dem intensiven Austausch mit anderen betroffenen Familien. Geschwisterkinder können aus der in ihrem sozialen Umfeld immer wieder erlebten Sonderrolle heraustreten und sich mit anderen verwaisten Geschwistern austauschen. Neben individuellen Veränderungen können während des Aufenthalts

Interaktionsprozesse in der Familie und womöglich festgefahrene Strukturen aufgearbeitet werden, sodass die Beziehungen innerhalb der Familie gestärkt werden können. Die Familie als Gesamtsystem kann auf diese Weise mit Informationen, Anregungen, gestalterischem Tun, Körperarbeit, der Entwicklung von Ritualen oder gemeinsamen Erlebnissen stabilisiert werden.

Schließen möchten wir mit einem Zitat einer betroffenen Mutter, die ihre Erfahrung wie folgt zusammengefasst hat:

»Wir haben eben in diesen vier Wochen nicht nur viel zusammen geweint, sondern auch viel miteinander gelacht und so auch Spuren von neuer Lebensfreude miteinander entdeckt – ohne die Trauer um unsere Kinder auszuklammern.«

12 Ressourcenorientiert arbeiten

12.1 Aktive Trauerarbeit im Sinne der Traueraufgaben

Der Geschwisterverlust kann im Hinblick auf die Traueraufgaben und das DPM betrachtet und immer wieder neu, den inneren und äußeren Entwicklungs- und Lebensveränderungen entsprechend, bearbeitet werden. Wesentlich sind die Nutzung vorhandener Ressourcen sowie die Suche und Aktivierung neuer Kraftquellen, um den Lebensalltag zu gestalten und zugleich Entwicklungsprozesse sowie Trauerarbeit zu ermöglichen. Diese aktive Auseinandersetzung mit den Themen der Trauer stärkt die Selbstwahrnehmung und Reflexion und bringt zugleich Anpassungs- und Neuorientierungsprozesse in Gang.

Auswahl der Methoden

Die vielfältigen Methoden der Trauerbegleitung und Therapie müssen auf das jeweilige Familiensystem und den Einzelnen abgestimmt und prozess- wie bedürfnisorientiert angepasst werden. Sie dürfen innerhalb des Systems variieren und sollten gezielt eingesetzt werden. Neben dem Einsatz von Genogrammen, Kommunikations- und Verhaltenstraining, Wissenstransfer, Psychoedukation, narrativen und schreibgestützten Methoden, Fragetechniken, Ritualen, Imaginationsübungen, körperorientierter, Erinnerungs-, Biografie- und Ressourcenarbeit, Methapern und Geschichten können gerade in Familien Mediennutzung, Therapiespiele sowie viele kreative, gestalterische Methoden (Malen, Zeichnen, Basteln, Graffiti, Stein- und Tonarbeiten, Musik machen, schreiben oder hören) Mittel sein, um die Themen der Trauer zu bearbeiten und Prozesse selbstwirksam zu gestalten. Zudem kann die Arbeit mit Symbolen (Feder, Regenbogen, Labyrinth, Sanduhr, Rettungsring, Anker, Leuchtturm) ergänzend eingesetzt werden.

Angebote müssen mit Sorgfalt individuell ausgewählt und so gestaltet sein, dass sie dem Entwicklungsstand sowie den Fähigkeiten des Geschwisters oder der Familie entsprechen und nicht überfordern. Darüber hinaus müssen eigene Ideen und Fähigkeiten, die Geschwister in ihrer Trauerarbeit nutzen möchten, unbedingt Anerkennung, Raum und Unterstützung finden. Befassen sich Familien nach dem Tod des Kindes/Geschwisters gemeinschaftlich mit aktiven Möglichkeiten der Trauer- und Ressourcenarbeit, kann das Verständnis im System füreinander gefördert und eine positive Verbundenheit erreicht beziehungsweise gestärkt werden.

Tipp: Berater und Therapeutinnen sind in diesem Kontext aus meiner Sicht aufgefordert, selbstständig und innovativ die eigenen Fähigkeiten und zur Verfügung stehenden Möglichkeiten berücksichtigend, der inhaltlichen Arbeit angepasste und den Bedürfnissen der Klientinnen und Klienten entsprechende methodische Angebote zu machen.

Literaturtipp

Witt-Loers, S. (2020a). Ein Koffer voller Methoden. Wo ist der passende Klient? In: Von der Lust und Last mit den Methoden. Leidfaden – Fachmagazin für Krisen, Leid, Trauer, 9 (3), S. 4–10.

Tipp: Die Einsatzmöglichkeiten der folgenden nach Themen der Trauer sortierten Anregungen für das Einzel- oder Familiensetting überschneiden sich und können flexibel im Kontext anderer Aufgaben genutzt und ausgestaltet werden. Zudem finden sich zu jedem Thema Impulsfragen, die der individuellen Entwicklung entsprechend bedürfnisorientiert angepasst werden sollten und inhaltlich kongruent mit kreativen Gestaltungsangeboten verknüpft werden können. Selbstverständlich müssen die gestalterischen Angebote so konzipiert sein, dass sie zum jeweiligen Geschwister im Einzelsetting oder der Familie passen.

Tipps für trauerthemenübergreifende Spiele für das Einzelsetting (Kinder/Jugendliche) oder die gesamte Familie

Witt-Loers, S. (2022a). Über Tod und Trauer reden. Kindern und Jugendlichen Sterben, Tod und Bestattung erklären. Weinheim: Beltz. (Fotokartenset)

Witt-Loers, S. (2022b). Memo Sterben, Tod und Trauer. Weinheim: Beltz. (Memoryspiel)

Alefeld-Gerges, B., Schäferjohann, I. (o. J.). Das Trauerland-Spiel. Trauern? Erinnern? Leben. Bremen: Manfred Vogt Spieleverlag.
Trauernde Kinder Schleswig-Holstein, Choco-Hopper-Spiel: www.trauernde-kinder-sh.de/Choco-Hopper-Spiel.html.

Hinweise zu kreativen Gestaltideen

(2020). Kreative Gestaltmöglichkeiten. In: Damit die Trauer in Bewegung kommt. Hrsg. vom Bundesverband Verwaiste Eltern und trauernde Geschwister in Deutschland e. V. Leipzig: VEID.
Witt-Loers, S. (2017). Kindertrauergruppen leiten. Ein Handbuch zu Grundlagen und Praxis (veränd. Neuausg.). Göttingen: Vandenhoeck & Ruprecht.
Franz, M. (2021). Tabuthema Trauerarbeit. München: Don Bosco.

Systemische Fragetechniken und die Wunderfrage

Hilfreich bei der Bearbeitung der Traueraufgaben können verschiedene systemische Fragetechniken sein (zirkuläre Fragen, Skalierungsfragen, hypothetische Fragen, Reframing). Meiner Erfahrung nach unterstützt besonders der Einsatz der »Wunderfrage« (de Shazer u. Dolan, 2022), wenn Geschwister und Eltern nicht mehr wissen, wie es weitergehen, wie das Familiensystem überleben soll, und es viele Konflikte in der Familie gibt. Mit dieser Methode können bereits mögliche Lösungsideen des Einzelnen im Beratungsgespräch aufgedeckt und anschließend in Familiensettings weiterentwickelt werden. Wesentlich ist es, dass Geschwister ihre Lösungen vortragen und ihre Gedanken im gemeinsamen Gespräch respektiert werden. Oftmals beinhalten sie pragmatische und hilfreiche Lösungen für bestimmte Probleme. Zudem muss klar sein, dass das Wunder, dass der Verstorbene zurückkommt, ausgeschlossen ist.

Praxisbeispiel: Daria (7 Jahre) hat ihre jüngere Schwester Clara (4 Jahre) plötzlich durch einen Unfall verloren und erzählt in der Begleitung, dass sich ihre Eltern seitdem sehr verändert haben. Sie würde inzwischen eigentlich lieber woanders wohnen und überlegt auszuziehen.

Wunderfrage: »Wenn in der Nacht ein Wunder passieren würde und am Morgen, wenn du aufwachst, wären deine Sorgen weg. Woran würdest du das zuerst merken? Wer noch würde merken, dass ein Wunder geschehen ist? Was könnte man tun, damit das Wunder wirklich passieren kann?«

Daria antwortete auf die Fragen so: »Ein Nachtwunder merke ich sofort. Dann würden nämlich alle wieder zusammen frühstücken und Oma und Opa wären auch da. Die kommen ja nicht mehr zu uns, seit Clara tot ist. Mama und Papa würden das auch merken, weil wir alle wieder zusammen wären, auch ohne Clara. Wir könnten doch Oma und Opa anrufen und sie einladen.«

Literaturtipp

Shazer, S. de, Dolan, Y. (2022). Mehr als ein Wunder. Lösungsfokussierte Kurzzeittherapie heute. Heidelberg: Carl-Auer.

12.2 Überleben

Geschwistern sollte erklärt werden, wie wichtig es ist, gut für die eigene Gesundheit zu sorgen (Ernährung, schlafhygienische Regeln, Körperkontakt, Entspannung, Erholung, Bewegung, Selbstberuhigung). Altersentsprechende Psychoedukation zu Gesundheitsthemen kann interessant gestaltet werden (z. B. das Thema gesunde Ernährung: gemeinsam in der Trauergruppe/Familie kochen) und Geschwister (Familien) motivieren, trotz des erlittenen Verlusts auf sich zu achten. Beim Spielen, in Bewegung und beim Sport können sich Geschwister nach einem Verlust selbstwirksam erleben, unangenehme Gefühle abbauen und sich selbst beruhigen.

Diese oder einfache Achtsamkeitsübungen, die fest im Alltag integriert werden, können Strategien für Geschwister sein, die helfen, intensive, unkontrollierte unangenehme Emotionen zu regulieren. Der regulierte Umgang kann dazu beitragen, Gedanken und Gefühle zu akzeptieren, die mit dem Verlust einhergehen.

Mit besonderen Atemtechniken (z. B. tief einatmen, langsam ausatmen und dabei bis fünf zählen oder schnauben wie ein Pferd und schlürfend einatmen, App: body2brain), Yoga, Qi Gong oder Entspannungsverfahren wie Autogenes Training, Progressive Muskelentspannung können Geschwistern nach dem Verlust den positiven Kontakt zu sich selbst erleichtern, Hilfen zur Selbstberuhigung, Schlafförderung und Regulation von Gefühlen sein. Positive, stärkende Körpergefühle können zudem durch ein Bad, eine Körpermassage oder Fantasiereise oder Meditationen erlebt werden.

Duftsteine, Duftlampen, Riechstifte oder Duftsäckchen (diese können auch selbst hergestellt werden) mit Kräutern: Lavendel, Pfefferminze, Melisse, Rosmarin, Thymian und können unterstützend zur Beruhigung, Schlafförderung oder Stärkung eingesetzt werden. Selbsthergestellte Traumfänger oder Schreibübungen dienen der Entlastung bei Schlafstörungen.

Weitere gestalterische Möglichkeiten wären lösungs- und ressourcenorientierte Angebote, die das Überleben des Einzelnen und des Systems unterstützen, beispielsweise können Geschwister (und Eltern) in einen (vorgezeichneten) (Notfall-)Koffer oder Rettungsring malen oder schreiben, was sie sich wünschen, um die aktuelle Situation bestmöglich zu überstehen (z. B. jemand soll Essen kochen, kuscheln mit Mama), und auch, was sie bereits in diesem Koffer haben. Ein Austausch im Familiensystem hierzu ist hilfreich. Zudem kann zum Beispiel von einem (vorgezeichneten) Heißluftballon mit Korb eingezeichnet werden, was nicht gebraucht wird und welcher Ballast abgeworfen werden soll.

Praxisbeispiel: Lavinia (8 Jahre) malt ihre Lehrerin als Ballast, der weg soll. Auf die Frage, warum, antwortet sie, weil die gesagt habe, dass ihr Vater auch tot sei und ich nicht so traurig sein solle. Lavinia wollte deshalb nicht mehr in die Schule gehen. Ein klärendes Gespräch mit der Lehrerin, die nur zugewandt sein wollte, konnte zu gegenseitigem Verständnis beitragen.

Impulsfragen

- Wie kann dein Leben weitergehen?
- Was hat dir bisher geholfen? Was tut dir gut? Wie hast du frühere schwere Zeiten überstanden? Was macht dich stark?
- Wie geht es deinem Körper? Was tut deinem Körper gut, was nicht? Was kannst du tun, um gesund zu bleiben?
- Was gibt dir Mut? Wo fühlst du dich sicher? Was gibt dir Sicherheit?
- Wie kannst du zur Ruhe finden? Was machst du, wenn du aufgeregt bist?
- Was machst du, wenn du nicht schlafen kannst? Was hilft gegen schlechte Träume?
- Wer ist an deiner Seite? Wer liebt dich, so wie du bist?

- Um wen machst du dir Sorgen? Was macht dir Sorgen?
- Wer ist dein Vorbild? Welches könnte dein Krafttier sein und warum?

12.3 Die Realität begreifen und verstehen

Der persönliche Abschied vom sterbenden/verstorbenen Geschwister sowie die Trauerfeier unterstützen die Bearbeitung dieser Traueraufgabe unter der Voraussetzung, dass Geschwister behutsam, entwicklungsentsprechend und bedürfnisorientiert vorbereitet und begleitet werden. Dazu gehören sachliche Informationen, die im Nachhinein reflektiert, vertieft und der fortschreitenden Entwicklung entsprechend immer wieder neu aufbereitet und vermittelt werden sollten.

War ein Abschied nicht möglich, sollten Geschwister im Nachhinein mit Wissen versorgt werden, sodass sie sachlich richtige Zusammenhänge herstellen können und eine tröstliche Integration ermöglicht wird. Auch hier gilt die Prämisse der fortschreitenden Anpassung an die emotionale und kognitive Entwicklung.

Wissenstransfer und Psychoedukation unterstützen dabei, ein realistisches Bild zu Krankheit, Sterben, Tod und Trauer zu entwickeln, um das Geschehen zu verstehen, einzuordnen und heilsam in die eigene Biografie integrieren zu können. Zu den Inhalten (Sterben, Tod, Bestattung, Jenseitsvorstellungen) gibt es inzwischen für jedes Alter erklärende Literatur, Spiele oder Kurzfilme. Hilfreich kann zudem ein Besuch bei einem Bestatter, auf dem Friedhof sein oder, je nach Alter und Erleben, ein begleitetes Gespräch mit einem Arzt oder der Polizei.

Tipp: Wesentlich ist es, eine von Vertrauen und Ehrlichkeit geprägte Atmosphäre zu schaffen, in der Geschwister, Kinder wie Jugendliche, ermutigt werden, ihre Fragen zu stellen und in der sie zugleich Sicherheit und Hoffnung spüren können. Insgesamt sollte der Wissenstransfer in das gesamte Familiensystem erfolgen. Wichtig ist es zudem, kulturelle und religiöse Hintergründe des Geschwisters, der Familie zu beachten, zu respektieren und sich gegebenenfalls fortzubilden, um angemessen und hilfreich zu begleiten.

Film- und Spieletipps

www.sarggeschichten.de (Sarggeschichten für Kinder und Jugendliche)
www.planet-schule.de (Knietzsche-Filme für Kinder zu vielen Themen rund um Sterben, Tod und Trauer, z. B. »Hallo Tod! Was kommt, das geht!«, »Die letzte Reise«, »Was kommt danach?«, »Knietzsche und die Trauer«)
Witt-Loers, S. (2022b). Memo Sterben, Tod und Trauer. Weinheim: Beltz. (Memoryspiel)
Witt-Loers, S. (2022a). Über Tod und Trauer reden. Kindern und Jugendlichen Sterben, Tod und Bestattung erklären. Weinheim: Beltz. (Fotokartenset)

Jüngere Geschwister

Jüngeren Kindern können die Themen »Veränderung«, »Wachsen«, »Werden« und »Vergehen« an Beispielen aus der Natur (Wechsel der Jahreszeiten, Entwicklung und Sterben von Tieren und Pflanzen, Raupe und Schmetterling, Wasserlarve und Libelle) und anhand von Fotos (Baby, Kind, Jugendlicher, Erwachsener, älterer Mensch) erklärt werden. Entsprechende Textimpulse können zusätzlich eingesetzt werden. Den Puls zu fühlen oder mit dem Stethoskop das Herz abzuhören, kann den Unterschied zwischen tot und lebendig praktisch vermitteln.

Ältere Geschwister

Jugendlichen Geschwistern wie Erwachsenen fehlen zum Themenkomplex ebenfalls häufig wertvolle Informationen, die entlastend wirken können (Leichenschau vor der Kremation, Schmuckurne, Schamottstein, Aschekapsel, Kleidung im Sarg aussuchen dürfen, Merkmale des Todes). Neben dem Fotokartenset (Witt-Loers, 2022a) können Kurzfilme als Impuls hilfreich sein.

Film- und Literaturtipp

Medienprojekt Wuppertal bietet verschiedene Filme/Streams zum Themenkomplex, z. B. »Junge Menschen begegnen sterbenden Menschen«.
Grau, M. (2018). Bruderherz: Ich hätte dir so gern die ganze Welt gezeigt. Berlin: Eden Books.

Impulsfragen

- Was weißt du vom Sterben? Was bedeutet tot sein? Woher weiß man, ob jemand tot ist? Wer stellt den Tod fest? Was passiert mit Menschen, die gerade gestorben sind?

- Warum sterben Menschen?
- Was ist ein Bestatter und was macht er? Was ist eine Erd- und was eine Feuerbestattung? Was ist ein Krematorium? Wie sieht ein Sarg von innen aus?
- Konntest du dich von deinem Geschwister verabschieden? Was hättest du dir zum Abschied von deiner Schwester, deinem Bruder gewünscht?
- Wann und wo hast du vom Tod deines Geschwisters erfahren? Wer hat dir vom Tod deines Geschwisters erzählt? Was ist dann passiert? Was hättest du noch gern gesagt (mitgegeben)?
- Welche Fragen hast du? Wem kannst du heikle, peinliche Fragen stellen?
- Wem vertraust du? Was würdest du gern verstehen? Was macht dir Angst?
- Was hättest du noch gern mit deiner Schwester, deinem Bruder gemacht? Was wünschst du deiner Schwester, deinem Bruder? Was verzeihst du deinem Geschwister? Was tut dir leid?
- Wer weiß, dass deine Schwester, dein Bruder tot ist?

12.4 Gefühle und Gedanken wahrnehmen und ausdrücken

Zunächst ist es wesentlich, dass Gefühle identifiziert werden können. Je nach Entwicklungsstand müssen Geschwister hier zunächst ein Verstehen und Verbalisieren entwickeln.

Unterstützend können Spiele sein, die diesen Prozess fördern:

Spiele-Tipps

Vogt, M., Vogt-Sitzler, F. (o. J.). Das GefühlsMix-Spiel. Das Spiel zum Umgang mit Emotionen und ambivalenten Gefühlen. Bremen: Manfred Vogt Spieleverlag.

Vogt, M., Vogt-Sitzler, F. (o. J.). Das Land-der-Gefühle-Spiel. Gefühle erkennen und benennen. Bremen: Manfred Vogt Spieleverlag.

Botved, A., Gräßer, M., Hovermann, E. (2016). Gefühle benennen mit Kindern und Jugendlichen. Kartenset mit 120 Bildkarten. Weinheim: Beltz.

Gully, A., Schwendemann, N. (2021). Traurig, wütend oder froh? Denk- und Legespiele zu Gefühlen für Kinder von 3 bis 6. München: Don Bosco.

Gefühle benennen, identifizieren und ausdrücken

Der Einsatz von Material, das dazu anregt, Gefühle zu benennen, eigene zu identifizieren und auszudrücken, kann die Bearbeitung dieser Traueraufgabe unterstützen. Es eignen sich Foto- und Bildkarten zum Thema Gefühle und/oder kurze altersentsprechende Texte oder Filme. Eine ressourcenorientierte Sicht sollte eröffnet werden, beispielsweise indem leichte, angenehme Gedanken und Gefühle im Trauerprozess sichtbar gemacht und die innere Zustimmung, sie leben zu dürfen, gefunden werden kann. Gefühle und Gedanken können zudem Ausdruck und Raum im Schreiben eines Tagebuchs oder in Gefühlsprotokollen finden (negative wie positive Gedanken, Gefühle und Ereignisse »protokolliert« mit einfachen täglichen Emojis können sichtbar machen, dass es in der schweren Situation auch »gute Zeiten« gibt) oder indem der eigene Körperumriss gemalt und dort Gefühle eingezeichnet werden. Stolpersteine im Trauerprozess können so eher erkannt, Ressourcen gezielt gestärkt und kognitive Umstrukturierungen von belastenden Gedanken oder schwierig empfundenen Situationen vorgenommen werden.

Imaginationsübungen

Die Anwendung von Imaginationsübungen beispielsweise nach Luise Reddemann (2016) mit der Entwicklung positiver Bilder (z. B. ein innerer sicherer Ort, eine tröstliche Jenseitsvorstellung für den Verstorbenen) kann belastende Bilder und Vorstellungen sozusagen »überschreiben«. Immer wiederkehrende Ängste können bearbeitet werden. Ergänzt werden können solche Imaginationen mit haptischen, symbolischen Hilfen (z. B. einem kleinen Rettungsring, einem Kraftstein oder stärkenden Hosentaschenkarten).

Literaturtipps

Reddemann, L. (2016). Imagination als heilsame Kraft. Ressourcen und Mitgefühl in der Behandlung von Traumafolgen. Stuttgart: Klett-Cotta.

Literatur von Claudia Croos-Müller sowie die kostenfreie App body2brain.

Emotionen ausdrücken

Weitere Möglichkeiten, um Gefühlen und Gedanken Ausdruck zu verleihen, können sein: Skala für die Intensität der Trauer, Skala für unterschiedliche Gefühle (https://www.mvsv.de/das-zahlenskalen-malbuch-das-figurenbilder-malbuch), eine Gefühlsuhr (Topfuntersetzer aus Kork mit selbstgestalteten Emojis und Zeigern), Gefühlsraupe aus Papier, bei der jedes Glied mit einer Emotion belegt wird, Masken bemalen (wo/wem kann ich meine Gefühle offen zeigen, wo/vor wem möchte ich sie verbergen?), Sorgenfresser oder Gefühle mit Emojis legen (deutlich machen, wie viele verschiedene Gefühle erlebt werden). Zudem können das Gestalten eines Sorgen- oder Wünschebaums, ein selbstgemachter Knet-/Gefühlsball mit Mehl, Papierschiffchen oder eine Flaschenpost mit Botschaften eingesetzt werden. Sockenbomben an die Wand werfen, Trommeln oder ein individuell gestalteter Lastenstein können helfen, intensive, unangenehme Gefühle auszudrücken. Mit der »Stopp-Übung« kann Geschwistern eine Hilfe zur Unterbrechung von Grübelschleifen gegeben werden.

Impulsfragen

- Welche unangenehmen/angenehmen Gefühle kennst du? Welche unangenehmen/angenehme Gefühle hast du schon erlebt?
- Wie gehst du mit unangenehmen Gefühlen um?
- Was beunruhigt/beruhigt dich? Was macht dir Angst?
- Was macht dich fröhlich? Worauf freust du dich? Was tröstet dich?
- Wofür schämst du dich? Wofür fühlst du dich schuldig?
- Was macht dich wütend?
- Wann musst du weinen? Was macht dich traurig?
- Wo, wie und bei wem fühlst du dich beschützt?
- Was wünschst du dir für deine Zukunft?
- Was gibt dir Kraft?
- Auf wen oder was bist du neidisch?
- Wer trauert um dein Geschwister?
- Woher weißt du, dass jemand trauert? Wie trauerst du? Ist die Trauer immer gleich?

12.5 Anpassung und Neuorientierung

Hilfreich kann sein, deutlich zu machen, dass Veränderungsprozesse zu unserem Leben gehören (z. B. in der Natur). Wesentlich ist es, Hilfreiches und Nichthilfreiches in diesem Prozess zu identifizieren und ressourcenorientiert zu stärken. Insgesamt sollten Ziele, die in Anpassungsprozessen angestrebt werden, realistisch sein, damit es nicht zu Überforderung kommt.

Biografie- und die Arbeit mit Symbolen sowie gestalterische Methoden können Anpassungsprozesse beispielsweise mit einem Genogramm, einem Familienstammbaum, dem Malen oder Gestalten der Lebenslinie/des Lebenswegs, eines Kaleidoskops, eines Schmetterlings oder gewählter Symbole, die mit Rückblick auf positive wie negative Erlebnisse gelegt werden, unterstützen. Kognitives Verhaltenstraining kann zum Einsatz kommen in Situationen, die als belastend oder beängstigend empfunden werden (z. B. am Unfallort vorbeikommen, Verlustängste, eigene Todesangst). Zudem sollten systemische Fragetechniken genutzt werden.

Impulsfragen

- Wer bin ich?
- Wer gehört zu meiner Familie?
- Was/wer (Zuhause, Familie, Freunde, Kita, Schule) hat sich seit dem Tod des Geschwisters verändert?
- Wie hast du dich seit dem Tod verändert? Wo fühlst du dich erleichtert? Was ist schwerer für dich? Was musst du lernen?
- Wo/wann vermisst du dein Geschwister besonders? Was war seit dem Tod besonders schwer ohne deinen Bruder, deine Schwester?
- Wer hat welche Aufgaben in der Familie?
- Was wünschst du dir für deine und die Zukunft deiner Familie?
- Hast du einen Freund, eine Freundin? Versteht er/sie dich?
- Wer könnte dir helfen? Was könnte(n) der Mensch/die Menschen tun (Familie, Freunde, Kita, Schule)?
- Was vermeidest du?

12.6 Neuer Platz, Beziehung und Erinnerung gestalten

Die Traueraufgabe des »Neuen Platzes« (Jenseitsvorstellungen) und Beziehungsgestaltung zum Gestorbenen können Ausdruck finden im Malen, Erzählen und Gestalten, zum Beispiel Bemalen von weißen Grablichtern (mit Eddingstiften oder Acrylfarbe, eventuell mit Schnüren und Schmucksteinen verziert oder mit Serviettentechnik),

Kerzen, Betonherzen oder Fotorahmen, das Nähen von Kissen, Schlüsselanhängern oder Kuscheltieren aus Kleidungsstücken des Verstorbenen, das Gestalten eines Kerzenglases, eines Erinnerungslichts mit Knöpfen von Kleidungsstücken, einer Erinnerungstruhe, einer Erinnerungscollage, eines Erinnerungsbuchs, Fotoalbums, des Namens des Geschwisters (aus verschiedenen Materialien möglich), von Fußspuren, eine Gedenkfeier veranstalten oder einen Baum für das gestorbene Geschwister pflanzen, Seifenblasen oder Luftballons steigen lassen. Das Drehen von Kurzfilmen, die Gestaltung einer Gedenkseite, das Schreiben eines Songtexts, eines Gedichts, das Anfertigen von Erinnerungsschmuck können ebenfalls Möglichkeiten sein, diese Aufgabe aktiv zu bearbeiten. Textimpulse oder Kurzfilme sind auch hier hilfreich, um in den Austausch zu kommen.

Impulsfragen

- Welche Erinnerungen (schöne, traurige, beängstigende) hast du an deinen Bruder, deine Schwester?
- Mit wem (in und außerhalb der Familie) kannst du über dein Geschwister sprechen? Wer kann und möchte dir von deinem Geschwister erzählen?
- Welche Erinnerungsgegenstände hast du von deinem Geschwister? Wo gibt es zu Hause Erinnerungsecken/Fotos? Gefallen dir diese Erinnerungsorte? Darfst du etwas dazu beitragen? Was würdest du gern verändern?
- Wie fühlst du dich beim Besuch am Grab?
- Was macht dir Sorgen?
- Wer trauert wie?
- Was hat/hätte dein Geschwister sich für sein Leben gewünscht? Was hätte dein Geschwister dir gewünscht?
- Was hat dir an deinem Bruder, deiner Schwester gefallen? Was hast du nicht gemocht?
- Wie sah dein Bruder, deine Schwester aus? Was hat dein Geschwister gern gemacht? Habt ihr Sachen zusammen machen können, wenn ja, was? Was konnte dein Geschwister besonders gut und was nicht?
- Was war das Lieblingsessen deines Geschwisters?

- Hast du Angst vor dem Sterben, dem Tod? Hast du Angst, dass noch jemand sterben könnte?
- Was denkst du, wo dein Bruder, deine Schwester jetzt ist? Geht es deinem Geschwister gut? Wie stellst du es dir nach dem Tod vor? Was glauben die anderen? Wie kann dein Geschwister weiter bei dir sein? Wo spürst du angenehme/unangenehme Nähe? Was macht dir Angst? Hast du Sorge um dein gestorbenes Geschwister?

12.7 Ressourcenarbeit

Aktive Ressourcenarbeit, um vorhandene und mögliche Ressourcen sichtbar zu machen und zu aktivieren, kann das Gestalten oder Ausmalen eines Rettungsrings, Leuchtturms, Ankers, das Zubereiten eines Energiekuchens, einer Kraftbrühe, das Gestalten von Kraftsteinen, Kratzbildern oder Lichtern unterschiedlichster Form sein. Die Arbeit mit Impulskarten, die stärkende Botschaften beinhalten (»Ich sorge gut für mich«, »Ich tue Dinge, die mir gut tun«, »Ich umgebe mich mit Menschen, die ich mag und die mich mögen«), haben sich in der praktischen Arbeit ebenfalls bewährt.

Materialtipp

Völkner, B. (2020). Lebenskarten, die Mut machen. www.lebenskarten.de

Impulsfragen

- Was machst du gern? Würde dein Verstorbener sich freuen, wenn du es dir gutgehen lässt? Was würde er/sie sagen?
- Wofür bist du dankbar? Was gibt dir Kraft? Was tut dir gut? Was kannst du gut? Was schenkt dir Trost/Zuversicht?
- Was macht dir Mut? Was/wer macht dich stark? Welches könnte dein Krafttier sein? Welche Helfer würdest du dir wünschen (Fee, Zauberer, Held)?
- Was ist Hoffnung?
- Wo fühlst du dich glücklich? Welche Gedanken machen dich froh?

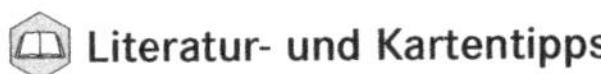

Literatur- und Kartentipps

Caby, F., Caby, A. (2017a). Die kleine psychotherapeutische Schatzkiste. Teil 1. Dortmund: Borgmann Media.

Caby, F., Caby, A. (2017b). Die kleine psychotherapeutische Schatzkiste. Teil 2. Dortmund: Borgmann Media.

Scholz, F. P. (2020). Ich bin gut zu mir! Selbstfürsorge-Schatzkiste für Kinder und Jugendliche. 120 Karten mit 20-seitigem Booklet. Weinheim: Beltz.

12.8 Lebenssinn und Zukunftsperspektiven

Diese Thematik im Trauerprozess kann in der Auseinandersetzung und im Austausch durch Gespräche sowie Text-, Musik- und Filmimpulse angeregt werden.

Impulsfragen

- Was wünschst du dir für dein Leben? Was wird besser werden in deiner Zukunft? Möchtest du Kinder, eine Familie? Was möchtest du einmal werden?
- Kann es ein schönes Leben geben ohne deinen Bruder, deine Schwester?
- Wer/was ist das Wichtigste im Leben? Woran sollten die Menschen mehr denken? Was sollten sie tun, was eher nicht?

13 Exkurs: Deutscher Kinderhospizverein – Selbsthilfe als Unterstützung für erwachsene Geschwister in der Kinder- und Jugendhospizarbeit

Sandra Schopen

Sandra Schopen, Diplom-Sozialpädagogin, war von 2006 bis 2021 im Deutschen Kinderhospizverein e. V. tätig und nach dem Aufbau des Ambulanten Kinder- und Jugendhospizdiensts Köln in der bundesweiten Beratung für ambulante Kinder- und Jugendhospizangebote. Von 2016 bis 2021 war sie Ansprechpartnerin für Geschwister im Deutschen Kinderhospizverein e. V.

Geschwister, deren Bruder oder Schwester lebensverkürzend erkrankt oder gestorben ist, werden in unterschiedlichen Kontexten der Kinder- und Jugendhospizarbeit begleitet: in stationären und ambulanten Kinder- und Jugendhospizangeboten, in Seminaren, Ferienbegegnungen, Geschwistergruppen und durch übergeordnete Stellen wie der Ansprechpartnerin für Geschwister im Deutschen Kinderhospizverein e. V. Hierbei rücken erwachsene Geschwister zunehmend in den Fokus, nachdem der Blick lange ausschließlich auf die jüngeren Geschwister gerichtet war. Es gibt Geschwister, die viele Jahre an Seminaren teilgenommen haben und der Kinder- und Jugendhospizarbeit verbunden bleiben wollen. Ebenso gibt es Geschwister, die (erstmalig) im Erwachsenenalter den Bedarf nach Austausch und/oder Unterstützung auf ihrem Lebensweg spüren und sich an die Kinder- und Jugendhospizarbeit wenden. In beiden Fällen wird deutlich, dass Schwester oder Bruder eines jungen Menschen mit lebensverkürzender Erkrankung zu sein, prägend für das ganze Leben sein kann. »[Geschwisterbeziehung] lässt sich ein Leben lang nicht lösen […]. Geschwister laufen in unserem Leben mit, ob wir es wollen oder nicht. Sie bleiben Bestandteil unserer Identität« (Sitzler, 2014, S. 15).

Daraus folgt, dass Angebote für erwachsene Geschwister initiiert, begleitet und etabliert werden. Der Deutsche Kinderhospizverein e. V. ist aus der Selbsthilfe entstanden und hält bis heute an deren Grundprinzipien fest. Diese werden im Folgenden erläutert und anschließend ein konkretes Beispiel mit Blick auf die Begleitung erwachsener Geschwister vorgestellt, in der Selbsthilfe eine zentrale Rolle gespielt hat.

Der Deutsche Kinderhospizverein e. V. hat ein handlungsleitendes Modell von Selbsthilfe entwickelt: das »Selbsthilfequadrat« mit seinen vier Grundprinzipien Kompetenz, Selbstbefähigung, Gemeinschaft und Partizipation (Globisch u. Hillmann, in Vorb.). Diese geben eine gute Orientierung. Denn auch für erwachsene Geschwister gilt, dass sie sich Neues aneignen und dazulernen möchten, Gemeinschaft erleben, Teilhabe wünschen sowie an Prozessen und Entscheidungen mitwirken wollen. Diese Grundhaltung in der Begleitung von Geschwistern führt dazu, dass Geschwister gestärkt, Potenziale freigelegt und Erfahrungen ermöglicht werden, die zu einem höheren Maß an Autonomie und Selbstbestimmung führen. Konkret heißt dies mit Blick auf die Angebote für erwachsene Geschwister:

- Wir wollen die *Kompetenzen* der Geschwister z. B. in den Bereichen Wissen, Fertigkeiten und sozialen Fähigkeiten wahrnehmen, benennen und nutzen.
- Wir wollen die *Selbstbefähigung* der Geschwister stärken, indem wir ihnen ermöglichen, ihr Wissen, ihre Fertigkeiten und Fähigkeiten zu erweitern, sodass sie in ihren Handlungsmöglichkeiten gestärkt werden.
- Wir wollen die *Gemeinschaft* der Geschwister fördern, damit sie erfahren, dass sie nicht allein sind, Solidarität erleben, sich gegenseitig stärken können.
- Wir wollen durch die *Partizipation* der Geschwister eine Teilhabe im Sinne des Mitgestaltens und Mitbestimmens ermöglichen.

Es ist unsere Verantwortung in der Kinder- und Jugendhospizarbeit, einen Rahmen zu schaffen, in dem die Geschwister Autonomie und Selbstbestimmung erhalten beziehungsweise diese erlangen.

Annika (19 Jahre) formuliert es so: »Die Selbsthilfe hat mir extrem geholfen. Ich habe mich verstanden und wohlgefühlt in einem Umfeld von Gleichgesinnten. Über meine Gedanken zu reden und anderen mit meinen eigenen Erfahrungen zu helfen, gibt mir viel Kraft und Selbstvertrauen.« Um dies zu ermöglichen, ist es notwendig, Prozesse kontinuierlich und gemeinsam mit den Geschwistern zu reflektieren, anzupassen und zu verändern.

Erst durch diese Reflexion sind konkrete Angebote für erwachsene Geschwister entstanden, denn dies war ihr Wunsch: mehr Angebote. Ein Beispiel hierfür soll nun konkret vorgestellt werden.

Erwachsene Geschwister haben, gemeinsam mit der Ansprechpartnerin für Geschwister, zu einer Tagesveranstaltung für erwachsene Geschwister eingeladen. Ziel dieser Veranstaltung war es, die Themen, Wünsche und Bedürfnisse der erwachsenen Geschwister zu sammeln, um daraus weitere Handlungsschritte für den Deutschen Kinderhospizverein e. V. abzuleiten. Ein konkreter Handlungsauftrag war die Planung eines Wochenendes für erwachsene Geschwister, das gemeinsam mit Geschwistern geplant, durchgeführt und reflektiert wurde. In die Planungen wurden Themenwünsche vieler erwachsener Geschwister eingebracht und daraus entstand der Titel »Gestern – Heute – Morgen«, der methodisch verknüpft wurde mit maritimen Bildern, da die Veranstaltung in der Hansestadt Bremen stattfand. Die Geschwister haben sich in verschiedenen Einzel- und Gruppenarbeiten unter anderem zu verschiedenen Fragen ausgetauscht. Entsprechend den Ausführungen zur Selbsthilfe folgend, haben sie diese Fragestellungen selbst erarbeitet:

Gestern:

- An welchen Punkten änderte sich der Kurs in meinem Leben (Wendepunkte)?
- Durch was oder wen änderte sich der Kurs?
- Wer oder was war mein Anker/Heimathafen?
- Hatte ich auch mal das Kommando?
- Bin ich auch mal vom Kurs abgekommen? Oder habe ich nur einen spannenden Umweg genommen?

Heute:

- Gibt es etwas, das ich heute anders bewerte als gestern?
- Wo stehe ich? Bin ich der Kapitän?
- Wer oder was ist mein Anker/Heimathafen?
- Wer bestimmt die Fahrtrichtung heute?

- Wer sind die Menschen, die mit mir fahren (mir wichtig sind)?
- Wie erlebe ich die Auswirkung meines Bruders/meiner Schwester auf mein Leben? Als Motor, Rückenwind, Flaute oder Ballast?

Morgen:
- Wohin soll mich mein Kurs führen und in welchen Hafen möchte ich einlaufen?
- Was ist mein aktueller Fixpunkt (Ziel)?
- Wie begleitet mich mein (ggf. verstorbenes) Geschwister in die Zukunft?

Die Fragen und die damit verbundene Auseinandersetzung zeigen deutlich, dass die Schaffung eines expliziten Angebots für erwachsene Geschwister notwendig und sinnvoll war. Insbesondere die Reflexion und der Austausch zu dem Punkt »Gestern« zeigte, dass Biografiearbeit, die Rückschau auf das eigene Leben im erwachsenen Alter, andere Aspekte mit sich bringt als im jugendlichen. So haben sich Geschwister Gedanken dazu gemacht, was sie als Kind und Jugendliche in ihrem Alltag als »normal« empfunden haben und heute im Rückblick anders einordnen, was in folgenden Zitaten vom Wochenende oder von Begegnungen zuvor deutlich wird:

- Annika (19 Jahre): »Aus meinem Berufsleben halte ich meine Schwester größtenteils raus. Meine Kollegen wissen zwar davon, sehen mich aber mehr als Einzelkind. Ich möchte das für mich selbst trennen.«
- Lena (24 Jahre): »Ich hielt das Gleichgewicht, indem ich von meinen Gedanken oder Problemen nichts erzählte, wenn ich merkte, die Waage der anderen könnte dadurch ins Wanken geraten oder ich lade mir Probleme von anderen auf, damit die Last sich besser verteilt. Wenn ich dann einen ruhigen Moment für mich habe, merke ich, dass meine eigene Waage nicht im Gleichgewicht steht, ich nicht gut genug auf mich aufgepasst und zu viel Verantwortung übernommen habe.«
- Tabea (18 Jahre): »Und es war schon immer so, keine Ahnung warum, dass ich dann die Mamarolle übernommen hab, automatisch, und das wurde immer schwieriger, je älter ich wurde. Dann kommt

man in die Pubertät und will sich eigentlich zurückziehen, aber man weiß, man muss helfen.«
- Sascha (45 Jahre): »Etwa 30 Jahre später musste ich feststellen, dass meine Einschätzung, meine Geschwistersituation sei eine reine Bereicherung gewesen und hätte ausschließlich positiv zu meiner Entwicklung beigetragen, ins Wanken geriet.«

Auch der Aspekt »Morgen« wurde unter diversen Gesichtspunkten betrachtet. So standen hier unter anderem die eigene Berufsplanung, die Wohnortwahl und die damit verbundene Entfernung zum elterlichen Haus, die Verantwortung der Schwester beziehungsweise dem Bruder und den Eltern gegenüber sowie die eigene Familienplanung im Mittelpunkt. Folgende Zitate geben einen Einblick:

- Sarah (23 Jahre): »Aufgrund der Erfahrungen mit meiner Schwester bin ich Ergotherapeutin geworden.«
- Luisa (23 Jahre): »Nach meinem Abitur stand gar nicht zur Debatte, ins Ausland zu gehen.«
- Daniel (34 Jahre) mit Blick auf die eigene Familienplanung: »[...] von purer Angst davor, dass es der Kleinen nicht gut gehen könnte, hin zur Gewissheit, dass sie unser Leben und das anderer in jedem noch so schwierigen Fall bereichern würde.«
- Patrick (27 Jahre): »Muss das irgendwas in meinem Leben verändern? Nein, das verpflichtet mich jetzt zu gar nichts, außer zur Wertschätzung dessen, was ich erhalten habe. Und so lange, wie ich das tue, sehe ich überhaupt keinen Grund zu sagen: ›Ich muss mein Leben umkrempeln‹.«

Diese konkreten Beispiele zeigen, dass es Ziel sein muss, »der Selbsthilfe, der Beteiligung von Betroffenen selbst, dem Respekt von Kompetenzen und Erfahrungswissen der Familien Raum und Entfaltungsmöglichkeiten zu geben« (Globisch u. Hillmann, in Vorb.).

Der Deutsche Kinderhospizverein e. V. schafft diesen Raum in Form vielfältiger Angebote, in denen Geschwister anhand der vier wichtigen Grundprinzipien der Selbsthilfe Autonomie, Ressourcen und Selbstbestimmung erhalten beziehungsweise erlangen können. »Wir möchten uns zu den Themen austauschen, die wir als Geschwister haben, und brauchen dazu Begleitung, denn sonst kämen wir nicht zu einem so intensiven Austausch, der für mich aber sehr wichtig ist« (Patrick, 24 Jahre). Geschwister können sich über Angebote des Vereins und Möglichkeiten des Austauschs sowie der Mitgestaltung auf den Seiten des Vereins informieren. Dort findet sich unter anderem ein Video von Geschwistern, die sich interessierten Geschwistern vorstellen und zu einem Mitwirken sowie Mitmachen einladen (https://www.deutscher-kinderhospizverein.de/wie-wir-unterstuetzen/ansprechpartnerinnen/ansprechpartnerin-fuer-geschwister/).

14 Hinweise und Adressen

14.1 Hinweise für Therapeuten und Fachberater

Knüpfen Sie unbedingt Kontakt zu anderen unterstützenden Systemen und bauen Sie Kooperationen auf zu Kriseninterventionsteams, Sozialpsychiatrischen Diensten, Hospizdiensten, Notfallseelsorgern, Trauerberatungsstellen, Jugendämtern, dem Kinderschutzbund, Bestattungsinstituten und Opferschutzstellen der Polizei.

Fachstellen Trauer:

www.bv-trauerbegleitung.de (Bundesverband Trauerbegleitung; qualifizierte Trauerbegleiter und -begleiterinnen und Möglichkeiten zur Weiterbildung)
www.trauerforschung.de (aktuelle Themen und Erkenntnisse der internationalen Trauerforschung)

14.2 Hinweise für betroffene Eltern und Geschwister

Telefonseelsorge Deutschland, www.telefonseelsorge.de, Tel. 0800 1110111 oder 0800 1110222
Kinder- und Jugendtelefon »Nummer gegen Kummer«,
www.nummergegenkummer.de, Tel. 0800 1110333
Telefonseelsorge Österreich, www.telefonseelsorge.at, Tel. 142
Psychiatrische Soforthilfe, www.psd-wien.at, Tel. 01-31330
Telefonseelsorge Schweiz: www.143.ch, Tel. 143
Telefonseelsorge Luxemburg, SOS détresse, Tel. 352-454545,
Kanner-Jugendtelefon KJT, Tel. 352-116111
Telefonseelsorge für Muslime: www.mutes.de, 030-443509821

Internetadressen für Geschwister:

https://geschwisternetzwerk.de
www.stiftung-familienbande.de
www.trauernde-geschwister.org
www.veid.de (Bundesverband Verwaiste Eltern und trauernde Geschwister in Deutschland e. V.)

www.deutscher-kinderhospizverein.de, geschwister@deutscherkinderhospizvein.de,
www.berliner-geschwister.de
www.young-carer-hilfe.de
www.youngwings.de
www.young-supporters.com
www.pausentaste.de (Portal für *young carer*)

Trauerchats für Jugendliche und junge Erwachsene:

www.allesistanders.de (Chatroom für trauernde Jugendliche)
www.doch-etwas-bleibt.de (Chatroom für trauernde Jugendliche)
www.klartext-trauer.de (Chatroom für trauernde Jugendliche)
www.da-sein.de (bundesweite Jugend-Onlineberatung zu Abschied, Tod, Trauer)
www.trauerwee.lu

Beratungschats:

www.bke.de (Beratung für Kinder, Jugendliche und Eltern, auch online)
www.youth-life-line.de
www.krisenchat.de
www.jugendnotmail.de
www.kummernetz.de

Suizidberatung und Prävention:

www.leuchtturm-on.de (Onlineberatung für Kinder und Jugendliche die einen Angehörigen durch Suizid verloren haben)
www.frnd.de
www.u25-deutschland.de
www.agus-selbsthilfe.de (wichtige Adresse bei Suizid)
www.tabusuizid.de
www.ak-leben.de (Hilfe bei Lebenskrisen und Selbsttötungsgefahr)
www.Psychiatrie.de (Forum und Information zu Psychiatrie, Krankheitsverläufen, Hilfsmöglichkeiten)
https://www.suizidpraevention.de
www.telefonseelsorge.de/krisenkompass (hilfreiche App)
https://www.drk.de/hilfe-in-deutschland/bevoelkerungsschutz/psychosoziale-notfallversorgung/

Gewaltsamer Tod:

www.anuas.de (Bundesverband Anuas e. V., für Angehörige von gewaltsamen Tötungen, zweifelhaften Suiziden, Vermisstenfälle, Täterangehörige), Anuas Sorgentelefon: 030-25 04 51 51

Für Eltern:

www.dellanima.de (Trauerbegleitung für Kinder, Jugendliche, Erwachsene, Fortbildungen, Vorträge)
www.bestatter.de (Informationen zum Thema Bestattungen und Trauer)
www.betanet.de (Informationen zu Krankheiten, Sozialem und Recht)
www.bke.de (Beratung für Kinder, Jugendliche und Eltern, auch online)
www.veid.de (Bundesverband Verwaiste Eltern und trauernde Geschwister in Deutschland e. V., weitere Links findet man dort)
www.gute-Trauer.de
www.familienhandbuch.de
www.notfallpaedagogik.de
www.kindergartenpaedagogik.de
www.leben-ohne-dich.de (Forum für verwaiste Eltern)
www.tannheim.de (Nachsorgeklinik)
www.sternenkind-und-eltern.de (für Eltern, die ihr Kind früh verloren haben)
www.muschel.net (für Eltern, die ihr Baby durch Fehlgeburt, Totgeburt, Frühgeburt oder Schwangerschaftsabbruch verloren haben)

Unter den Stichworten »Sternen-« oder »Schmetterlingskinder« gibt es inzwischen in fast allen Bundesländern hilfreiche Angebote verschiedener Vereine und Organisationen für Eltern und Geschwister von Sternenkindern.

www.hilfe-fuer-kinder-krebskranker.de (Forum für Eltern krebskranker Kinder)
www.kinderkrebsstiftung.de
www.deutscher-kinderhospizverein.de
www.dhpv.de (Deutscher Hospiz und PalliativVerband e. V.)

15 Literatur

Arnold, J., Feist-Ortmanns, M. (2020). Resilienzförderung in der Beratung von psychisch belasteten Kindern, Jugendlichen und Eltern. LAG Journal (2), S. 4–9.

Beerwerth, K. (2014). Kinder erleben den Tod eines Geschwisterkindes. In F. Röseberg, M. Müller (Hrsg.), Handbuch Kindertrauer. Die Begleitung von Kindern, Jugendlichen und ihren Familien (S. 176–182). Göttingen: Vandenhoeck & Ruprecht.

Benedikt, K. (2017). Bewältigung des Verlustes eines Geschwisters und dessen Auswirkungen auf die Biografie. Weinheim: Beltz Juventa.

Bowlby, J. (1980). Attachment and loss. Vol. 3: Loss: Sadness and depression. London: Hogarth Press & Institute of Psychoanalysis.

Bowlby, J. (2016). Frühe Bindung und kindliche Entwicklung (6. Aufl.). München: Ernst Reinhardt.

Bowlby, J. (2021). Bindung als sichere Basis. Grundlagen und Anwendung der Bindungstheorie (5. Aufl.). München: Ernst Reinhardt.

Brüggemann, H. (2014). Kinder erleben die Fehl- bzw. Totgeburt eines Geschwisterkindes. In F. Röseberg, M. Müller (Hrsg.), Handbuch Kindertrauer. Die Begleitung von Kindern, Jugendlichen und ihren Familien (S. 183–188). Göttingen: Vandenhoeck & Ruprecht.

Davies, B. (2014). Familiäre Funktionalität und Trauerreaktionen bei hinterbliebenen Geschwistern. In F. Röseberg, M. Müller (Hrsg.), Handbuch Kindertrauer. Die Begleitung von Kindern, Jugendlichen und ihren Familien (S. 170–175). Göttingen: Vandenhoeck & Ruprecht.

Doka, K. (2011a). Sozial nicht anerkannte Trauer im 21. Jhd. Neue Probleme, neue Strategien. In H. Müller (Hrsg.), 1. Newsletter. Sonderausgabe »Trauerforschung im Fokus«, Oktober 2011, S. 27–34.

Doka, K. J. (2011b). Trauer, die nicht anerkannt wird: Aberkannte Trauer. In C. Paul (Hrsg.), Neue Wege in der Trauer- und Sterbebegleitung. Hintergründe und Erfahrungsberichte für die Praxis (vollst. überarb. und erg. Neuaufl.; S. 51–57). Gütersloh: Gütersloher Verlagshaus.

Eilers, R., Rosner, R. (2021). Grundlagen. Die einfache Posttraumatische Belastungsstörung in der Praxis. Eine Übersicht und Einordnung der neuen ICD-11-Kriterien in Bezug auf Kinder und Jugendliche. Kindheit und Entwicklung, 30 (3), S. 144–153.

Figdor, H. (2012). Kinder aus geschiedenen Ehen. Zwischen Trauma und Hoffnung. Gießen: Psychosozial.

Franz, M. (2021). Tabuthema Trauerarbeit. München: Don Bosco.

Freud, S. (1917). Trauer und Melancholie. Internationale Zeitschrift für Ärztliche Psychoanalyse, 4, S. 288–301.

Globisch, M., Hillmann, T. (in Vorb.). Handbuch der Kinder- und Jugendhospizarbeit. Grundlagen und Praxis. Ambulant – Stationär – Bildung. Esslingen: Der Hospiz Verlag.

Holzschuh, W. (2000). Geschwister-Trauer. Erfahrungen und Hilfen aus verschiedenen Praxisfeldern. Regensburg: Friedrich Pustet.

Jensen, T., Cohen, J., Jaycox, L., Rosner, R. (2020). Treatments for children and adolescents. In D. Forbes, J. I. Bisson, C. M. Monson, L. Berliner (Hrsg.), Effective treatments for PTSD. Practice guidelines from the International Society of Traumatic Stress Studies. New York: Guilford.

Kachler, R. (2010). Hypnosystemische Trauerbegleitung. Ein Leitfaden für die Praxis. Heidelberg: Carl Auer.

Kasten, H. (2003). Geschwister. Vorbilder, Rivalen, Vertraute. München: Ernst Reinhardt.

Klass, D. (2013). Tiefer Kummer und Trost. In M. Müller, S. Brathuhn, M. Schnegg, Handbuch Trauerbegegnung und -begleitung. Theorie und Praxis in Hospizarbeit und Palliative Care (S. 108 ff.). Göttingen: Vandenhoeck & Ruprecht.

Klass, D. (2014). Unterstützung trauernder Eltern – Selbsthilfe oder professionelle Hilfe? Zwei Wege zum gleichen Ziel. In F. Röseberg, M. Müller (Hrsg.), Handbuch Kindertrauer. Die Begleitung von Kindern, Jugendlichen und ihren Familien (S. 153–160). Göttingen: Vandenhoeck & Ruprecht.

Klass, D., Silverman, P. R., Nickman, S. L. (Hrsg.) (1996). Continuing bonds: New understandings of grief. Washington, DC: Taylor & Francis.

Klass, D., Walter, T. (2001). Processes of grieving: How bonds are continued. In M. Stroebe, O. Hansson, W. Stroebe, H. Schut (Hrsg.), Handbook of bereavement research – Consequences, coping, and care (S. 4 ff.). Washington, DC: American Psychological Association.

Müller, H., Willmann, H. (2016). Trauer: Forschung und Praxis verbinden. Zusammenhänge verstehen und nutzen. Göttingen: Vandenhoeck & Ruprecht.

Müller, M., Röseberg, F. (Hrsg.) (2014). Handbuch Kindertrauer. Die Begleitung von Kindern, Jugendlichen und ihren Familien. Göttingen: Vandenhoeck & Ruprecht.

Neimeyer, R. (2011). Eine Umarmung des Himmels: sich neu erfinden nach einem Verlust. In C. Paul (Hrsg.), Neue Wege in der Trauer- und Sterbebegleitung. Hintergründe und Erfahrungsberichte für die Praxis (vollst. überarb. und erg. Neuaufl.; S. 113–122). Gütersloh: Gütersloher Verlagshaus.

Neimeyer, R., Sands, D. (2011). Meaning reconstruction in bereavement: From principles to practice. In R. Neimeyer, D. Harris H. Winokuer, G. Thornton (Hrsg.), Grief and bereavement in contemporary society. Bridging research and practice (S. 9–23). New York: Routledge, Taylor and Francis Group.

Paul, C. (2010). Schuld – Macht – Sinn. Arbeitsbuch für die Begleitung von Schuldfragen im Trauerprozess. Ein Buch für Betroffene und Begleiter. Gütersloh: Gütersloher Verlagshaus.

Paul, C. (Hrsg.) (2011). Neue Wege in der Trauer- und Sterbebegleitung. Neue Wege in der Trauer- und Sterbebegleitung (vollst. überarb. Neuaufl.). Gütersloh: Gütersloher Verlagshaus.

Rechenberg-Winter, P., Fischinger, E. (2018). Kursbuch systemische Trauerbegleitung. Göttingen: Vandenhoeck & Ruprecht.

Reddemann, L. (2016). Imagination als heilsame Kraft. Ressourcen und Mitgefühl in der Behandlung von Traumafolgen. Stuttgart: Klett-Cotta.

Rosner, R, Pfoh, G., Rojas, R., Brandstätter, M., Rossi, R., Lumbeck, G., Kotoučová, M., Hagl, M., Geissner, E. (2014). Anhaltende Trauerstörung. Manuale für die Einzel- und Gruppentherapie (Therapeutische Praxis). Göttingen: Hogrefe.

Sitzler, S. (2014). Geschwister. Die längste Beziehung des Lebens. Stuttgart: Klett-Cotta.

Specht-Tomann, M., Tropper, D. (2000). Wir nehmen jetzt Abschied. Kinder und Jugendliche begegnen Sterben und Tod. Düsseldorf: Patmos.

Stroebe, M. S., Hansson, R. O., Stroebe, W., Schut, H. (Hrsg.) (2001). Handbook of bereavement research. Consequences, coping, and care. Washington: American Psychological Association.

Stroebe, M. S., Schut, H. (1999). The Dual Process Model of coping with bereavement: Rationale and description. Death Studies, 23, S. 197–224.

Stroebe, M., Schut, H. (2005). To continue or relinquish bonds: a review of consequences for the bereaved. Death Studies, 29, S. 477–494.

Stroebe, M. S., Schut, H. (2010). The Dual Process Model of coping with bereavement: A decade on. Omega, 61 (4), S. 273–289.

Wagner, B. (2015). Trauernde Geschwister – die vergessenen Trauernden. Psychotherapeuten-Journal, 4, S. 352–358.

Wagner, B. (2019). Psychotherapie mit Trauernden. Weinheim: Beltz.

Wittkowski, J. (1990). Psychologie des Todes. Darmstadt: Wissenschaftliche Buchgesellschaft.

Witt-Loers, S. (2009). Sterben, Tod und Trauer in der Schule. Göttingen: Vandenhoeck & Ruprecht.

Witt-Loers, S. (2010). Trauernde begleiten. Eine Orientierungshilfe. Göttingen: Vandenhoeck & Ruprecht.

Witt-Loers, S. (2011). Trauerbegleitung im Leben von Kindern. ErzieherIn.de. Das Portal für die Frühpädagogik. Pädagogische Praxis. https://www.erzieherin.de/trauerbegleitung-im-leben-von-kindern.html (Zugriff am 26.03.2022).

Witt-Loers, S. (2014a). Jugendlichen in ihrer Trauer Raum geben. In K. Wegleitner, D. Blümke, A. Heller, P. Hofmacher (Hrsg.), Tod – Kein Thema für Kinder? Zulassen – Erfahren – Teilen. Verlust und Trauer im Leben von Kindern und Jugendlichen. Anregungen für die Praxis (S. 29–41). Ludwigsburg: Hospizverlag.

Witt-Loers, S. (2014b). Trauernde Jugendliche in der Familie. Göttingen: Vandenhoeck & Ruprecht.

Witt-Loers, S. (2015a). Trauernde Jugendliche in der Schule. Göttingen: Vandenhoeck & Ruprecht.

Witt-Loers, S. (2015b). Trauerreaktionen, Trauerprozesse und Trauermodelle im Kontext Schule. In Deutscher Kinderhospizverein (Hrsg.), Immer wieder neu. Geduld, Staunen, Zuversicht (S. 278–289). Ludwigsburg: Hospizverlag.

Witt-Loers, S. (2016). Wie Kinder Verluste erleben … und wie wir hilfreich begleiten können. Göttingen: Vandenhoeck & Ruprecht.

Witt-Loers, S. (2017). Kindertrauergruppen leiten. Ein Handbuch zu Grundlagen und Praxis (veränd. Neuausg.). Göttingen: Vandenhoeck & Ruprecht.

Witt-Loers, S. (2020a). Ein Koffer voller Methoden – wo ist der passende Klient. Von der Lust und der Last mit den Methoden. Leidfaden – Fachmagazin für Krisen, Leid, Trauer, 9 (3), S. 4–10.

Witt-Loers, S. (2020b). Das Knopf- und Erinnerungsglas. In: Damit die Trauer in Bewegung kommt. Praxishandbuch für Kreative Trauerbegleitung. Hrsg. vom Bundesverband Verwaiste Eltern und trauernde Geschwister in Deutschland e. V. Leipzig: VEID.

Witt-Loers, S. (2022). Verlust und Trauer als Familienthema. In: Beratung nach Schicksalsschlägen. Materialien zur Beratung. Hrsg. von Bundeskonferenz für Erziehungsberatung. Bd. 26. Fürth: bke.

Worden, W. J. (2017). Beratung und Therapie in Trauerfällen. Ein Handbuch. Göttingen: Hogrefe.

Wustmann, S. C. (2005). Die Blickrichtung der neueren Resilienzforschung. Wie Kinder Lebensbelastungen bewältigen. Zeitschrift für Pädagogik, 51 (2), S. 192–206.

Znoj, H.-J. (2012). Trauer und Trauerbewältigung. Psychologische Konzepte im Wandel. Stuttgart: Kohlhammer.

Znoj, H.-J. (2016). Komplizierte Trauer (2., überarb. Aufl.). Göttingen: Hogrefe.

15.1 Weiterführende Literatur

Trauer in verschiedenen Kulturen

Buess-Willi, C. (2014). Trauer und Tod in verschiedenen Kulturen. www.rosenfluh.ch/media/arsmedici/2014/10/Trauer_und_Tod_in_verschiedenen_Kulturen.pdf (Zugriff am 17.12.2021).

Mähr, R. (2018). Trauerrituale in verschiedenen Kulturen. www.ritualmeister.ch/download/Abschied/Trauerrituale-in-verschiedenen-Kulturen-2018.pdf (Zugriff am 17.12.2021).

Urban, E. (2019). Transkulturelle Pflege am Lebensende. Umgang mit Sterbenden und Verstorbenen unterschiedlicher Religionen und Kulturen. Stuttgart: Kohlhammer.

Suizid

Cyrulnik, B. (2012). Wenn Kinder sich selbst töten. Das Unfassbare begreifen und verhindern. Ostfildern: Patmos.

Friedrich, S., Teismann, T. (2022). Therapie-Tools Suizidalität und Krisenintervention bei Kindern und Jugendlichen. Weinheim: Beltz.

Nooan, D., Weisshaupt, J. (2005). Den Kindern helfen. Wie Sie Kinder nach einem Suizid unterstützen können. Broschüre. Zürich: Verlag Kirch und Junge.

Otzelberger, M. (2002). Suizid. Das Trauma der Hinterbliebenen. München: dtv.

Paul, C. (2006). Warum hast du uns das angetan? Begleitbuch für Trauernde, wenn sich jemand das Leben genommen hat. Gütersloh: Gütersloher Verlagshaus.

Paul, C. (2007). Trauer nach Suizid bei Kindern und Jugendlichen. Agus Schriftreihe. Hilfe in der Trauer nach Suizid. Bayreuth: AGUS e. V.

Schenk, M. (2014). Suizid, Suizidalität und Trauer. Gewaltsamer Tod und Nachsterbewunsch in der Begleitung. Göttingen: Vandenhoeck & Ruprecht.

Wolfersdorf, M. (2011). Suizid und Suizidprävention. Stuttgart: Kohlhammer.

Trauma

Kern, T., Büchner, S. (2019). Leuchtturm sein. Trauma verstehen und betroffenen Kindern helfen. München: Kösel.

Reddemann, L., Dehner-Rau, C. (2020). Trauma verstehen, bearbeiten, überwinden. Ein Übungsbuch für Körper und Seele. Stuttgart: Trias.

Für Eltern und Pädagogen

Franz, M. (2021). Tabuthema Trauerarbeit. München: Don Bosco.

Ritter, M. (2011). Wenn ein Kind stirbt. Ein Begleiter für trauernde Eltern und Geschwister. Gütersloh: Gütersloher Verlagshaus.

Lommen, M., Mörsch, C. (2021). Wenn gute Hoffnung Mut braucht. Ein Ratgeber für die Folgeschwangerschaft nach einem Sternenkind. Erste Hilfen. Bd. 15. Frankfurt a. M.: Mabuse.

Meyer, D. (2019). Sternenschwester. Ein Buch für Geschwister und Eltern von tot geborenen Kindern. Frankfurt a. M.: Mabuse.

Kinder- und Jugendbücher

Bosse, A., Klammt, A. (2016). Weil du mir so fehlst. Hamburg: Carlsen.

Bosse, A., Klammt, A. (2018). Einfach so weg. Hamburg: Carlsen.

Farm, M. (2014). Wie lange dauert Traurigsein? Für alle, die jemanden verloren haben. Hamburg: Oetinger.

Grau, M. (2018). Bruderherz. Ich hätte dir so gern die ganze Welt gezeigt. Hamburg: Eden Books.

Kampen, A. v. (2017). Knietzsche und der Tod. Eine kleine Geschichte über die normalste Sache der Welt. Berlin: Vision X.

Krol, D. (2005). Kevin Kanin oder als es dunkel wurde am Lohewald. Eine Geschichte für die Kinder von Hipstedt. Stuttgart: Kreuz.

Mennen P., M. Brockamp (2019). Abschied, Tod und Trauer. Wieso? Weshalb? Warum? Ravensburg: Ravensburger.

Polinski, L. (2018). Milla fliegt am Himmel. Olpe: Deutsche Kinderhospizstiftung.

Schwere Krankheiten

Herlofsen, S., Geisler, D. (2018). Wie ist das mit dem Krebs? Stuttgart: Gabriel.
Trabert, G. (2008). Als der Mond vor die Sonne trat. Mainz: Trabert.

Fehl-, Früh- und Totgeburt

Langenscheid S. (2019). Maxi verliert sein Geschwisterchen. Ein Trauerbuch für verwaiste Geschwister von Sternenkindern. Selbstverlag.
Wolter, H., Masaracchia, R. (2014). Lilly ist ein Sternenkind. Das Kindersachbuch zum Thema verwaiste Eltern. Salzburg: Edition Riedenburg.

Suizid

Backhaus, A. S. (2018). Molly und das große Nichts. Ein Bilderbuch über Leben- und Nicht-leben-Wollen. Köln: Balance.
Hubbard, J. R. (2013). Atme nicht. Weinheim u. Basel: Beltz & Gelberg.
Hüsch, M., Hüsch, H. (2009). Da spricht man nicht drüber. Wie Jakob den Suizid seines Vaters erlebt. Deiningen: Hüsch und Hüsch.
Juen, B., Werth, M., Wieser, M. (2007). Dann geh' ich zu Mama ins Bett. Wien: Berenkamp.
Paul, C. (2021). Gelbe Blumen für Papa. Mit Kindern über Suizid sprechen. Köln: Balance.
Trauerland (Hrsg.) (2007). Wenn sich jemand selbst getötet hat. Arbeitsheft für Kinder. Bremen: Bremer Medien.
Zingaro, S. (2013). Sorge dich nicht! Vom Verlust eines Bruders oder einer Schwester durch Suizid. Zürich: Rüffer & Rub.

15.2 Hilfreiches Material in der Trauerbegleitung und Therapie

Alefeld-Gerges, B., Schäferjohann, I. Trauerland-Team (o. J.). Das Trauerlandspiel. Trauern – Erinnern – Leben. Bremen: Manfred Vogt Spieleverlag.
Benz, S, Möllers, J., Admiraal, K. (o. J.). Sarggeschichten. Kurze Filme für Kinder, Jugendliche und Erwachsene zu Themen und Fragen rund ums Sterben, Tod und Trauer. www.sarggeschichten.de (Zugriff am 27.03.2022).
B & F Wien (o. J.). Wiener Bestattungsmuseum. Trauerspielzeug (Friedhof, Krematorium). https://shop.bestattungsmuseum.at (Zugriff am 27.03.2022).
Botved, A., Gräßer, M., Hovermann, E. (2016). Gefühle benennen mit Kindern und Jugendlichen. Kartenset mit 120 Bildkarten. Weinheim: Beltz.
Caby, F.,Caby, A. (2017a). Die kleine psychotherapeutische Schatzkiste. Teil 1. Dortmund: Borgmann Media.
Caby, F.,Caby, A. (2017b). Die kleine psychotherapeutische Schatzkiste. Teil 2. Dortmund: Borgmann Media.

Franz, M. (2021). Mit Kindern über Abschied, Verlust und Tod sprechen. Impulskarten für Kita, Grundschule und Familie. 44 Fotokarten zur Trauerbegleitung. München: Don Bosco.

Gully, A., Schwendemann, N. (2021). Traurig, wütend oder froh? Denk- und Legespiele zu Gefühlen für Kinder von 3 bis 6. München: Don Bosco.

Knietzsche (o. J.). Filme für Kinder zu vielen Themen rund um Sterben, Tod und Trauer. www.knietzsche.com (Zugriff am 27.03.2022).

Medienprojekt Wuppertal (o. J.). Verschiedene Filme/Streams zum Themenkomplex. www.mvsv.de (Zugriff am 27.03.2022).

Scholz, F. P. (2020). Ich bin gut zu mir! Selbstfürsorge-Schatzkiste für Kinder und Jugendliche. 120 Karten mit 20-seitigem Booklet. Weinheim: Beltz.

Shazer, S. de, Dolan, Y. (2022). Mehr als ein Wunder. Lösungsfokussierte Kurzzeittherapie heute. Heidelberg: Carl-Auer.

Trauernde Kinder Schleswig-Holstein (o. J.). Choco-Hopper-Spiel. www.trauernde-kinder-sh.de/Choco-Hopper-Spiel.html (Zugriff am 27.03.2022).

Vogt, M., Vogt-Sitzler, F. (o. J.). Das GefühlsMix-Spiel. Das Spiel zum Umgang mit Emotionen und ambivalenten Gefühlen. Bremen: Manfred Vogt Spieleverlag.

Vogt, M., Vogt-Sitzler, F. (o. J.). Das Land-der-Gefühle-Spiel. Gefühle erkennen und benennen. Bremen: Manfred Vogt Spieleverlag.

Völkner, B. (2020). Lebenskarten, die Mut machen. www.lebenskarten.de (Zugriff am 27.03.2022).

Witt-Loers, S. (2022a). Fotokartenset. Über Tod und Trauer reden. Kindern und Jugendlichen Sterben, Tod und Bestattung erklären. Weinheim: Beltz.

Witt-Loers, S. (2022b). Memo Sterben, Tod und Trauer. Weinheim: Beltz.

Für die körperorientierte Arbeit

Croos-Müller, C. (o. J.). Die Body 2 Brain CCM®-Methode. www.croos-mueller.de/4466.html.

Diepmann, R., Schmittgen M. (o. J.). Ich spüre mich. 30 Bildkarten zur Körperwahrnehmung. Übungen und Spiele für Kinder. München: Don Bosco.

Leitenstorfer, E. (o. J.). 30 Power-Pausen für Kinder: Gehirn-Training durch Bewegungsspiele. München: Don Bosco.

Dank

Dankbar bin ich für meine eigene bisherige Lebensreise und für die verschiedenen Menschen, Dinge und Länder, die mir bis hierher begegnet sind. Dankbar bin ich vor allem dafür, dass ich die Liebe meines Lebens finden durfte: Mit meinem Mann Werner bin ich seit 1988 im Leben unterwegs. Unsere drei inzwischen erwachsenen Kinder sind jedes für sich ein großes Geschenk. Ohne das Leid, dass ich erfahren habe, wäre ich nicht diejenige, die ich heute bin. Darum bin auch dafür dankbar. Ich bin dankbar für die Menschen an meiner Seite, die mir so viel bedeuten: für meine Mutter, für meinen Vater, der mich in meinem Herzen auch nach seinem Tod mit seiner bedingungslosen Liebe weiter begleitet und mir unendlich nah ist, für meine Schwester und meine Freunde und Freundinnen für die tiefen Freundschaften, die uns seit Jahren verbinden. Es tut gut zu spüren, dass so viele Beziehungen mich tragen, dass sie liebevoll, verlässlich sind und ehrlich. Ich bin dankbar für meinen Beruf, der mein Herzensanliegen und meine Leidenschaft ist.

Bedanken möchte ich mich darüber hinaus ganz herzlich bei meiner Lektorin Ulrike Rastin, mit der ich schon einige Buchprojekte auf den Weg bringen durfte. Nochmals durfte ich ihre fachliche Kompetenz und menschliche Warmherzigkeit erfahren. Mit großer Sorgfalt hat sie das Manuskript für den Druck vorbereitet und durch kritische Anregungen bereichert. Ganz herzlich möchte ich mich insgesamt bei meinem Verlag Brill/Vandenhoeck & Ruprecht mit unterschiedlichen Menschen bedanken. Seit vielen Jahren arbeiten wir hervorragend zusammen und ich fühle mich mit meinen Anliegen fachlich wie persönlich immer wieder gut aufgehoben und betreut. Danke für das mir entgegengebrachte Vertrauen.

Danken möchte ganz besonders den Menschen, die sich mir anvertraut haben, die ich auf ihrem Lebensweg ein Stück begleiten durfte. Ich habe viel von ihnen über das Leben, das Leid, den Tod, über Trost und Zuversicht lernen dürfen. Ohne sie wäre dieses Buch und meine vielfältige Arbeit nicht möglich.

Denjenigen, die die wertvolle und wichtige Aufgabe übernommen haben, verwaiste Geschwister und ihre Familien zu begleiten, wünsche ich neben guten inneren und äußeren Rahmenbedingungen, dass sie das Leid der Familien aushalten können und erleben dürfen, dass ihre Arbeit dazu beiträgt, dass verwaiste Geschwister zu einem erfüllten Leben finden können.

Ihnen, liebe Leserinnen und Leser, wünsche ich immer wieder Kraftquellen, die es Ihnen ermöglichen, mit den vielfältigen Anforderungen zurechtzukommen, die das Leben an uns stellt. Ich wünsche Ihnen Zuversicht für die Dinge, die Sie traurig machen, und den Mut, Ihren eigenen Lebensweg zu gestalten. Mögen Menschen liebevoll und zuverlässig an Ihrer Seite sein und diejenigen, die Ihnen im Leben wichtig waren, Sie nach ihrem Tod auf andere Art bereichernd begleiten.

Ihre Stephanie Witt-Loers